KB122407

「세계사의 구조」를 읽는다

「세계사의 구조」를 읽는다

가라타니 고진 | 최혜수 옮김

도서출판 b

| 일러두기 |

1. 이 책은 『「世界史の構造」を讀む』(インスクリプト, 2011)의 뒷부분에 실린 대담, 좌담
   만을 실은 번역본이다. 앞부분에 실렸던 글은 추가 원고와 함께 『자연과 인간』(도
   서출판 b, 2013)으로 출간되었다.
2. 본문 중 따로 표시가 되어있는 주석(각 장 마지막에 달린 주석)을 제외한 모든
   각주는 옮긴이가 붙인 것이다.

| 차 례 |

유동遊動의 자유가 평등을 초래한다 _ 199

협동조합과 우노 경제학 _ 251

이소노미아, 혹은 민주주의의 갱신 _ 285

「세계사의 구조」개관

마르크스는 사회구성체의 역사를 경제적 하부구조의 측면에서 보았다. 그것은 '생산양식'(누가 생산수단을 소유하는가)의 관점에서 보는 것이다. 그 경우 국가와 네이션은 관념적인 상부구조로 간주된다. 그리고 그것들은 '생산양식'이 바뀌면 자동적으로 해소된다고 생각되었다. 하지만, 실제로는 그리 되지 않았다. 마르크스주의자의 운동은 주로 국가와 네이션의 문제로 인해 좌절되었다. 그 결과, 역으로 정치적·관념적 상부구조의 자립성을 강조하는 관념론적 경향이 팽배해졌다. 그에 반해『세계사의 구조』는 경제적 하부구조의 측면에서 사회구성체의 역사를 새로이 보고자 하는 시도이다. 단, '생산양식'이 아닌 '교환양식'이라는 경제적 하부구조 측면에서 말이다.

교환양식에는 네 가지 타입이 있다. (그림1 참조)

A: 증여와 답례라는 호수 교환.

B: 약탈과 재분배, 혹은 지배와 보호.

C: 상품 교환.

D: X(A의 고차원적 회복).

교환양식A는 상호부조적인 공동체의 원리이지만, 그 성원은 공동체에 속박된다. 교환양식B는 신분적 지배-복종관계와 국가를 초래한다. 교환양식C는 개인의 자유로운 합의에 기초하지만 실제로는 화폐소유자와 상품소유자와의 교환이며, 그로부터 B와는 이질적인 계급적 관계가 초래된다. 교환양식D는 상상적인 것이며, 실재한다고 해도 잠깐이고 국소적이다.

어떤 사회구성체든 네 가지 교환양식의 접합으로 존재한다. 단, 어떤 교환양식이 지배하느냐에 따라 그 차이가 발생한다. 유동적인 수렵채집사회에서 생산물은 공동 기탁되며 평등하게 분배된다. 이 단계에서 호수교환은 없다. 정주하게 되면서 부의 축적이 시작되고 계급분해의 가능성이 생겨난다. 그것을 억제하는 것이 교환양식A이다. 씨족사회는 호수원리에 의해 구성되지만, 그 이외의 교환양식도 있다. 예를 들어 외부와의 교역과 전쟁이 그렇다. 즉, 교환양식B와 C의 계기가 존재한다.

또한, 국가사회에서는 교환양식B가 지배적이지만, 교환양식A와 C도 존재한다. 이를테면 농촌공동체와 도시가 그렇다. 국가사회에서 교환양식C, 즉 도시는 크게 발달하지만 어디까지나 지배적인 교환양식B에 종속된다. 다음으로, 근대자본제 사회에서는 교환양식C가 지배적이지만 종래의 교환양식A와 B는 존속한다. 단, 변형된 형태로. 그 결과, 자본＝네이션＝국가라는 접합체가 형성된다. 그리고 이것을 넘어서는 사회(뭐라 부르든 상관없지만)는, 교환양

식D가 지배적인 사회구성체이다. (그림2 참조)

　이상은 사회구성체 일반에 대한 고찰이다. 현실에서 사회구성체가 단독으로 존재하는 일은 없다.

그림1　교환양식

B 약탈과 재분배 (지배와 호수)	A 호수 (증여와 답례)
C 상품교환 (화폐와 상품)	D X

그림2　자본 = 네이션 = 국가의 구조

B 국가	A 네이션
C 자본	D X

그림3　세계시스템의 단계

B 세계 = 제국	A 미니 세계시스템
C 세계 = 경제 (근대세계시스템)	D 세계공화국

　그것은 다른 사회구성체와의 관계, 즉 세계시스템 속에 존재한다. 이러한 관점에서 사회구성체의 역사는 세계시스템의 역사로 생각할 수 있다. 그것은 네 단계로 나뉜다.

우선, 미니세계시스템. 이것은 교환양식A(호수)에 의해 형성된다. 둘째로, 세계＝제국. 이것은 교환양식B에 의해 형성된다. 셋째로, 세계＝경제. 이것은 상품교환양식C에 의해 형성된다. 월러스틴은 이것을 '근대세계시스템'이라 부른다. 그곳에서는 자본＝네이션＝국가가 일반적인 것이 된다. 마지막으로, 그것을 넘어서는 새로운 시스템. 그것은 교환양식D에 기초한 세계시스템이다. 칸트가 '세계공화국'이라 불렀던 것이 이것이다. (그림3 참조)

『세계사의 구조』는 이러한 세계시스템의 변화가 어떻게 생겨났는지를 해명함과 동시에, 그것이 앞으로 어떠한 과정을 거쳐 새로운 세계시스템으로 이행할 수 있는지를 고찰한다. 그것을 '세계동시혁명'이라고 한다.

미래에 대하여 이야기하자

가라타니 고진

가루베 다다시

교환양식으로 세계사를 보다

가루베　『세계사의 구조』[1]는, 거의 10년 전에 쓰신 『트랜스크리틱』(2001년, 현재는 이와나미 현대문고)[2], 그리고 4년 전의 『세계공화국으로』(2006년, 이와나미 신서)[3]와 같은 문제를 다룬 저작입니다. 이 세 권을 한꺼번에, 일련의 작업으로 생각하고 읽을 수도 있겠지요. 다시 말해 『트랜스크리틱』의 가장 마지막 장에서 자본 = 네이션 = 국가에 대한 '트랜스크리티컬한 대항운동'에 대해 논하셨는데, 『세계사의 구조』는 그 구상을 인류사 전체의 전망 안에 다시 자리매김하는 방식으로 쓰셨습니다.

가라타니　『세계공화국으로』는 칸트의 저서에 비유하자면 『프롤레고메나』(서론) 같은 것이겠지요.

가루베　『세계공화국으로』는 가라타니 씨가 '입니다 / 습니다'라는 서술어를 써서 평이하게 쓰신 점이 충격적이었습니다. (웃음) 하지만 한편으로는 간결한 구성 때문에 개개의 논점을 잇는 사고과정이 안 보여서, 어쩐지 성에 차지 않는다는 느낌도 있었습니다. 그러한 점에서 『세계사의 구조』가, 각주도 그렇고 논리 전개도 아주 세세해서, 오히려 사고의 궤적이 명확하게 보입니다. 서문에서 '난생 처음으로 이론적 체계를 만들어보고자 했다'고 말씀하셨는데, 먼저 '체계'를 만들고자 생각하시게 된 경위에 대해 여쭙고 싶습니다.

1. 가라타니 고진, 『세계사의 구조』, 조영일 옮김, 도서출판 b, 2013.
2. 가라타니 고진, 『트랜스크리틱』, 이신철 옮김, 도서출판 b, 2013.
3. 가라타니 고진, 『세계공화국으로』, 조영일 옮김, 도서출판 b, 2007.

가라타니 우선, 이번 작업에 관해서 말하자면 이미 『트랜스크리틱』 후반부에서 세 개의 교환양식 (A = 호수, B = 약탈과 재분배, C = 상품교환)을 통해 사회구성체의 역사를 보고자 하는 관점을 제시했습니다. 그것을 더욱 엄밀히 생각하고 싶어서, 최근 10여 년간 그 작업에 임했습니다. 그 계기가 된 것은, 2001년에 9·11사건이 일어나고 이라크 전쟁에 이른 사태였습니다. 그때까지 사회구성체라는 것을 기본적으로 한 국가의 틀에서만 생각하고 있었던 것을 반성하게 된 것이지요. 국가를 한 나라만으로 생각하고 있었던 것입니다. 다른 국가가 있는 한, 국가의 지양은 있을 수 없습니다. 예를 들어 전쟁이 일어나면 그러한 이론의 결함이 드러납니다. 이라크 전쟁 때가 그랬습니다. 또한, 대항운동의 측면에도 그런 점이 있다고 할 수 있습니다. 9·11까지는 세계적인 연합이 가능해보였지만, 그 이후에는 분열되어 버렸습니다. 예를 들어 알카에다는 자본과 국가에 대항하는 운동인데, 이후에는 없어져 버렸어요.

다시 말씀드리자면 자본 = 네이션 = 국가를 다른 교환양식의 결합으로 보는 관점은 전부터 있었지만, 그것을 하나의 사회구성체 안에서만 생각하고 있었습니다. 2001년 이후에 생각한 것은, 다수의 사회 구성체가 서로 관계를 맺는 '세계시스템'입니다. 세계시스템이라는 개념은 월러스틴[4]이 생각한 것인데, 그는 미개사회를 세계시스템이 아닌 미니시스템으로 보았습니다. 부족사회를 세계시스템으로 생각한 사람은 체이스 던[5]이라는 학자입니다. '세계시스

· ·

4. Immanuel Maurice Wallerstein(1930~). '세계체제분석'으로 유명한 사회학자. 국내에 소개된 저서로 『월러스틴의 세계체제분석』(이광근 옮김, 당대, 2005), 『근대세계체제1·2·3』(나종일 외 옮김, 까치, 2013) 등이 있다.

템'은 그 규모와 상관이 없습니다. 많은 부족공동체가 관계를 맺고 있다면 '세계'라고 부른다는 것입니다. 저는 그 의견에 찬성합니다. 또한, 이로쿼이족의 부족연합체 같은 것은 공간적으로도 거대합니다. 이러한 부족연합체는 교환양식A = 호수의 원리에 의해 형성됩니다. 다음에 생겨나는 세계시스템은 세계 = 제국이며, 더 나아가 세계 = 경제(근대세계시스템)입니다. 그곳에서는 각각 교환양식B와 교환양식C가 주요한 형식이 됩니다. 제가 말하는 '세계사'란 이러한 '세계시스템'의 역사입니다. 이것이 『트랜스크리틱』과의 차이입니다. 예전에는 교환양식의 결합을 하나의 사회구성체 안에서만 생각했었으니까요.

가루베　　자본에 대한 대항운동의 측면 또한, '자본 = 네이션 = 국가'의 틀 안에서만 생각했더니 알카에다처럼 전혀 다른 사회구성체에 기초한 조직이 큰 힘을 갖는 현실을 잘 설명할 수가 없었는데, 이런 문제를 명확하게 대상화하면서 역사를 거슬러 올라가 인류사의 큰 흐름 안에 배치했다는 것. 이러한 점에 이번 책의 특색이 있다고 생각합니다.

가라타니　　마르크스는 생산양식의 측면에서 사회구성체의 역사적 단계를 생각했습니다. 그렇게 하면 국가, 네이션, 종교 등은 이데올로기적인 상부구조가 됩니다. 그리고 하부구조가 바뀌면 그것들은 해소되는 것들이 되지요. 그 때문에 마르크스주의운동은 국가, 네이션, 종교의 문제로 실패하게 되었습니다. 그 결과 상부구조의

●　●
5. Christopher Chase-Dunn(1944~). 사회학자. 세계시스템을 미니시스템, 세계 = 제국, 세계 = 경제, 이렇게 세 가지로 유형화하여 분석했다. (Christopher Chase-Dunn and Thomas D. Hall, *Rise and Demise: Comparing World-Systems*, Westview Press, 1977)

자립성을 강조하게 되었고, 점차 경제적 하부구조를 잊게 된 것입니다. 저는 이 책에서, 오히려 경제적 하부구조를 되찾고자 했습니다. 단, 그것을 생산양식이 아닌 교환양식의 측면에서 바라봄으로써 말이지요. 그런 애기는 『트랜스크리틱』에서도 했지만, 이번에는 그것을 복수의 사회구성체, 즉 세계시스템의 레벨에서 생각하고자 한 것입니다.

가루베　이 책의 중심개념이 바로 교환양식입니다. 재미있는 명명命名이라고 생각했는데, 이것을 '커뮤니케이션'이라는 말로 바뀌 말하면 안 됩니까?

가라타니　제가 말하는 '교환'은 어떤 의미에서 청년기의 마르크스가 말한 '교통交通, Verkehr'과 같은 것입니다. 마르크스는 그 말을 커뮤니케이션, 교통, 전쟁, 더 나아가 성적 교통性的交通까지 아우르는 넓은 의미로 사용했습니다. 제 식으로 말하자면, 거기에는 교환양식 A·B·C가 포함되어 있습니다. 그러니까 커뮤니케이션이라는 의미도 있습니다. 하지만 커뮤니케이션이라는 식으로 표현하고 싶지는 않습니다. 1970년대에서 80년대에 커뮤니케이션론, 언어론, 기호론이 유행했었는데, 그 배후에는 마르크스주의의 문제가 있었습니다. 이데올로기적 '상부구조'의 상대적 자립성을 중시하는 사람들은 그것을 해결할 열쇠를 언어의 레벨에서, 혹은 커뮤니케이션 레벨에서 찾게 되었습니다. 하지만 그 결과, 경제적 구조를 무시하게 되었습니다. 결과적으로 기호와 언어의 차이에서 모든 것이 발생한다는 식의 논의가 되었어요. 제 자신이 한때 그런 분위기 속에 있었으니까, 그것에 대한 부정적인 마음이 있습니다. 그래서 교환을 커뮤니케이션이라고 하지 않습니다. 역으로, 커뮤니케이션을 교환의 관점에서 봅니다.

가루베　　정보와 물건, 그 둘의 교환이 서로 침투하는 행위로서의 '교환'.

가라타니　　'생산양식'의 측면에서 보는 마르크스주의의 관점에서는, 네이션과 국가를 관념적인 상부구조로 생각할 수밖에 없습니다. 하지만 교환양식의 측면에서 볼 경우 네이션과 국가는 모두 '교환양식'에 뿌리를 두는 것이며, 넓은 의미에서 '경제적' 하부구조에 뿌리를 두는 것입니다. 상부구조의 자율적인 기구라는 식으로 말하면, 어느 샌가 관념론이 되어버립니다. 포스트구조주의 이론가들이 대부분 그랬지요. 그에 반해 저는 어디까지나 경제적 하부구조의 측면에서 보려는 것이고요.

또 한 가지, '생산'이 아닌 '교환'이라는 관점이 필요한 이유가 있습니다. 예를 들어 포스트구조주의의 이론가는 '생산'이라는 말을 좋아했습니다. 의미생산이라든가, 텍스트적 생산이라는 말을 썼어요. 그런 식으로 말하면 유물론처럼 들린다고 생각했던 것이겠지요. 하지만 관념적 생산과 실제의 생산은 다릅니다. 예를 들어 실제의 생산에는 폐기물·폐열廢熱 등이 반드시 수반되는데, 관념적인 생산에는 그것이 없습니다. 세계사를 '관념적 생산'으로 보면 헤겔 같은 견해를 갖게 됩니다. 그에 반해 마르크스는 인간과 자연의 관계를 근본적으로 물질대사Stoffwechsel로 봤습니다. 그 말을 직역하면 물질교환입니다. 즉, 인간과 자연의 관계에서 '교환'을 본 것입니다. 이것은 최근에 더욱 중요해진 인식입니다. 환경문제는 생산만을 생각하고, 그것이 교환임을 무시하는 것에서 생겨납니다. 그런 의미에서도 생산이라는 개념을 의심해야만 한다고 생각합니다.

소비의 중시

가루베　생산에 비해 소비를 강조하는 부분은 소비조합운동 얘기로도 이어집니다.

가라타니　그 얘기는 『트랜스크리틱』에서도 했는데, 한마디로 하면 자본에 대한 대항운동을 생산지점뿐만 아니라 소비·유통의 장에서도 해야 한다는 것입니다. 마르크스주의자는 일반적으로 생산과정에서의 투쟁을 중시했습니다. 그것은 자본제경제를 봉건제와 노예제의 변형으로 보는 견해에서 이어진 것입니다. 그러므로 프롤레타리아의 반란은 노예의 반란처럼 간주됩니다. 하지만 노동자계급은 들고 일어나지 않습니다. 그것은 그들이 '물상화物象化'된 의식에 사로잡혀 있기 때문입니다. 마르크스주의자는 그것을 깨기 위해 지식인들의 전위당에 의한 계몽과 지도가 필요하다고 생각합니다. 예를 들어 루카치가 그랬습니다. 근본적으로는 히로마쓰(와타루)[6] 씨도 마찬가지였던 것 같고요.

하지만 자본주의경제의 특성은, 그것을 교환양식C(상품교환)의 관점에서 보지 않으면 모릅니다. 노예제와 공납제, 봉건제와는 다른 것입니다. 산업자본주의의 특징은 무엇일까요? 그것은 노동자에게 임금을 주고 노동을 시키며 상품을 만들고, 그것을 그들에게

6. 廣松涉(1933~1994). 마르크스, 엥겔스 사상의 물상화론을 중심으로 마하, 후설, 하이데거 등의 철학을 다루며 특이한 문체로 주관-객관의 이항대립도식을 지양해야 한다는 독자적인 철학을 전개한 철학자이다. 1960년대부터 70년대에 걸쳐 출판된 『마르크스주의의 성립과정』, 『마르크스주의의 지평』, 『마르크스주의의 이로理路』는 마르크스주의 삼부작이라 불리며 많은 반향을 일으켰다.

되사게 하는 시스템입니다. 거기에서 발생하는 차액(잉여가치)에 의해, 자본은 증식합니다. 이것은 종래와는 다른, 실로 교묘한 착취 시스템입니다. 각각의 교환은 합의에 의한 등가교환이니까요. 단, 거기에 자본의 약점도 있습니다. 예를 들어 상품을 살 때 소비자(= 노동자)는 '신神'입니다. 노동자는 자본에 노동력을 판 후에는 약해집니다. 계약을 이행할 의무가 있으니까요. 하지만 소비자로서는 강합니다. 그렇다면, 노동자는 그들이 강해질 수 있는 자리에서 싸우면 좋지 않을까요? 다시 말해 생산과정뿐만 아니라, 유통과정에서도 자본에 대항하면 좋지 않을까요?

그것에 관한 얘기는 『트랜스크리틱』에 썼습니다. 거기에서 프루동을 높이 평가했습니다. 그는 자본에 대한 대항운동을 유통과정에서 하려고 했습니다. 협동조합, 지역통화, 신용은행 등등을 구상했습니다. 하지만 마르크스가 그것을 비판했기 때문에 마르크스주의자는 오늘날까지 생산지점 이외에서의 투쟁을 경시하게 된 것입니다. 하지만 그것은 무의미한 착오라고 생각합니다.

가루베　생산이라는 국면에서의 투쟁이라면, 결국은 자본에 매수되어 어용조합운동이 되어버리고, 그것을 넘어서기 위한 전위당이 호출됩니다. 이에 반해 소비의 측면을 중시한다는 점에서 우노 고조[7]를 높이 평가하고 계십니다.

가라타니　저는 대학 때부터 우노 고조의 영향을 받았습니다. 공황론에 관해서도, 우노와 같은 생각입니다. 그로부터 받은 영향

> 7. 宇野弘藏(1897~1977). 마르크스 경제학자. 자본론에 기초한 경제연구를 원리론, 단계론, 현상분석의 세 가지로 나누는 구성으로 유명하며 유물사관이나 사회주의 이데올로기와는 거리를 둔 경제연구를 확립했다.

중 하나는, 마르크스의 중요한 업적이『자본론』이며, 사적유물론 따위가 아니라는 사고방식입니다. 우노는,『자본론』은 과학이지만 소위 '사적유물론'은 이데올로기라고 말합니다. 마르크스는『자본론』을 쓰기 위해 이러한 이데올로기를 필요로 했다는 것입니다.

하지만 '교환양식'이라는 관점에서 다시 생각하면, '사적유물론'이라 불리는 영역도 과학으로 취급될 것입니다. 그리고 마르크스가『자본론』을 통해 한 일은, '교환양식C = 상품교환'에 한정하여 그로부터 형성되는 자본제경제의 체계를 해명하는 것이었습니다. 하지만 저는, 다른 교환양식에 관해서도 마찬가지로 생각하면 되지 않을까, 그리고 그것들을 종합하면 되지 않을까 하고 생각한 것입니다. 단, 그러한 종합을 실현하려면, 처음에 가루베 씨가 인용해주신 말처럼 '난생 처음, 이론적 체계'를 만들지 않을 수가 없었습니다. (웃음) 교환양식마다,『자본론』같은 것을 네 개 쓰게 되는 것입니다. 네 번째는, 교환양식 A · B · C를 뛰어넘는 교환양식D입니다.

호수성의 원리

가루베 교환양식이라는 문제설정에는 지금 말씀하신 생산과 소비의 두 측면을 시야에 넣는다는 의의도 있지만, '도덕성의 계기'를 포함한다고 하신 점이 중요합니다. 종교의 문제가 논의 중에 다뤄진다는 것도 문제의 열쇠이지요.

가라타니 그렇습니다. 교환양식D는 보편종교로 발현합니다. 보편종교는 세계 = 제국의 시대에 나오는 것이며, 교환양식A의 고차원적 회복이라고 생각합니다. 근대사회주의라는 것은 그 연장선 상에 있습니다. 사회주의는 근본적으로 도덕성의 문제입니다. 하지만, 그것을 도덕성 그 자체가 아닌 '교환양식' 측면에서 생각하려 한 것입니다. 니체가 말했듯 도덕의 기원에는 '교환'이 있으니까요. 예를 들어 타인에게서 증여받은 게 있으면 반드시 그 답례를 한다는 것. 이것은 미개사회 단계에서는 반드시 지켜야 할 의무입니다.

가루베   그럼으로써 호수성이 유지되지요.

가라타니   증여-답례라는 교환입니다. 지금도, 유목민은 길을 잃은 사람이 있으면 반드시 도움을 주고, 어부도 표류하는 사람을 발견하면 도와줍니다. 이러한 '환대'의 의무는 근대 휴머니즘과는 별개의 것으로, 더욱 근원적입니다.

가루베   이 책에서는 호수성과 증여의 원리로 점철되었던, 옛 씨족사회를 무척 높이 평가하고 계십니다.

가라타니   그렇습니다. 하지만, 사실 『세계공화국으로』와 이번 책의 차이 중 하나는, 미개사회에 대한 견해에 있습니다. 이번 책에서는 유동민과 정주상태의 씨족사회를 구별했지만, 앞서 쓴 책에서는 그것들을 같은 것으로 보았습니다. 즉, 둘 다 호수성의 원리에 기초한 것이라고 본 것입니다. 하지만, 이를테면 집안에서 부모가 아이를 돌볼 때, 그것을 호수성이라고 보아도 되는 것인가 하는 의문이 있습니다. 대개 부모는 답례를 기대하지 않기 때문이지요. 하지만 모스는 부모가 아이에게 증여함으로써 만족을 얻으므로 호수적이라고 주장합니다. 저도 그 견해를 따랐습니다. 하지만 의문은 남아있었습니다. 그에 반해 살린스는 '공동기탁(풀링)'과 호수를 구별했습니다. 예를 들면 유동민의 경우, 사냥으로 잡아온 것들이 누가 잡은 것인지를 알면서도 일단 다 모은 뒤에 모두에게 나눠

줍니다. 유동민들은 축적을 할 수 없으니 공동기탁하는 것이 당연합니다. 하지만 정주하게 되고 나자 축적이 발생하고, 격차도 생겼습니다. 그때 강제적으로 다 모아서 재분배하는 것이 호수성의 원리라고 생각합니다. 정주 이후에는, 그냥 내버려두면 반드시 계급이 발생하고, 국가가 생겨납니다. 그것을 증여라는 호수를 통해 억제하고 평등성을 유지합니다. 혹은, 국가의 출현을 막습니다. 그런 의미에서 씨족사회는 '미개'라고는 할 수 없는 고도의 시스템을 가지고 있습니다. 그것이 호수성원리입니다. 이것을, 고차원으로 회복하는 것이 코뮤니즘이고요.

가루베 평등성과 함께 '독립성'이 있음을 지적하신 부분이, 가라타니 씨가 말씀하시는 씨족사회론의 특색입니다. 유목민과 전사의 예가 많이 나오고, 독립된 개인들 사이의 유대가 있는 사회상입니다. 가라타니 씨가 미야자키 마나부의 『법과 구속』(가도카와 문고)에 쓰신 해설문도 기억납니다. 깡패도 전사의 공동체지요? (웃음) 그것이, '교환양식D', 즉 '어소시에이션'과 '보편종교'의 형태에도 상당부분 계승된 것으로 보입니다.

가라타니 독립성이라는 요소는 중요한 문제입니다. 농촌공동체가 되면 집단적 자치도 있고 평등성도 있지만, 독립성이 없어요. 상위의 국가(왕권王權)에 종속적이기 때문입니다. 예를 들어 러시아의 나로드니키[8]와 아나키스트는, 농촌공동체(미르mir)가 코뮤니즘적이므로 사유화·자본주의화 되는 일 없이, 그대로 공산주의로 이행할 수 있다고 생각했습니다. 마르크스는 그런 생각을 부정했습

· ·
8. Narodniki. 19세기 후반 러시아에서 서구식 자본주의를 비판하고 농촌공동체에서 공산주의사회의 모태를 추구했던 농본주의적 사회주의.

니다. 러시아혁명 후의 마르크스주의자가 농업의 집단화를 꾀했을 때 농민 측의 저항이 별로 없었던 것은, 그들에게 토지를 사유한 경험이 없었기 때문입니다. 하지만 이러한 농민들은 이전에 차르에게 종속되었던 것처럼, 스탈린(황제)에게 종속되었습니다. 농업공동체에 없는 것은 개인의 독립성입니다. 이것은 사유화·자본주의화로 얻을 수 있는 게 아닙니다. 그래서 지금도 러시아의 농민들은 푸틴에게 종속되어, 푸틴체제를 지탱하고 있는 것이겠지요.

미래의 타자

가루베　제국에 편입되어, 그것을 밑에서 떠받드는 공동체. 이에 반해 어소시에이션과 보편종교를 이 책에서 논할 때, 지그문트 프로이트의 『모세와 일신교』[9]에 나오는 '억압된 것의 회귀'라는 말을, 잃어버린 호수성의 부활이라는 뜻으로 자주 쓰셨는데요. 이 말이 이 책의 숨은 키워드라고 생각합니다.

가라타니　네, 그렇습니다. 말하자면, 인간이 실현을 위해서 교환양식D가 생기는 게 아닙니다. 그렇다면 단순한 유토피아지요. 그런 게 아닙니다. 자신들의 의지로 생기는 게 아니라, 그러지 않을 수가 없어서 생기는 것입니다. 보편종교도 마찬가지입니다. 인간이 원해서 생긴 게 아니라, 신께서 주시는 것입니다. 프로이트는 '억압된 것의 회귀'라는 개념으로 그것을 어떻게든 설명하려 했습니다.

9. 프로이트, 「모세와 유일신교」, 이윤기 옮김, 『종교의 기원』, 열린책들, 2003.

가루베   인간의 의지를 넘어 '교환양식D'의 독립성과 호수성이 부활합니다. 그러한 문맥에서 '강박적인 것'이라는 표현을, 강한 긍정의 의미를 담아 쓰셨습니다. 보편종교와 어소시에이션이, 같은 '교환양식D'로서 공통 원리 하에 있다고 하시는 것도, 이 '강박적인 것'을 그 둘의 기반으로 보고 있기 때문이라고 이해했습니다. 다르게 말하자면, 이 책에서는 어소시에이션의 특성으로 세 가지를 들고 있습니다. 두 개는 앞서 언급했던 평등성과 독립성. 그리고 나머지 하나가 '자유의 상호성'. 즉 '타자를 수단으로써뿐만 아니라 동시에 목저으로 취급'한다는 간트의 도덕법칙이지요. 하지만 역사상 실재했던 씨족사회의 경우, 평등성과 독립성은 있었어도 '자유의 상호성'이 일상윤리로 자각되었던 일은 별로 없었을 것입니다. '자유의 상호성'을 확보하기 위해서는 타자의 존엄성을 중요하게 여기기 위한 자기반성이 필요하며, 그것은 자신의 의지를 넘어서는 무언가에 의해 지배되고 있다는 실감이 없다면 불가능합니다. 이 책에 나오는 '신의 힘'이라는 비유도, 그런 맥락에서 이해했습니다.

가라타니   그렇습니다.

가루베   80년대에 하셨던 작업에 대한 비판으로 이 이론작업을 시작하셨다는 것은 이해하지만, 보편종교에 대한 이야기는 『탐구Ⅱ』[10]의 제3부 「세계종교에 대하여」와 공통되는 테마입니다. 문제에 대한 접근법은 다르지만, 거기에서도 프로이트의 '억압된 것의 회귀'가 강조되어 있었습니다.

가라타니   한동안 다시 읽은 적이 없는데, 제가 그런 얘기를 썼습니까?

• •
10. 가라타니 고진, 『탐구Ⅱ』, 권기돈 옮김, 새물결, 1998.

가루베　네. 그거야말로 의지를 넘어서 반복되고 있는 건지도 모르겠네요. (웃음)

가라타니　저는 이 책을 체계적으로 쓰기 위해서, 프로이트가 꼭 필요하다고 생각했습니다. 그 이외의 것으로는 강박적인 힘을 설명할 수가 없거든요. 예를 들어 변증법으로 설명하려 하면, 맨 처음에 원시공산사회가 있고, 그것이 계급사회가 된 뒤, 고차원에서 가장 처음의 공산주의를 회복하게 됩니다. 하지만 이것은 '성서'의 신화와 다를 바가 없습니다. 낙원, 낙원상실, 낙원회귀라는 3막극 말입니다.

가루베　소외론의 형식이 되어버리지요. 절대적인 존재에 의한 '강박' 때문에 그러지 않을 수가 없다는 절박함이 없어요.

가라타니　소외론은 사람들에게 신화적인 호소력이 있지만, 고차원에서의 회복의 필연성을 제시해주지는 않습니다. 그래서 가루베 씨가 말씀하신 대로, 프로이트의 '억압된 것의 회귀'라는 생각이 열쇠가 됩니다. 저는 이번 책에서 미래에 대해 쓰려 했습니다. 에른스트 블로흐 말고, 미래에 대해서 이야기하는 사람은 아무도 없습니다. 모두가 현재에 대한 비판은 하지만, 도대체 어떻게 하면 좋을지에 대해서는 이야기하지 않아요. 이전에는 저 자신도 그랬습니다. 미래에 대해 이야기하는 것은 반동적인 것이라는 식으로 이야기했었어요. (웃음) 하지만 구태여 미래에 대해 이야기하고, 우리가 그렇게 하지 않을 수 없는 것에 대해 이야기하려는데, 프로이트 이외에 참조할 만한 이론가가 없었습니다.

가루베　또 한 가지, 이 책의 어소시에이션 이론에서 재미있는 것은, 타자를 "죽은 자 및 아직 태어나지 않은 미래의 타자를 포함한다."라고 규정하신 부분입니다. 한 군데밖에 언급되지 않았지만,

정말 중요한 문제제기라고 생각합니다. 즉, 네이션도 어떤 의미에서는 내셔널 아이덴티티라는 유대를 통한 호수성의 회복인 것입니다. 게다가 그 유대는 과거부터 미래에 걸쳐 영속하는 것으로 여겨지는데, 그것이 매우 강한 일체감을 만들어냅니다. 이에 대항하여 전혀 다른 어소시에이션이라는 형태로 호수성을 회복하기 위해서는, 현재 살아있는 참가자를 염두에 두는 것만으로는 응집력이 부족하다고 생각하신 건가 싶었습니다.

가라타니 음. 원래 네이션은 농업공동체가 없어지고, 종교가 기능하지 않게 된 이후에 생겨난 것입니다. 따라서 네이션은 공동체가 가지고 있었던, 선조에서 자손으로 이어지는 연속성이라는 관념을 회복했습니다. 그것은 호수성에 기초한 것입니다. 예를 들어 선조를 공양하면 자손을 잘 되게 해준다거나, 자손을 위해 무언가를 하면 자손으로부터 공양을 받는다는 식의 생각이지요. 네이션이란 공동체가 없어진 후에 그러한 호수성을 상상적으로 회복하는 것입니다.

그에 반해 어소시에이션은 호수성A의 고차 회복입니다. '고차'라는 것은 호수성A를 부정하는 의미이기도 합니다. 그러므로 어소시에이션은 어떤 의미에서는 네이션과 비슷하지만, 그와 대립되는 것입니다. 다른 점 중 하나는, 죽은 자 혹은 미래의 타자와의 관계를 생각할 때 호수성을 전제로 하지 않는다는 것입니다. 이를테면 죽은 자의 예를 들어 이야기하는 사람들이 있습니다. 어떤 사람은, 전쟁에서 죽은 사람의 생각을 대표하여 두 번 다시 전쟁이 있어서는 안 된다고 합니다. 역으로 어떤 사람은 나라를 위해 죽은 그 뜻을 기리며, 전쟁을 부정하는 자들을 비판합니다. 하지만 그것은 모두 죽은 자의 이름에 기대어 자신의 의견을 말하는 것일 뿐입니다.

죽은 자는 아무 말이 없어요.

가루베　반성도 안 하지요, 죽은 자는. (웃음)

가라타니　키르케고르가 죽은 자는 교활하다는 말을 했습니다. 그것은, 죽은 자에게는 아무런 변화가 없기 때문입니다. 죽은 자에 대해 말하는 사람이 바뀌지요. 그래서 제가 말하는 죽은 자는, 제멋대로 구워삶을 수 없는 '타자'라는 의미입니다. 미래의 타자도 마찬가지입니다. 칸트가 이런 말을 했습니다. "아무리 우리가 미래를 위해 애쓰더라도, 미래의 사람들은 고마워하지 않는다, 그러기는커녕 오히려 원망하기까지 한다."라고. 정말 공감합니다. 우리도, 과거의 사람들에게 고마워하지 않으니까요. 그럼에도 불구하고, 우리는 미래의 사람들을 위해 무언가를 합니다. 그것은 미래의 사람들을 위한 게 아닙니다. 자신이 그렇게 해야만 한다고 생각하기 때문에 그렇게 하는 것입니다. 하지만 그래도, 그것은 미래의 사람들을 위해서 하는 것입니다. 단, 미래의 사람들은 '타자'이며, 우리가 멋대로 하는 생각들을 넘어서는 사람들입니다.

프루동과 마르크스

가루베　호수성의 원리를 어소시에이션에서 상상적으로 회복하는 구상을 하시면서 프루동을 높이 평가하셨습니다. 프루동의 논의는, 현재의 자본제사회에도 그 근저에는 인간이 본래 가지고 있는 공동성으로서의 '진실사회'가 있으며 이것을 끄집어내어 회복하자는 것입니다. 일본의 전후사상에서는 후지타 쇼조[11]가 『정신사적 고찰』 등에서 문명사회의 퇴폐 속에서 인간사회의 원형을 어떻게 회복할 수 있을지를 문제 삼았었는데, 그 생각이 나더군요.

가라타니 그렇습니다. 하지만 프루동에 관해서는 조금 전에도 말한 것처럼, 『트랜스크리틱』에서 긍정적으로 썼기 때문에 이번 책에서는 오히려 비판적이었습니다. 왜냐하면, 프루동은 국가의 지양을 국가 내부의 측면에서만 생각했었던 것 같기 때문입니다. 그에 반해 마르크스는 '세계동시적'이지 않으면 국가와 자본의 지양은 있을 수 없다고 생각했습니다. 예를 들어 파리코뮌이 생겼을 때 마르크스는 결과적으로 그것을 칭찬했지만, 봉기를 주장하는 프루동파에 대해서는 처음에 크게 반대했습니다. 책 주석에 인용해 두었는데, 마르크스는 파리코뮌 10년 후에 신문기자와 가진 인터뷰에서, 그것은 단순히 한 도시에서 일어난 사건에 지나지 않는다고 냉담하게 말했습니다. 레닌과 트로츠키는 파리코뮌을 칭찬한 마르크스의 말에서 10월 혁명의 논거를 찾아냈습니다. 하지만 마르크스는 패전 후의 프랑스에서 사회주의자가 할 수 있는 것이, 기껏해야 경제적 혼란을 회복하는 것일 뿐 혁명은 아니고, 또한 프러시아군의 지배 하에서는 권력을 탈취하더라도 머지않아 진압될 것이며, 그러면 30년간 재기할 수 없을 거라고 하면서 반대했습니다. 실제로 그랬습니다. 다시 말해 마르크스는 파리코뮌이 세계동시혁명은 아니며, 따라서 간단히 진압되어 버릴 거라고 생각한 것입니다. 그에 비해 1848년의 혁명은 세계동시혁명이었습니다.

11. 藤田省三. 마루야마 마사오의 제자로, 마루야마 학파를 대표하는 사상가이다. 전후 사상사에서 획기적 의미를 지니는 천황제국가의 구조분석으로 유명하다. 국내에 소개된 저서로 『천황제 국가의 지배원리』(김석근 옮김, 논형, 2009), 『정신사적 고찰』(조성은 옮김, 돌베개, 2013)가 있다.

가루베　　유럽 내의 동시혁명이었지요.

가라타니　　그 후에 만들어진 제1인터내셔널도 세계동시혁명을 위한 조직이었습니다. 하지만 마르크스는, 파리코뮌이 생긴 시점에 그것이 세계동시혁명이 되지는 않는다고 판단한 것입니다. 그 점이 프루동파와의 차이라고 생각합니다.

가루베　　책 띠지에 "세계동시혁명'으로'라고 쓰여 있는데요. 적군파[12] 선언인가 싶었습니다. (웃음)

가라타니　　그건 편집자가 쓴 것인데, 실은 저도 보고서 깜짝 놀랐습니다. (웃음) 이번 책에서 마르크스를 읽는 방식도 달라졌지만, 칸트에 관해서도, 『트랜스크리틱』을 쓰던 무렵과는 상당히 많이 달라졌습니다. 칸트는 『영원한 평화를 위하여』[13]를 1795년에 출판 했는데, 이전에는 칸트가 나폴레옹 전쟁이 시작될 것을 예감하고서 그 책을 썼다고 생각했었습니다. 그래서 그런 의미로 보면, 그것은 평화론입니다. 하지만 실제로 그가 '제 국가연방'에 관한 구상을 입 밖으로 꺼낸 게 1780년입니다. 그 시점에서 이미, 한 나라만의 시민혁명은 불가능하고 동시적으로 일어나야만 하며, 그 때문에 제 국가연방이 필요하다고 말한 것입니다. 즉, 이것은 평화론이 아닌 세계동시혁명론으로 구상된 것입니다.

----

12. 1960년대에서 1970년대에 걸쳐 존재했던 일본의 신좌익당파로, 무장 봉기를 주장한 과격파이다.
13. 칸트, 『영원한 평화를 위하여』, 오진석 옮김, 도서출판 b, 2011.

증여의 힘

가루베   칸트가 『영원한 평화를 위하여』에서 이념으로서는 '세계공화국'을 목표로 하지만 현실적으로 선택하자면 우선 '제 국가연방'의 형성을 위해 애써야 한다고 할 때, '제 국가연방'의 '국가'는 Staat이 아닌 Volk입니다. 이 당시의 독일어 뉘앙스에 관해서는 잘 모르지만, 어쩌면 정부끼리 조약을 체결한다기보다 시민들이 스스로 노력하여 결합을 이룬다는 의미를 Volk라는 말에 담은 것인지도 모릅니다. '세계공화국'이리는 말에 관해서는 칸트 연구자에 따라서도 그 이해가 다르지요. 가라타니 씨처럼 국가가 없어진다고 이해한 사람도 있는가 하면, 국가의 분립은 유지하면서 그것의 상위개념으로 만들 수 있는 강력한 국제조직으로 이해한 사람도 있어요.

가라타니   '세계공화국'이라고 하면, 강력한 국가가 된다는 것일 뿐이라고 생각하는 사람이 있습니다. 하지만 칸트는 그것을 명백히 부정합니다. '제 국가연방' 이야기로 시작하는 것은 오히려 그 때문입니다. 최근에 제가 깨달은 것은, 칸트가 말한 세계공화국이 다른 사회계약 원리, 즉 교환양식D의 원리에 의해서만 형성될 수 있다는 것입니다. 홉스적인 원리, 즉 '교환양식B = 약탈과 재분배'에 의거하면, 세계제국이 됩니다. 이것으로 '영원평화'를 실현하는 일은 불가능합니다. 다른 제국이 대항하게 되니까요. 그러면 '교환양식C = 상품교환'에 의거한다면 어떨까요? 칸트는 상업이 발전하면 전쟁이 불가능해진다고 생각했습니다. 하지만 상업의 발전, 즉 자본주의적 발전의 결과 세계전쟁이 일어나고 있습니다. 따라서 교환양식C로도 평화는 달성될 수 없습니다. 그러면 평화상태를 창설하기 위해, 국가나 화폐의 힘에 기대지 않는 힘이 필요합니다. 그것이 증여의 힘입니다. 부족사회에서는 그것에 의거하여 연합체를 형성했습니다. 세계공화국은 그것을 고차원에서 회복하는 것입니다. 즉, '교환양식D'에 의한 사회계약, 이것이 세계공화국입니다. 앞으로는 세계적으로, 무력과 돈의 힘이 아닌 증여의 힘이 중요해질 거라고 생각합니다. 예를 들어 명예와 위엄, 부끄러움 같은 관념이 중요해질 것입니다. 다시 말해 인터내셔널 커뮤니티에서는 호수성의 원리가 중시될 것입니다. 이전이라면, 높은 GNP와 넓은 영토를 자랑했던 것에 반해서 말입니다.

가루베 힘과 돈이었지요. '교환양식B'의 권력에 의한 통합으로 이어져버리는.

가라타니 어떤 시기까지는 그것이 강국의 증거였을지도 모르지만, 앞으로는 그런 것으로 뽐내는 게 부끄러운 일이 될 것입니다. 그런 의미에서, 교환양식B와 C의 지배를 억제하는 것이 교환양식A의 회귀라고 생각합니다. 제 생각에는 현재 생각할 수 있는 최대의 증여란 군비 방기입니다. 이것은 증여입니다. 그것을 받는 쪽은 어떻게 할까요? 이전에 유례가 없는 일이니 곤혹스럽겠지요. 그러면 이거 잘됐다 하고 침략을 할까요? 만약에 그런 부끄러워 마땅할 짓을 한다면, 그 나라는 두 번 다시 일어설 수 없을 것입니다. 교환양식A에서 생겨나는 증여의 '힘'은, 국가와 화폐의 힘과는 이질적인 것입니다. 그리고 무력해보이지만 실은 강력합니다. 그러한 힘에 의해 형성되는 세계시스템이 세계공화국입니다.

가루베 세계동시혁명의 가능성을 보자면, 각국에서 보이콧 운동이나 소비조합운동 같은 것들이 자본에 대한 대항운동을 계속하고, 그것이 점차 파급되어 다른 나라에도 체제를 변혁하기를 압

박하게 될 것이라고 전망하시는 것입니까?

가라타니 지금 하신 말씀은, 오히려 제가 『트랜스크리틱』에서 생각하고 있던 이미지에 가깝습니다. 지금 저는, 유엔을 생각하고 있습니다. 각지의 운동이 유엔을 개재介在하면 어떨까 하고 말입니다. 예를 들어 일본에서 헌법9조를 실현하고 군비를 방기하라는 운동을 한다고 칩시다. 그리고 그 결정을 유엔에서 공표합니다. 이에 대해 다른 나라는 일본에 간섭할 수 없습니다. 일본의 선택은 다른 나라들에게 영향을 미칩니다. 그러면 유엔도 바뀌고, 그래서 다른 나라들도 바뀝니다. 이런 식으로, 한 나라 안에서의 대항운동이 다른 나라의 대항운동과 고립·분단되는 일 없이 연대합니다. 제가 '세계동시혁명'이라고 말하는 것은, 그러한 이미지입니다.

가루베 '국경 없는 의사단'과 앰네스티 인터내셔널처럼 국제적인 NGO단체들이 가라타니 씨의 이론 속에 나와도 될 것 같은데요.

가라타니 그렇지요. 유엔은 안전보장이사회 같은 것뿐만 아니라 다양한 국제조직의 가입으로 이루어진 단체입니다. 전체적으로 '유엔시스템'이라 불립니다. 예를 들어 1997년 교토에서 열린 세계환경회의 때, 많은 NGO단체가 네이션과 동격으로 참가했습니다. 이것은 대단한 일이라고 생각합니다. 이름은 'UN(United Nations)'이지만 그렇지가 않습니다. 네이션과 동격으로, 네이션이 아닌 조직이 가입되어 있으니까요. 그러니까 이런 조직은 어소시에이션이라고 해도 좋습니다. 하지만 유엔 안에 전혀 어소시에이션 같지 않은 두 개의 조직이 있습니다. 그것이 안전보장이사회와 국제통화기금입니다. 왜냐하면 거기에는 국가와 자본이 존재하기 때문입니다. 역으로 말하면 안전보장이사회와 국제통화기금을 어소시에이션 같은 조직으로 만들 수 있다면, 국가와 자본은 지양될 것입니다. 그런 의미에서 유엔의 개혁은 '세계동시혁명'입니다. 하지만 자본＝국가는 완고하게 저항하겠지요. 이미 자본주의의 한계는 보이고 있지만, 자본＝국가는 어떻게든 더 살아남으려고 할 것입니다. 그것에 대항하는 것이 앞으로의 과제입니다.

-2010년 7월 22일 수록

자본주의의 끝, 어소시에이셔니즘의 시작

오사와 마사치
오카자키 겐지로
가라타니 고진

일국모델의 한계

오사와 (2010년) 6월에 간행된 『세계사의 구조』는 최근 10년 간 가라타니 씨가 하신 작업, 『트랜스크리틱 — 칸트와 마르크스』 이후의 성과가 집대성된 책입니다. 직접 말씀하셨듯이 가라타니 씨의 책 중에서는 보기 드물게 체계적인 것이며, 500페이지를 넘는 대작이지만 비교적 읽기 쉬운 면도 있습니다.

이 책은 최근 10년간 가라타니 씨의 이론 중에 있었던 '교환양식' 이라는 개념을 기초로 한 것입니다. 즉, 교환양식론을 기초로 세계 사의 기본적이고 형식적인 구조를 보는 것입니다. 교환양식론이라 는 것은, 자유인가 비자유(구속)인가, 평등인가 불평등인가라는 두 개의 축을 놓고 보면 2×2로 네 개의 교환양식의 유형을 생각할 수 있는데, 그 네 개의 교환양식을 기초로 사회를 보는 방식입니다.

그 네 가지란 교환양식A(호수), B(약탈과 재분배), C(상품교환), D(X)라는 것인데, 그 넷 중에 어느 것이 지배적인 교환양식인지에 따라 사회구성체의 역사적 변천을 보는 것이 이 책의 골자입니다.

'세계사'라는 말로 가라타니 씨의 생각을 정리하셨는데, 우선 그 점에 대해 여쭙고 싶습니다. '세계사'라는 말에 여러 함의가 있다는 느낌도 듭니다. 하지만 생각해보면 '세계사'라는 말은 가라 타니 씨가 계승하신 마르크스의 말 중에는 없습니다. 마르크스의 말 중에 '자연사自然史'라는 말은 있지만 '세계사'라는 말은 없습니 다. 가라타니 씨는 구태여 이 말을 써서 선사시대에서 현재에 이르 는 변천을 분석하고 미래를 전망하셨는데, 우선 '세계사'라는 말을 어떤 의미로 쓰고 계신지 여쭙고 싶습니다. 사실 이 질문에는 부수 적인 의도도 있습니다. 저도 『군조群象』에 최근 2년간 「<세계사>의 철학」이라는 글을 연재하고 있거든요. 이건 정말 우연인데, 이 우연한 공명이 흥미롭게 여겨져서 이 질문부터 드리는 것입니다.

가라타니 지금 말씀하신 대로, 교환양식의 측면에서 사회구성체의 역사를 본다는 사고방식은 『트랜스크리틱』에 썼습니다. 『세계사의 구조』는 명백히 그 연장선상에 있는 것인데, 『트랜스크리틱』과는 결정적으로 다른 시점이 있습니다. 그 계기가 된 것은 2001년 9·11 동시다발테러 사건에서 이라크전쟁에 이르는 과정입니다. 『트랜스크리틱』에서는 '자본 = 네이션 = 국가'를 서로 보완하는 삼위일체적인 것으로 보았고, 그것이 세 개의 교환양식 A, B, C의 접합체라고 했으며, 이것을 넘어설 대항운동을 생각했습니다. 뿐만 아니라, 그에 기초하여 NAM(New Associationist Movement)이라는 사회운동을 시작했습니다. 바로 그때 9·11사건이 터졌습니다.

저는 사회구성체를 일국모델로 생각했던 것의 결함을 깨닫고 반성했습니다. 예를 들어 저는 자본 = 네이션 = 국가에 대한 대항운동을 일본 내부만의 문제로 생각하고 있었습니다. 물론 외국의 문제를 무시하고 있었던 것은 아닙니다. 단, 국내의 운동이, 각국의 운동과 자연발생적으로 이어질 것이라고 생각했던 것입니다. 그것을 비교적 낙천적으로 생각하고 있던 것에는 이유가 있습니다. 소련이 붕괴한 뒤 한편에서 자본주의의 세계화가 진행됨과 동시에 한편에서는 그에 대한 대항운동도 새로운 국제적 연대를 보이고 있었습니다. 그 피크가, 1999년에 시애틀에서 일어난 반反세계화 운동입니다. 당시에는 이러한 각지의 운동이 트랜스내셔널한 것으로 이어질 것이라는 전망을 모두가 가지고 있었을 것입니다. 예를 들어 네그리와 하트는 「멀티튜드(다중)」의 세계동시적인 반란을 제창했고[1], 데리다도 '새로운 인터내셔널'을 제창했습니다.[2] 각국의 운동이 딱히 어디가 중심이랄 것도 없이, 그냥 이어질 거라고 생각했던 것입니다.

하지만 9·11 동시다발테러로, 우리는 이러한 대항운동이 자본과 국가에 의해 간단히 분열되고 만다는 사실을 알게 되었습니다. 예를 들면 알카에다라는 것은 네그리가 정의한 '멀티튜드(다중) 중에서도 가장 모범적인 조직입니다. 무엇보다 반자본주의적입니다. 하지만 고도의 자본주의 속에서 훈련된 통신기술을 습득한 상태이지요. 또한 모든 국가와 대립하고 있습니다. 네이션과 민족과는 관계가 없어요. 애당초 통상적인 의미로서의 공간에 존재하지 않습니다. 예를 들어 그들은 인터넷 메일 주소를 가지고 있을 뿐입니다. 그것은 통제적인 조직이 아닙니다. 아나키스트 성격의 집단입니다. 누구든 알카에다를 자칭한다면, 알카에다가 되는 것입니다.

하지만 이 사건 이후 네그리와 하트는 다중의 운동에서 알카에다를 제외합니다. 그것을 인정하면 그들이 위험해지기 때문입니다. 자본과 국가에 대항하는 운동 전체에서 보자면, 그것은 이슬람권 혹은 '남쪽'의 대부분을 제외한다는 것이지요. 다시 말해 그것은 세계적인 다중의 운동이 분열되었다는 것을 의미합니다. 그런데도 그렇다는 것을 눈치 채지 못합니다. 마르크스주의 말고도 자본과 국가에 대한 대항운동은 늘 이렇게 분열됩니다. 제1차 대전이 일어

1. 네그리·하트, 『다중』 (정남영·서창현·조정환 옮김, 세종출판사, 2008) 참고
2. 자크 데리다, 『마르크스의 유령들』 (진태원 옮김, 이제이북스, 2007) 참고

났을 때, '제2인터내셔널'에 속했던 각국의 사회주의 정당은 다들 참전을 지지했어요.

한 나라 안에서는 국가와 자본에 반대할 수 있습니다. 하지만 전쟁이 일어나면 그럴 수가 없습니다. 내부만을 생각해서는 국가를 알 수가 없습니다. 국가의 본질이 선명해지는 것은 다른 국가와의 관계 속에서, 특히 전쟁이 일어나는 경우입니다. 평소에는 그것을 알 수가 없습니다. 일본의 경우를 예로 들자면, 이라크전쟁에 파병을 한다고 했을 때 사람들은 그제야 국가라는 것을 의식했습니다. 저는 『트랜스크리틱』에도 그런 얘기를 썼는데, 9·11 후에 그것을 다시금 통감했습니다. 국가를 지양한다고 말하면서 그에 수반되는 어려움에 대해서는 제대로 생각하지 않았던 것 아닌가, 하고 말입니다.

예를 들어 한 나라에서 국가를 부정하더라도 다른 국가가 있다면 국가의 지양은 불가능합니다. 혁명을 방어하기 위해 강한 국가를 만들어야만 합니다. 실제로 러시아혁명이 그랬습니다. 마르크스가 이 문제로 고민하지 않았던 것은 사회주의혁명은 '세계동시혁명'에 의해서만 가능하다고 생각했기 때문일 것입니다. 그러면 그것이 어떻게 가능한지를 물으신다면, 답은 막연합니다. '세계동시혁명'이라는 생각은 지금도 남아 있습니다. 네그리와 하트가 말하는, 다중의 세계동시반란이라는 이미지도 그중 하나입니다. 하지만 지금 그것은 분열된 상태입니다. 이제까지 있었던 세계동시적 운동, 인터내셔널한 운동은 모두 분열된 상태입니다. 저는 그것이, 처음부터 인식상의 결함이 있었기 때문이 아닌가 하고 생각했습니다.

그래서 제가 생각한 것은 하나의 사회구성체뿐만 아니라, 복수의 사회구성체의 관계를 동시적으로 보는 것입니다. 그것이 '세계시스템'이라는 사고방식입니다. 이것은 월러스틴에 기초한 것인데, 월러스틴은 미개사회가 미니시스템이라고 하면서 세계시스템으로 간주하지 않았습니다. 체스 댄이 이것을 비판하여, 미개사회도 세계시스템이라고 주장했습니다. '세계'는 규모가 크건 작건 상관없습니다. 일단 그런 선행 연구자의 의견에 근거하여, 저는 사회구성체의 역사를 원시사회부터 아시아적 사회, 봉건사회, 자본주의사회, 공산주의사회 같은 단계로 보지 않고, 그것들을 세계시스템의 단계로 보고자 했습니다. 대략적으로 말하자면 미니세계시스템, 세계 = 제국, 세계 = 경제, 그리고 세계공화국 말입니다.

세계시스템은 각기 주요한 교환양식이 무엇인지에 따라 다릅니다. 미니세계시스템에서는 교환양식A(호수)가, 세계 = 제국에서는 교환양식B(복종과 안도)가, 세계 = 경제에서는 교환양식C(상품교환)가 지배적입니다. 마지막에 든 세계 = 경제에서 다른 교환양식의 결합은 자본 = 네이션 = 국가라는 형태를 떠ㅂ니다. 월러스틴은 그것을 '근대세계시스템'이라고 불렀습니다. 물론 이것은 마지막 단계가 아닙니다. 그것을 넘어서는 것이, 칸트가 '세계공화국'이라고 부른 세계시스템입니다. 이것은 교환양식D(A의 고차원적 회복)에 기초한 사회 계약에 의해 성립한다고 상정됩니다. (본서 11페이지, 그림1~3 참조)

다시 말씀드리자면, 저는 사회구성체의 역사를 하나의 사회구성체뿐만 아니라 다른 사회구성체와의 관계, 즉 사회시스템의 역사로 봅니다. 그러므로 그것은 '세계사'입니다. 오사와 씨의 말씀대로, 마르크스의 주장에는 세계사라는 사고가 없습니다. 왜냐하면 마르크스는 사회구성체의 변화를, 원시공산사회에서 자본주의를 넘어 공산주의에 이른다고 생각했는데, 세계시스템의 변화로 생각하지는 않았기 때문입니다. 하지만 가령 공산주의사회가 있다고 하면, 그것은 오로지 세계시스템으로서 존재할 뿐입니다. 그렇지 않으면, 일국모델로 생각해버리게 됩니다. 그렇게 되면 국가의 지양, 자본의 지양은 불가능해지지요. 그것이 이번 책의 포인트입니다.

'세계시스템'과 교환양식

오사와　　가라타니 씨가 일국모델이 아닌 세계시스템으로 생각하시는 경향은, 원래부터 다른 사람에 비하면 압도적으로 더 크지 않았나 싶습니다. 그리고 이번 책에 그런 경향이 전면적으로 드러나 있지요. 그 실천적 귀결이, 본서의 최종결론이라고 할 수 있는 '세계동시혁명'이라는 사고방식입니다. 중간에 나오는 이야기들을 빼놓고 갑자기 결론에 대한 얘기를 해서 좀 갑작스러우실지 모르지만, 이렇게 하는 편이 모티프가 오히려 더 선명하게 드러나니까, 이 얘기부터 하겠습니다.

가라타니 씨의 책을 처음 읽는 사람이나 가라타니 씨가 그동안 어떤 작업을 해오셨는지 그 전모를 모르는 사람, 혹은 사회적인 것을 생각하기 시작한 젊은이들도 기본적인 주제가 무엇인지 알기 쉽게끔 하고 싶습니다. 그래서 오늘 대담에서는, 구태여 본서의 논점 몇 가지를 소개하면서 질문 드리고 싶습니다.

가라타니 씨의 '세계동시혁명'이라는 사고방식은 무척 임팩트가 있습니다. 하지만 지금 '혁명' 이야기를 해도, 사실 많은 사람들에게는 잘 안 와 닿지 않을까요? 왜냐하면 거의 모든 사람들의 눈에는 지금 우리가 사는 사회시스템의 틀이 기본적으로 대안이 없는 유일

한 것으로 보이기 때문입니다. 그 밖으로 나가기는 어려우니까 ──
아니, 불가능하니까 ── 그 시스템이 사실 상당히 심각한 문제를
안고 있다는 것을 알고는 있지만, 그 안에서 변화를 추구하는 수밖
에 없다고 생각하지요. 그에 반해 가라타니 씨는 '혁명'을 말합니다.
'혁명'은 개량改良과는 달리 지금의 시스템이 가지는 기본원리를
지양하고, 완전히 바깥으로 나아가는 것입니다. 제가 '지금의 시스
템'이라는 애매한 말을 썼는데 그게 구체적으로 무엇이냐 하면,
자본주의입니다. 혹은, 가라타니 씨가 이 책에서 쓰신 말로 엄밀히
표현하자면, '자본 = 네이션 = 국가'입니다. 가라타니 씨는 분석을
통해 이 바깥으로 나가는 것이 얼마나 어려운 일인지를 보여주셨습
니다. 자본과 네이션과 국가, 이렇게 세 가지가 보로메오의 매듭처
럼 이어져 있고 그것이 우리를 옭아매고 있다고 말입니다.

자본과 네이션과 국가, 이 셋은 모두 교환양식에 대응되는 것입
니다. 자본이 교환양식C. 불평등하지만 자유로운 교환입니다. 국가
가 교환양식B입니다. 약탈과 재분배로, 불평등하고 구속적인 교환
양식이지요. 네이션은 교환양식A에 대응되며, 그것은 호수적 관계
를 상상적으로 회복한 것입니다. 이 세 가지가 역사적으로 등장해
온, 주요한 교환양식들입니다. 현대사회는 이 세 가지 교환양식을
자본과 국가와 네이션 안에 흡수하여, 서로가 서로를 지탱해주는
듯한 구조로 되어 있습니다.

하지만 그 세 가지 교환양식 말고, 또 하나의 근본적인 교환양식
이 있다는 것이 가라타니 씨의 가장 중요한 논점입니다.

단, 그것은 엄밀히 말하면 여기에 있다는 게 아니라 초월론적
가상 같은 것이며, 역사 속에서 다양한 형식으로 갖가지 사회구성
체에 기생하거나, 부분적으로 꼬리를 드러내는 일도 있었습니다.

그것이 자유롭고 평등하며 상호적인 교환양식D입니다. 가상 같은 것이므로, X라고 표현되기도 합니다. 그러한 구조이지요. 가라타니 씨가 혁명이라는 것에 대해 적극적으로 말할 수 있는 것은, 역사적으로 존재해온 세 가지 교환양식 외에 또 하나의 교환양식이 가능하다는 인식이 있기 때문입니다.

과거 사회주의가 존재했을 때 많은 사람들은, 지금 자본주의와 국가, 혹은 국민이 존재할지언정, 그것을 돌파할 수 있는 혁명이 가능하다는 식으로 생각했습니다. 가령 현실의 사회주의가 제대로 작동하지 않더라도, 저 너머에 진정한 사회주의가 있을 수 있다는 희망을 가질 수 있었기 때문입니다. 하지만 사회주의가 소멸한 지금은 거의 모든 사람들에게 자본주의, 혹은 '자본＝네이션＝국가'는 바꾸는 것이 불가능한, 주어진 것이 되고 말았습니다.

저는 지금, 사회사상이나 사회철학 분야 중에 생각할 만한 가치가 있는 테마가 있다면, 그것은 자본주의와 국가, 혹은 내셔널리즘에 대하여, 그것을 넘어설 수 있는가, 그것을 대신할 시스템은 가능한가, 하는 물음이라고 생각합니다. 이 책은 명백히 그 물음에 맞서고 있습니다. 그리고 실제로, 그것이 가능하다는 답을 내고 있습니다.

'억압된 것의 회귀'로서의 교환양식A

오사와　『세계사의 구조』에는 너무 다양한 이야기가 담겨 있어서 뭐부터 말하면 좋을지 모르겠지만, 이 책의 가장 큰 포인트인 교환양식D에 대해 이야기해봅시다.

가라타니 씨는 『트랜스크리틱』, 혹은 그 전 단계에서부터 교환양식D라는 모티프를 가지고 계셨는데, 그 무렵에는 교환양식D에 대해 항상 부정적으로만 언급하셨던 것 같습니다. 다시 말해, 이것은 교환양식A도 아니고, B도 아니고, C도 아니라는 식으로 말씀하셨습니다. 결국 D가 무엇인지에 대해서는 확실히 말씀하지 않으셨습니다. 하지만 최근 10년간, 특히 이 책에서는 교환양식D가 무엇인지에 대해 적극적으로 이미지를 제시해주셨습니다.

구체적으로 말하자면 우선, '제2부 세계 = 제국' 중의 보편종교에 관한 장이 그랬습니다. 보편종교는 교환양식D의 구체적인 이미지 중 하나입니다. 또 다른 하나는, '제3부 근대세계시스템' 중의 어소시에이셔니즘에 관한 장입니다. 19세기 사회주의와 아나키즘 운동에 대한 분석을 토대로 교환양식D에 대한 하나의 이미지를 내놓고, 혁명이 실제로 가능할지도 모른다는 의견을 적극적으로 제시했습니다.

또한 교환양식D에 대하여 단순히 여러 가지 예만 든 것이 아니라, 더욱 중요한 것은 교환양식D가 생겨나는 필연성을 이론적으로 설명하려 하신 점입니다. 그 이론적인 핵심으로 이용하신 것이 프로이트의 '억압된 것의 회귀'이지요. 즉, 교환양식D는 B와 C에 의해 억압되어있던 A가 회귀한 것이라는 주장입니다. 이것이 이 책에서 가장 중요한 이론적 테제라고 생각합니다.

가라타니 그렇습니다. 그리고 중요한 것은 교환양식D뿐만 아니라 교환양식A 또한 '억압된 것의 회귀'로서 존재한다는 것입니다. 『세계사의 구조』가 『트랜스크리틱』뿐만 아니라, 2006년에 출판한 『세계공화국으로』와 다른 것은 호수성 또한 '억압된 것의 회귀'로 보게 되었다는 점입니다.

오사와　　이전에는 호수가 가장 원시적인 단계부터 있었다고 하셨는데, 이번에는 호수가 인류의 어느 단계에 등장했다고 하셨습니다. 즉, 호수 이전의 단계부터 호수적인 교환양식이 지배적인 씨족사회로의 이행이라는 것을, 이번에 처음으로 말씀하셨습니다.

가라타니　　네. 호수원리는 유동민의 단계에는 없고, 씨족사회가 되고 나서 생겼다고 생각합니다. 호수적인 증여와 순수증여는 애매한 개념입니다. 마르셀 모스는 둘 다 호수라고 생각했습니다. 하지만 예를 들어 가족 중에 부모가 아이를 돌볼 경우, 그것은 답례를 기대하는 것이라 볼 수는 없습니다. 그것이 호수가 되는 것은 가부장적 체제가 있을 때입니다.

씨족사회 이전 단계의 유동적 밴드사회에는, 분명 코뮤니즘이 있습니다. 그것은 항상 이동하기 때문에 비축이 불가능하고, 따라서 사냥한 것들을 모두가 나누어버리기 때문입니다. 하지만 정주하고 축적이 가능해져서 소유가 발생하면, 불가피하게 계급 분화가 이루어집니다. 그리고 동시에, 그것을 억누르는 시스템이 생깁니다. 그것이 호수원리입니다. 씨족사회에서는 부의 축적이 허용되지 않으며 반드시 증여해야만 합니다. 그것은 질투라는 심리로 설명되기도 하지만, 그런 게 아니라 호수제인 것입니다.

이러한 문제들에 대해 가장 예리한 고찰을 보여준 것이 프로이트의 『토템과 터부』[3]입니다. 그는 씨족사회에 존재하는 부족연합과 평등주의를 '억압된 것의 회귀'로 설명하려 했습니다. 단, 그는 그것을 '원부原父살해'로 설명했습니다. 그러한 생각은 말이 안 됩니다.

• •

3. 프로이트, 「토템과 터부」, 이윤기 옮김, 『종교의 기원: 프로이트전집』, 열린책들, 2003.

프로이트가 말하는 '원부', 즉 가부장적인 지배는 씨족사회 이후의 국가에서 성립되는 것이기 때문입니다. 그러므로 프로이트의 이론에 대해 부정적인 시각이 많았습니다. 하지만 역으로 생각하면 됩니다. '원부'를 죽이고 씨족사회가 생겨난 것이 아니라, 씨족사회가 국가로 바뀌지 않도록 앞으로 생겨날 '원부'를 미리 죽입니다. 그리고 그것을 되풀이합니다. 그로써 국가의 형성이 저지됩니다. 다르게 말하자면, 강제적인 호수성에 의해 경제적 계급분화가 저지됩니다. 이런 의미에서 '원부살해'에 의해 씨족사회 혹은 그 호수원리가 존재한다고 할 수 있는 것입니다.

교환양식A에 관한 이야기는 이쯤하고, 교환양식D에 대해 말하자면 이것에 관해서도 프로이트의 인식을 쓸 수 있습니다. 그는 『모세와 일신교』에서 보편종교의 기원을 논했는데, 그때 『토템과 터부』에서 했던 이야기를 거듭 했습니다. 아니, 『토템과 터부』를 썼을 때 이미 그것을 생각하고 있었던 것 같습니다. 제 생각에는 이렇습니다. 씨족사회는 이미 '억압된 것의 회귀'이며, 나아가 보편종교로 나타나는 교환양식D는 말하자면 '억압된 교환양식A의 회귀'인 것이지요.

이때 주의할 점은, '억압된 것의 회귀'라는 것이 좋았던 옛 시절의 회복 같은 게 결코 아니라는 점입니다. 예를 들어 근대 네이션은 교환양식C(상품경제)에 의해 해체된 공동체의 노스텔직notalgic한 회복입니다. 즉, '상상의 공동체'(베네딕트 앤더슨)입니다. 그런데 프로이트 말처럼, '억압된 것의 회귀'는 강박적인 형태로 나타납니다. 그것은 오히려, 자신들의 소망과 자유의지에 반하는 형태로 도래합니다. 보편종교의 경우, 그것은 명백합니다. 신神으로부터 그것이 도래하니까요. 오사와 씨 말씀대로, 사람들은 현재와 같은 사회 그대로도 괜찮고, 일부러 그것을 바꿀 필요는 없다고 생각합니다. 뭐, 그렇게 생각하고 싶다면 그래도 괜찮습니다. 하지만 교환양식D는 사람의 소망이나 구상으로 생겨나는 게 아닙니다. 그것에 반하여 생겨나는 것입니다. 따라서 그것을 없애버릴 수는 없습니다.

칸트의 '자연의 간지'

오카자키 저는 문외한이리 전문용어니 개념을 정확히 이해하고 있지 않아서 올바르게 쓰지 못합니다. 또한 가라타니 씨의 이 책은 앞으로 틀림없이 전 세계의 많은 사람들에게 결정적인 영향을 미칠 것이니, 다 읽었지만 앞으로 계속될 긴 공부과정의 첫 계단을 밟고 올라섰다는 느낌이라 지금은 직감적인 감상 말고는 할 수 있는 말이 없습니다. 이런 점을 전제로 전체적인 느낌만 말씀드리자면, 구조로서 역사가 제시되어 있으니, 당연히 교환양식D는 처음부터 존재한다는 얘기로 이해했습니다. 교환양식D는 교환양식A, B, C가 만드는 보로메오의 매듭에 의해 보이지 않게 되어있습니다. 말하자면 구조적인 잠재세력으로서 D가 있습니다. 예를 들어 잃어버린 교환양식A를 상상적으로 회복하려는 것이 네이션이라고 해도, 교환양식A의 억압보다도, 애초에 교환양식A의 호수성도 교환양식D를 은폐, 억압하는 것이었다는 점을 더욱 강조하셨다고 느꼈습니다. 앞으로 생겨날 국가＝원부 전에, 애당초 먼저 죽임을 당한, 원래 아버지가 바로 교환양식D였다는 것이 시사되어있는 게 아닌가, 하는 느낌을 받았다는 말이지요. 즉, 교환양식D야말로 억압되어 있는 것입니다. 가라타니 씨께서 지금 말씀하셨는데, 원래 교환양식D는 (통상적인) 인간이라는 관념에 기초하고 있지 않습니다. 인간의 소망이나 욕망을 매개로 한 것이 아닙니다. 혹은 교환양식A, B, C로 규정된 인간이라는 관념으로는 환원되지 않습니다. 그래서 저는 교환양식D를 이해할 때, 서설의 5장에서 쓰신 인간과 자연과의 교환에 관계되는 '물질대사'라는 키워드, 그리고 실제로 자연과 교통하는 수렵채집민의 애니미즘, 그들에게는 자연과 인간이 다를 바가 없고, 모든 것이 마르틴 부버가 말한 '나-너'의 관계[4]에서의 너로서 나타난다는 지적이 그 힌트라고 느꼈습니다. 그 '너'인 자연의 아니마를 감추고 '그것'으로 대상화하기 위해 공희供犧(로서의 증여)가 이루어집니다. 하지만 정주적인 씨족사회가 되면 자연 및 타자는 아니마, 너가 아닌 주술(로서의 증여)에 의해 '그것'으로 조작할 수 있게 되며, 주술에 의해 그것과 호수적 교환관계가 성립하게 된다고 쓰셨습니다. 이 지적이 교환양식D의 은폐를 이해하기 위한 중요한 힌트라고 느꼈는데요.

가라타니 오히려, 가장 처음에 억압된 것은 유동민의 코뮤니즘이라고 해야겠지요. 그런 의미에서 교환양식A로서의 호수성은 그 회복입니다. 교환양식D도 마찬가지입니다. 그것이 처음부터 있을 리가 없습니다. 저는 교환양식 A · B · C, 즉 네이션 · 국가 · 자본은 집요하게 존속한다고 생각합니다. 교환양식D는, 그것을 해소하고 대신할 수 있는 것이 아닌, 그것들을 호수성(증여)에 의해 억제하는 반복적인 활동으로서 존재하고요.

좀 전에 했던 이야기를 마저 하자면, 현재 사람들은 자본＝네이션＝국가의 '바깥'을 생각할 수 없게 된 상태입니다. 물론 어떤

---

4. 마르틴 부버, 『나와 너』 (표재명 옮김, 문예출판사, 1977) 참고.

의미에서는 그것을 넘어서려는 움직임이 있습니다. 유럽연합이 그렇습니다. 유럽의 이데올로그는 이것을, 근대세계시스템을 넘어선 것이라고 말합니다. 하지만 그것은 허위입니다. 유럽연합은 세계자본주의, 다시 말해 근대세계시스템의 현실에 의해 강요된 것입니다. 한 나라만으로는 미국, 일본 등에 대항할 수 없으니까 연합한 것입니다. 그리고 그러한 연합이 만드는 것은 '세계 = 제국'의 재판再版입니다. 일본에도 동아시아공동체를 구상하려는 움직임이 있습니다. 여차하면 자본 = 국가는 그것을 적극적으로 추진하겠지요. 그리고 과거에 있었던 '근대의 초극超克'과 비슷한 논의를 할 것입니다. 하지만 그것이 네이션을 넘어선다고 한들, 자본 = 국가를 넘어서지는 못합니다. 자본 = 국가가 살아남기 위해 네이션을 희생시킬 뿐입니다.

또 한 가지, 근대세계시스템의 '바깥'으로 나오려는 움직임이 있습니다. 그것이 종교입니다. 예를 들면 이슬람권에서는 최근까지 세속화가 진행되고 있었는데, 소련이 붕괴된 이후 사회주의에 대한 희망도 없어졌고, 그렇다고 해서 내셔널리즘이 기능하지도 않습니다. 사람들에게 호소력이 있는 것은, 이제 이슬람주의의 혁명뿐입니다. 이슬람주의 이외에 근대세계시스템에 대항할 수 있는 것이 없습니다. 분명, 이슬람주의에는 자본 = 네이션 = 국가를 부정하는 요소가 있습니다. 즉 거기에는 교환양식D가 포함되어 있습니다. 물론 저는 이러한 이슬람혁명이 성직자지배의 교권국가로 귀착될 뿐이라고 생각하지만, 그렇다고 해서 간단히 배척할 수는 없습니다. 종교, 사회주의, 내셔널리즘, 그것들은 서로 어떤 관계에 있는가. 그것에 대한 인식 없이 하는 비판은 소용이 없습니다. 그리고 그것들의 관계를 구조론적으로 보여주기 위해 교환양식이라는 관점을 취할 필요가 있습니다.

오사와 　　가라타니 씨는 프로이트를 반은 부정하고, 반은 이용하고 계십니다. 하지만 프로이트의 경우 인간에 대해 무척 강한 가정을 두었습니다. 예를 들자면 오이디푸스 콤플렉스의 보편성이 그러한 가정입니다. 원부살해의 충동이라든가, 살해해버렸다는 것에 대한 꺼림칙함의 영속 같은 것은 그러한 가정에서 도출됩니다. 하지만 꼭 그러한 가정을 두지만은 않는 현재의 우리 시점에서 보면, 원부살해 운운 하는 것은 역시 그냥 단순한 신화로 보입니다.

그러면 프로이트의 가설을 다 받아들이지는 않는 가라타니 씨의 경우는 어떨까요? 어떻게, 교환양식A의 집요한 회귀를 설명하실까요? 구태여 약간 도발적으로 말하자면, 그 경우, 증여의 힘이랄까, 교환양식A적인 것이 —— 가라타니 씨는 헤겔을 싫어하시기 때문에 이 책에서도 헤겔에 대해서 부정적으로 쓰셨는데, 그래도 헤겔의 말을 굳이 쓰자면 ——, '이성의 간지'처럼 세계사 속에 꼭 붙어서, 우리 스스로의 의지대로 할 수 없는 하나의 거대한 힘으로 항상 작동하고 있는 것입니다. 가라타니 씨의 이 책 내용을 요약하면, 이렇게 말할 수 있다고 생각합니다. 어떻게 생각하십니까?

가라타니 　　저는 헤겔의 '이성의 간지'라는 사고방식은 싫어하지만, 사람들이 칸트에 대해 말하는 '이성의 간지'라는 견해에는 감명을 받았습니다. 칸트라고 하면 도덕적 관점이 강조됩니다. 하지만, 이를테면 영원평화에 관하여, 칸트는 그것의 실현이 사람들의 이성과 도덕성이 아닌, 인간의 '비사회적 사회성', 프로이트 식으로 말하자면 공격성(죽음충동)이 발로하는 것, 달리 표현하면 세계전쟁을 통해서 가능하다고 했습니다. 그것이 '자연의 간지'라 불리는 것입니다. 실제로 유엔은 그처럼 두 번의 세계 전쟁을 통해서 형성되었습니다.

따라서 저는 그러한 '자연의 간지'에 대해서는 생각하고 있습니다. 저는 세계사를 교환양식의 측면에서 보는데, 그 경우 도덕성 혹은 이념성을 가지고 얘기하지 않습니다. 도덕성이란 결국 교환양식의 문제니까요. 인간과 자연의 관계 또한, 마르크스가 말했듯 물질대사(교환)의 형태입니다. 그러므로 근본적으로 '교환'측면에서 생각함으로써 '자연의 간지'에 다가설 수 있을 것입니다.

보편종교와 교환양식D

오카자키 호수성도 세 가지로 구별하셨습니다.

가라타니 네, 살린스의 구별을 인용했습니다. 첫 번째, '일반화된 호수'는 가족 사이에서 볼 수 있는 호수로 무상적인 것입니다. 세 번째 '부정적 호수'는 '부족 간 권역'에서 볼 수 있는 것으로 경제적인 흥정, 사기, 절도 외에 피의 복수(vendetta) 같은 호수가 있습니다. 두 번째 '균형을 이룬 호수'는 '부락권역'에서 나타나는 것으로, 첫 번째 호수와 세 번째 호수의 중간 수준으로 나타나는 것입니다.

오카자키 그 세 가지 중에 가장 주목해야 할 것은 첫 번째 '일반화된 호수'와 세 번째 '부정적 호수'라고 쓰셨습니다. 첫 번째 '일반화된 호수'가 이루어지는 공동체 속에서의 증여는 순수증여, 혹은 공동기탁처럼 보입니다. 물론 여기에서도 좀 전에 말한, 공동체의 외적 존재인 자연＝타자, 즉 아니마＝자연과의 교류, 공희供犧 등은 있지요. 외부공동체와의 '부정적 호수'에는 말하자면 이 '공희'처럼 본래 거래가 불가능한, 공포의 대상인 타자와의 교환 같은 성격이 전면적으로 나와 있다는 생각이 들었습니다. 증여는 무언가를 변제할 것을 요청하지만 무엇을 변제해야 하는지는 확정할 수 없습니다. 혹은 증여한 것이 무엇으로 교환될 것인지도 확정되어 있지 않고요, 애당초 당사자는, 무엇을 받고 무엇을 주고 있는지조차 알지 못합니다. 때문에 증여의 응수라는 끝없는 사이클이 생겨나면, 이렇게 이해해도 될지 모르지만, 증여받은 것에 내포되어 있는, 어떤 답례를 강제하는 '하우(주술력)'라는 힘도, 증여받은 물건의 의미를 그 하나의 공동체 안에서는 확정할 수 없으며, 제어할 수 없는 곳에서 발생한다고 할 수 있습니다. 가라타니 씨는 하우에 대하여, 소유와 욕망을 부정하는 힘으로 작동하는 것이라고 쓰셨습니다. 그에 반해 화폐는 다른 사물을 지배하고 소유할 수 있는 권리를 획득할 수 있다는 관념에 의해 화폐 페티시즘을 생겨나게 한다고 말입니다.

조금 다른 이야기를 하자면, 하우의 교환을 불안정하게 한달까, 더 강하게 말하자면 교환의 효력을 없앰으로써 오히려 새로운 교환을 요청하는 힘 같은 것은, 가라타니 씨가 보편종교의 조건에서 말씀하시는 '모세의 신'과 같은, 거래가 불가능한 신의 성격에도 나타나 있는 것 같습니다. 이 신은 국가의 번영이나 공동체의 행복에도 관심이 없고, 하물며 국가와 공동체, 궁극적으로는 인류가 멸망하더라도 알 바 아니며, 그런 게 멸망해도 계속 존재할 수 있습니다. 호수성, 그리고 교환에 대한 완전한 부정. 어차피, 인간과 인간 사이의 교환양식으로는 절대로 대신할 수 없는 것이랄까요. 가라타니 씨는 모세의 지도를 받은 유대인들이 가나안 땅에 들어서기 직전에 모세를 죽였고, 죽임을 당한 모세가 모세의 신으로 돌아

왔다는 프로이트의 『모세와 일신교』 설을 인용하고 계십니다.

가라타니　무슨 말씀을 하시는지 의미를 모르겠는데요. (웃음) 좀 전의, 교환양식D를 맨 처음에 있는 것으로 상정하는 의견이라면, 저는 찬성할 수 없습니다. 지금까지 있었던 보편종교에 대한 논의는, 베버의 논의에서도 볼 수 있듯 거기에서 주술의 부정을 본다는 것이었습니다. 하지만 저는 주술과 보편종교의 차이를 교환양식의 측면에서 보았습니다. 종교학자는 일반적으로 종교를 경제와는 다른 차원에 놓아버립니다. 주술은 예를 들자면, 공희 등을 통하여 자연대상에 영향을 주려는 것인데, 그것은 호수적인 교환입니다. 증여를 함으로써 상대를 움직이니까요.

수렵채집을 하는 유동민 단계에 애니미즘이 있습니다. 그 단계에서는 만물에 아니마(정령)가 있다고 생각합니다. 따라서 수렵을 하더라도 동물에 아니마가 붙어 있으니, 그것을 어떻게든 달래야만 합니다. 또한 사람이 죽으면 매장해야만 합니다. 하지만 유동민 단계에서는 아니마를 달래서 어떻게 해보려는 식의 주술이 발달하지 않는다고 합니다. 주술이 발전한 것은 정주 이후의 일입니다. 그것은 주술이 호수적인 원리에 기초한다는 것과 맥을 같이 하는 것이라고 생각합니다.

'주술에서 종교로의 발전'이라는 얘기를 자주들 하는데, 종교에도 호수적인 교환은 여전히 있습니다. 이것은 씨족사회가 국가로 발전하면서 지배적인 교환양식이 B가 되지만 그것이 호수성을 띠는 것과 같습니다. 예를 들어 영주는 농민으로부터 연공을 수탈하지만, 농민은 영주가 자신을 지켜준 것에 대한 답례로 연공을 냅니다. 하지만 영주가 전쟁에서 지면, 농민은 그 영주를 버리고 다른 지배자를 따릅니다. 마찬가지로 종교에서 신은 초월적인 존재이지만, 한편으로 사람들은 신이 자신의 소원을 들어주지 않으면 신을 버리지요. 이처럼, 호수적인 관계 혹은 주술적인 것이 남아있습니다.

통상적으로는 국가가 지면, 그 나라를 수호하는 신도 버려집니다. 예를 들면 솔로몬의 왕국 후에 유대왕국은 유대왕국과 이스라엘로 분열되는데, 먼저 멸망한 이스라엘에서는 옛날부터 전해 내려오던 신에 대한 신앙이 버려집니다. 다음에 있었던 유대왕국의 멸망 때도 그랬습니다. 단, 그때 바빌론에 포로로 끌려간 사람들 사이에서 '모세의 신'에 대한 신앙이 강해졌습니다. 즉, 모세의 신은 전쟁에 져서 나라가 멸망했는데도, 사람들이 버리지 않은 신입니다. 이때 처음으로 호수적 관계가 끊어졌습니다. 달리 말하면 주술이 부정되었다고 할 수 있습니다. 이처럼 교환양식의 측면에서 봄으로써, 보편종교의 특성이 보이게 된다고 생각합니다.

모세의 신은 농경민 및 국가에 대해 비판적입니다. 그는 이를테면 '사막으로 돌아가라'고 말합니다. 그것은 유목민시절의 생활방식, 즉 독립성·평등성의 논리를 회복하라는 의미입니다. 그것은 호수성의 회복입니다. 하지만, 그것은 결코 전통적인 유목민으로의 회귀가 아닙니다. 교환양식 측면에서 보면, 모세의 신에 다른 교환양식이 표현되어 있다는 것을 알 수 있습니다. 그것이 교환양식D입니다.

'모세의 신'은 옛날부터 널리 알려져 있었다고 할지라도, 유대인이 팔레스타인에서 농민이 되어 아시아적 전제국가(솔로몬 왕조)를 형성한 시기에, 그것을 비판한 예언자가 발견한 것입니다. 예언자들은 농경사회 및 그 위에 있는 솔로몬 왕의 아시아적 전제국가에 대하여, 이런 것은 멸망할 것이라고 끊임없이 주장했습니다. 그리고 실제로 멸망했지요.

오사와　멸망한 뒤에 그런 얘기가 만들어진 부분도 있겠지만요.

가라타니　네. 하지만, 그러한 예언자가 있었던 것은 분명합니다. 좀 전에 말했듯, 국가가 멸망했을 때 태반의 사람들이 신을 버렸습니다. 바빌론으로 간 소수의 사람들은 모세의 신에게 더 강한 신앙을 품었습니다. 포로가 된 사람들은 바빌론에서 상업에 종사했습니다. 그들은 상업민족이 되어버렸고, 포로생활에서 벗어나 돌아왔어도 다시 농민이 되지는 않았습니다. 유내교라는 것은 그때 성립되었다고 봅니다. 농민이라면 무조건 바울 신이든 뭐든, 농민의 종교를 믿었을 것입니다. 모세의 종교가 상업, 즉 교환양식C를 경유하고 있다는 것에 주목해야 합니다. 교환양식D는 C를 부정한다 해도, 그것을 경유하지 않으면 나오지 않습니다.

그런 의미에서 모세의 신, 즉 유대교는 보편종교입니다. 그것은 국가와 민족의 종교가 아니라 개개인이 그 종교에 귀의하는 것이며, 유대교에 귀의한 사람이 유대인으로 간주될 뿐입니다. 예를 들어 로마 제국에는 유대인이 많았고, 러시아 쪽에도 유대인이 많았습니다. 그것은 단지 유대교로 개종한 사람들이 많았다는 얘기입니다. 이것은 유대교가 보편종교라는 것을 보여주는 것인데, 현재는 많은 유대인들이 유대교가 유대 민족의 종교라고 생각하고 있습니다.

오사와　맞습니다. 그래서 유대인을 국민이나 민족으로 이해하면 안 되고, 유대교라는 것이 보편종교의 최초 형태라고 생각해야만 합니다.

오카자키 씨도 말씀하셨는데, 유대교나 크리스트교에는 교환을 부정하는 측면이 있습니다. 예를 들어 유대교의 경우 인간은 신과 계약한 상태이고, 신은 앞으로 무언가 좋은 일을 해줄 것처럼 말하지만, 실제로는 아무것도 해주지 않습니다. 험한 꼴만 당하게 하지요. 바빌론 포로가 가장 심한 예로, 인간에 대한 신의 증여는 성립하지 않는 상황입니다. 「욥기」의 욥도 그런데, 신으로부터 아무것도 받을 수 없을 때 어떻게 신앙을 유지할지의 문제가 보편종교의 중요한 주제 중 하나입니다. 그래서 보편종교라는 것에는 분명 원시적인 증여를 어떤 고차원에서 회복한다는 측면은 있지만 다른 한편으로는 증여성을 부정하는 측면도 있습니다. 그 부분을 어떻게 이해하면 좋을까요?

가라타니 그러니까, 교환양식D가 교환양식A의 고차원적 회복이라는 것은, 그것이 A의 단순한 회복이 아니고 오히려 A의 부정이라는 것을 의미하는 것입니다. 조금 전에 말했다시피, 내셔널리즘은 교환양식A의 노스탤직nostalgic한 회복입니다. 거기에는 A를 부정하는 요소가 없습니다. 이러한 회복의 예는 고대부터 있어 왔습니다. 예를 들어 몽골인은 원 왕조를 세웠을 때 궁전이 아닌 정원 텐트에서 잤다고 합니다. 그렇게 해서 유목민 사회의 생활을 심정적으로 유지하려고 한 것입니다. 하지만 현실적으로는 국가의 지배자입니다. 고대 유대인도 그렇게 유목민시대를 그리워하며, 부족의 전통과 권위를 자랑하고 있었겠지요. 하지만 그것은 전제국가와 조금도 다를 바가 없습니다. 예언자가 부정한 것은 오히려, 그러한 노스탤지어라고 생각합니다. 교환양식D는 과거가 아닌 미래를 지향하는 것입니다.

세계종교와 보편종교

오사와   가라타니 씨는 예전부터 보편종교에 대한 글을 꽤 많이 쓰셨는데, 비교적 긍정적으로 쓰신 경우가 많은 것 같습니다. 이번에도 국가에 흡수되기 전의 보편종교에 무척 많은 가능성을 보고 계시지요. 크리스트교, 이슬람교, 불교 등을 개별적으로 언급하시기는 했습니다만, 기본적인 부분에서는 보편종교에 모두 공통된 점이 있다는 것을 강조하셨습니다.

하지만 각각의 보편종교는 다양한 차원에서 각기 다른 기능을 합니다. 물론, 그런 차이는 종교에 내재된 요인뿐만 아니라 역사적인 우연에 기인한 것도 있겠지만, 각 보편종교의 내용적인 차이에 의한 부분도 큽니다. 예를 들어 우리가 지금 하는 얘기도, 자연과 유대교에 대한 이야기이지 않습니까? 그게 왜 그런가 하면, 간단히 말해서 유대교에서 크리스트교에 이르는 흐름은 적어도 현대까지의 역사, 세계사를 생각하는 데 있어서 압도적으로 중요한, 다시말해 헤게모닉한 영향을 미쳤기 때문이겠지요. 그래서 보편종교의 내실을 일단 구체적으로 파악한 뒤에 그 기본은 마찬가지라는 식으로 결론지으신 건 약간 억지스럽다는 느낌을 받았는데요.

가라타니   저는 일본인 이외의 사람들도 이 책을 읽을 것이라는 점을 의식하고 있습니다. 머지않아 영어본도 나올 것이고요. 그것을 읽은 서양인들이 보편종교는 유대교와 크리스트교밖에 없다고 생각할까봐, 불교와 기타 종교의 보편종교성을 구태여 강조한 면이 있습니다.

오사와   그렇군요.

가라타니   유대 · 크리스트 · 이슬람교권에서는 불교라고 하면

선禪 같은 거라고 생각하는 사람이 태반입니다. 정토진종의 일향일규一向一揆[5]와 같이, 불교가 사회운동을 일으켜왔다는 사실을 모릅니다. 애당초 일본인들도 잘 모르고, 알고 있다 해도 그것이 본래의 불교를 벗어난 거라고 생각하는 사람이 많습니다. 그리고 또 하나의 포인트는 '세계종교'와 '보편종교'를 구별한 것입니다. 사실 저는 이전에도 같은 얘기를 써왔는데, 그때는 '세계종교'라고 말했었습니다. 보편종교와 구별하지 않았습니다.

오사와　이 책에서도 미묘하게 구분해서 쓰고 계시지요. 사실, 주가 되는 말은 '보편종교'이지만요.

가라타니　세계종교라는 것은 세계＝제국의 종교입니다. 각지에 출현한 보편종교는 각각의 세계＝제국의 종교로 확대되어 정착되었습니다. 즉, 보편종교는 그것이 부정하는 제사계급에 의해, 혹은 그것이 부정하는 국가에 의해 유지됩니다. 그것은 세계＝제국을 넘어서지 못하고 그것에 종속되고 말았습니다. 그럼으로써 세계종교가 된 것입니다.

지금도 크리스트교는 유럽과 유럽 '제국'에 속한 지역의 세계종교입니다. 이슬람교와 불교도 마찬가지입니다. 예를 들어 중국에서는 비약적으로 영토가 확대된 당나라 때 불교가 국교國敎로 자리매김하게 되었습니다. 일본에서도 야마토 조정이 다른 호족과 조상신을 제압하고 왕권을 확립하려고 했을 때 불교를 도입했습니다. 따라서 세계적으로 널리 퍼진 종교를 세계종교라고 부르는 것은 괜찮

---

5. 일본 전국시대(1467~1573)에 승려, 무사, 농민, 상공업자들을 주축으로 이루어진 종교적 자치 운동으로, 정토진종淨土眞宗의 혼간지本願寺 교단에 의해 조직되었다.

지만, 그것은 보편종교와는 다르다는 것을 말해두고 싶습니다.

증여로서의 군비 방기

오사와 책에서 다양한 문화인류학적 증여의 예를 들고 계신데, 그런 구체적인 예 중에 가장 유명한 예는, 트로브리안드 제도의 '쿨라교역'입니다. 그것은 정확히 말하자면 무엇을 위해 하는지를 알 수 없는 증여입니다. 그들에게 근대적인 배가 있는 것도 아니니까, 운이 나쁘면 그대로 태평양의 쓰레기가 되어 사라져버릴지도 모르는 위험한 일을 구태여 저질러 옆 섬까지 가서, 경제적인 관점에서 보면 크게 득이 될 것도 없는 증여를 합니다. 그걸 보면, 무엇을 위해 증여를 하나 싶어 이상하다는 생각이 듭니다. 포틀래치를 비롯해 다른 예를 보아도, 같은 의문이 듭니다.

하지만 이 책에서는 교환양식A, B, C와 역사를 훑은 뒤 맨 처음에 나온 A, 즉 증여가 D의 형태로 돌아온다고 한 뒤, 세계동시혁명에 대한 구체적인 이미지가 거기에 있다고 하시는 거니까, '증여에 대한 충동'이라는 게 무척 중요한 테마라고 생각합니다. 증여는 B와 C에 억압되어 사라지는 법 없이 집요하게 되돌아옵니다. 그런 집요함의 기초가 되는 증여에 대한 충동이란 무엇입니까?

가라타니 제 생각에는, 홉스가 말하는 '자연상태'(전쟁상태)가 유동민시대부터 있었습니다. 유동민의 밴드는 다른 밴드와 만났을 때 싸우기 전에 증여를 합니다. 증여로 평화를 창설하는 것입니다. 그리고 교역을 합니다. 하지만 이러한 관계는 지속되지 않습니다. 유동민은 바로 이동하기 때문입니다.

하지만 정주민이 되면 다른 부족과 안정적인 관계를 만들어야만 합니다. 교역을 통해서 자신들에게는 없는 필수품을 얻을 필요가 있기 때문입니다. 쿨라교역 같은 것은 그 자체가 교역인 것이 아니라, 증여에 의해 평화상태, 우호적인 관계를 만들기 위한 것이지요. 그 후에 실제 교역을 행합니다. 따라서 이러한 증여는 '증여에 대한 충동'이라고 하기보다는, 오히려 자연상태에 대한 공포, 거기에서 벗어나고 싶은 충동으로 보아야 합니다.

홉스는 자연상태에서의 탈출이 모두가 한 사람(리바이어던)에게 복종하는 형태, 즉 국가를 통해 가능하다고 보았습니다. 그것이 '사회계약'이라 불리는 것입니다. 하지만 그와는 다른 평화의 창출이 있습니다. 즉, 폭력에 기초하지 않은 '사회계약'이 있습니다. 그것은 증여의 호수에 기초한 것입니다. 지금 말씀하신 트로브리안드 제도의 '쿨라교역'은 그 일례이지요. 그것은 소규모이지만 '세계시스템'입니다. 이번 책에서 제가 생각한 것은 홉스적인 세계를 넘어서기 위해서, 즉 칸트가 말하는 '영원 평화'를 실현하기 위해서는 그러한 증여의 호수성에 기초한 사회계약에서 그 열쇠를 찾자는 것입니다. 그것이, 교환양식A의 '고차원적 회복'입니다.

좀 전에도 말했다시피 저는 2001년 이후에 생각이 바뀌었는데, 그중 하나가 그즈음부터 일본의 헌법9조 문제를 생각하게 되었다는 것입니다. 사실 1991년 이라크전쟁 때부터 생각하기 시작했지만, 9·11이 있고 나서 더욱더 많이 생각하게 되었습니다. 『세계사의 구조』에서는 그런 것에 대해 전혀 언급하지 않았습니다. 하지만, 항상 염두에 두고 있었습니다.

제가 생각한 것은 헌법9조를 실행에 옮긴다는 것입니다. 헌법9조가 전쟁방기, 군비방기를 주장하고 있다는 것은 명백하지만, 실제로는 그것을 적당히 해석하여 현 상태를 긍정해왔습니다. 따라서 헌법을 지키고 있다고 해도, 그것은 기만입니다. 예산 규모로 말하자면 세계 2, 3위인 거대한 군비력軍備力을 가진 나라가 '헌법9조'를 내거는 것은 이상한 일입니다. 그것을 폐기하거나, 말 그대로 실행하는 수밖에 없습니다.

헌법9조에는 일정한 억제효과가 있으니 이대로 괜찮지 않느냐는 사람이 많습니다. 군비방기를 실현한다고 하면, 그건 비현실적이라고 하는 사람이 많습니다. 홉스적인 견지에서 보면 그렇습니다. 하지만 군비방기라는 것은 그다지 비현실적이지 않습니다. 군비에 의한 평화가 현실적이지 않은 것처럼 말입니다. 군비의 방기란 '증여'입니다. 증여받은 쪽은 그로 인해 구속을 받습니다. 예를 들어 일본이 유엔총회에서 헌법9조를 실현한다고 선언하고, 우선 오키나와 기지를 폐지하고 단계적으로 일본의 군비를 폐지한다고 한다면 어떻게 될까요? 다른 나라는 어떻게 할까요? 우선 깜짝 놀라겠지요. 이제까지 없었던 일이니까요. 하지만 그에 대응하지 않을 수는 없습니다. 그로부터 생겨나는 것이 증여에 의한 사회계약입니다. 물론 그것은 일본뿐만 아니라 어떤 나라에서든 가능합니다. 예를 들어, 코스타리카가 그것을 했습니다.

오사와   코스타리카는 작은 나라니까요.

가라타니   네. 그러니까, 증여가 작아서 임팩트가 별로 없습니다. 일본 같은 규모의 나라가 군비를 방기한다면 엄청난 영향이 있겠지요. 그래서 이걸 일본이 하면 좋겠다는 생각이 듭니다. 다른 나라와 달리 일본에서는 그것을 위해 법을 근본적으로 개정할 필요가 없습니다. 이미 헌법9조가 있으니까 단순히 그것을 실행하면 될 뿐입니다. 이 헌법9조는 일본의 침략전쟁에 대한 역사적 반성으로서 있는 것입니다. 그러므로 헌법9조를 실행하는 것은, 진정어린 반성을 보여주는 것입니다. 실제로 일본이 세계적으로 리더십을 보여줄 수 있는 일은 그것뿐입니다. 만약 그렇게 한다면, 이것은 세계사를 뒤흔드는 행동이 되겠지요. (웃음) 러시아혁명 따위와는 비교가 안 돼요. 21세기의 혁명은 여기에서 시작된다고 해도 될 정도입니다.

오사와   군비방기가 일종의 증여라는 건 정말 재미있는 착상이군요.

가라타니   경제적인 증여도 중요하지만, 저는 군비방기 또한 증여라고 생각합니다. 예를 들어 클라스톨은 레비-스트로스에게 반론하면서, 미개사회에는 전쟁이 항상 있고 그로써 국가의 성립이 저지되고 있다는 식으로 말했습니다. 그러한 전쟁은 상대를 완전히 제압하여 종속시키기 위한 것이 아닙니다. 이것은 살린스가 말하는 '부정적인 호수성'입니다. 그것은 피의 복수(血讐, vendetta)의 일종이며 포틀래치 같은 것입니다. 그러므로 이것이 국가의 형성을 막는다는 것은 호수성원리(A)가 국가(B)의 성립을 막는 하나의 케이스일 뿐입니다.

왕과 봉건영주가 늘 전쟁만 하고 있는 상태는 중세 유럽에도 있었습니다. 그 결과 서유럽에는 집권적 국가가 성립되지 않았습니다. 그것은 근세에 절대왕권과 함께 생겨났습니다. 홉스가 말하는 사회계약은 현실적으로 그것을 가리킵니다. 고대 그리스에서도 폴리스 간의 전쟁이 끊임없이 있었습니다. 그래서 그리스에서는 아시아적인 전제국가가 생기지 않은 것입니다.

하지만 폴리스 간의 전쟁은 씨족사회 간의 전쟁과 비슷합니다. 진심으로 상대를 지배하기 위해 한 것 같지 않습니다. 예를 들어,

다수의 폴리스가 전쟁을 하면서 한편으로는 정기적으로 올림픽 대회를 열었습니다. 그 기간 중에는 전쟁을 쉬었습니다. 이 시기에 전쟁을 하면 따돌림을 당했고요. 스파르타는 올림픽 기간 중에 전쟁을 했기 때문에 그 벌로 출장을 정지당했습니다. 올림픽뿐만 아니라 폴리스 간의 전쟁도 상대를 파멸시키기 위한, 혹은 상대를 지배하기 위한 전쟁이 아니라 일종의 콘테스트입니다. 따라서 전쟁 대신 스포츠로 해도 되는 것이었습니다.

오사와　　그렇군요. 그래서 호수와 전쟁은 어떤 의미에서 보면 비슷하군요.

가라타니　　그렇습니다.

오사와　　이를테면 포틀래치도 그렇지요. 증여와 전쟁은 일견 정반대의 것으로 보이지만, 어떤 의미에서는 마찬가지입니다. 그래서 증여가 전쟁의 대체물이 될 수 있는 것입니다. 그런 의미에서 말하자면, 전쟁방기 자체가 일단 일종의 증여이며, 방어전쟁이라고 볼 수도 있군요.

가라타니　　네. 엄청난 증여니까, 받는 쪽은 곤란할 것입니다.

임박한 세계 전쟁

오카자키　　제 생각에는 칸트의 '제 국가연방' 구상이 두 번의 대전을 거치고 나서야 비로소 유엔이라는 형태로 실현된 것처럼, 또 다른 세계 전쟁의 경험이 전제되지 않는다면 올림픽이나 다른 호수성이 전쟁의 대체물 역할을 하지 못 할 것 같습니다. 모든 교환의 효력을 없애고, 교환을 불가능하게 하며, 그로써 그것을 가능하게 하는 계기가, 그야말로 '자연의 간지'로서 미리 경험되어 있는 상태일지 어떨지. 세계 전쟁에는 다양한 형태가 있겠지만, 그것이 카타스트로프(catastrophe)로 경험될 것인지 어떨지. 그것이 전제되지 않으면 세계동시혁명이라는 것을 잘 이해할 수 없을 것 같습니다. 그 세계 전쟁은 어떤 것인지요?

가라타니 저는 세계 전쟁이 임박했다고 생각합니다. 예를 들면 일본 국내의 빈부 격차가 눈에 띄게 커졌고, 그것을 못마땅해 하는 사람도 많아지고 있습니다. 그래도 어떻게든 무사히 살고 있습니다. 하지만 세계적인 차원에서 보면, 남북의 격차가 엄청납니다. 그리고 그게 그냥 괜찮을 리가 없어요. 선진국에서는 투덜거리면서도 그냥 대강 살아갈 수 있겠지만, 다른 한편으로는 그런 격차를 없애기 위해서 종교든, 다른 어떤 형태로든 노력을 하게 되어있습니다. 또한 선진국과 중진국 간의 항쟁이 격화되고 있습니다. 오늘날의 경제를 영토와 자원 차원에서 생각하는 사고방식은 낡은 거라고 하는 경제학자가 있는데, 그렇지 않습니다. 또다시 영토를 빼앗기 위한 식의 전쟁이 일어날 거라고 생각합니다. 저는 그것을 저지해야 한다고 생각하지만, 만약 그게 잘 안 풀려서 전쟁이 일어난다고 해도 역시 군비방기, 새로운 유엔의 형성이라는 문제로 귀결될 거라고 생각합니다.

오카자키 증여로서의 군비방기라는 것은, 앞으로 일어날 전쟁을 전제로 한 거대한 도박이라는 말씀이십니까?

가라타니 그렇습니다. 일본이 할 수 있는 건 그것밖에 없겠지요.

오사와 전쟁과 증여에 관해 말하자면, 9·11테러 후에 일본에서는 미국을 도울 것인가 돕지 않을 것인가 하는 문제가 큰 이슈가 되었습니다. 저는 그때 그런 것과는 상관없이, 그곳에는 곤란에 처한 사람들이 있으니 아프가니스탄에 증여를 해야 하고, 그렇게 하는 게 전쟁을 억제하는 데 도움이 된다는 글을 쓴 적이 있습니다. 알카에다는 아프가니스탄에서 철통같은 보호를 받고 있으니, 그곳에 거점을 둘 수 있었을 것입니다. 아프가니스탄이 미국에 더 많은 적대심을 품을수록, 알카에다는 더욱 철통같은 보호를 받게 됩니다. 그러니까 오히려 아프가니스탄에 증여를 해서 우호국이 되는 편이 좋다고 생각했기에, 일본은 아프가니스탄에 증여를 해야 한다는 이야기를 『논좌論座』라는 잡지에 썼습니다. 더 자세히 말하자면, 이슬람의 기본 의무 다섯 개 중에 '희사喜捨'라는 것이 있는데 그게 '증여'니까, 이슬람 원리를 역이용하여, 이슬람의 가르침에 따라 이슬람 원리주의자를 보호하고 있는 아프가니스탄에 증여를 하자고 썼습니다. 하지만 제 논고를 읽고서 크게 화를 낸 사람도 있었습니다. 그런 시기에 탈레반 정권에 증여를 하자고 하다니, 괘씸하다는 식의 분위기가 있었어요.

주변과 아주변亞周邊

오사와　　다음 논점으로 넘어갑시다. 아주변이라는 아이디어를 적극적으로 활용한 것도 이 책의 매우 큰 특징이라고 할 수 있습니다. 세계＝제국의 중핵, 주변, 주변의 바깥인 아주변, 그리고 권외圈外라는 것이 있습니다. 그중에서 아주변이라는 것은 권외라고는 할 수 없지만 제국의 중심에 아주 가까운 것도 아닙니다. 이러한 아주변이 결과적으로 매우 중요한 역사적 역할을 한다고 쓰셨습니다.

　구체적으로 말하자면, 예를 들어 그리스, 로마가 그렇습니다. 특히 그리스는 당시 이집트와 메소포타미아 같은 제국과의 관계 측면에서 보면 아주변이었다는 것. 혹은 서유럽이 어째서 근대화를 선도하는 데 결정적인 역할을 했느냐 하면, 그것이 사실 이슬람 제국과의 관계에서 아주변에 있었기 때문이라는 것. 일본도 사실 중화제국과의 관계에서 아주변에 있었기 때문에 근대화에서 주도적 역할을 할 수 있었다는 것 등등, 그러한 예를 많이 들고 계십니다. 아주변이라는 것은 완전한 권외가 아니므로 제국의 중심에 있는 선진적인 문명으로부터 나름의 영향을 받고 있는데, 중핵에서 적당히 떨어져 있기 때문에 그것에 편입될 일이 없습니다. 선진기술은 도입하지만, 사회관계를 지배하는 원리와 방법까지 받아들이지는 않습니다. 중핵에 있는 기본적인 힘의 구조를 거부하는 한편, 필요한 것만을 받아들인다고나 할까요? 선진적인 문명을 선택적으로 받아들일 수 있습니다. 이렇게 아주변이라는 개념은 중핵의 제국과의 관계에서 이러한 다이너미즘을 중시하기 위해 활용되고 있습니다.

　하지만, 그것을 역으로 말하면 아주변으로 간주된 곳의 공동체 내부의 다이너미즘을 상대적으로 너무 작게 보신 게 아닌가 싶습니다. 구체적으로 말하자면, 중세의 서유럽은 분명 이슬람제국과의 관계에서 아주변에 있다고 할 수 있고, 혹은 비잔틴제국과의 관계로 보아도 아주변일지도 모릅니다. 하지만 당시 지정학적 상황으로 보면 그렇게까지 이슬람제국과의 관계성을 중시해야 했나 하는 의문이 들기도 합니다. 중세의 서유럽이 선진적인 이슬람제국에서 상당히 많은 영향을 받은 것은 분명하지만, 그러한 영향을 규정하거나 증폭, 혹은 억제하는 서유럽 측의 내발적인 대응은 어땠을까 하는 의문이 듭니다.

가라타니   음, 말씀하시고자 하는 바가 무엇인지는 잘 압니다. 이 부분은 저의 독창적인 생각이 아니라, 비트포겔[6]의 개념을 쓴 것입니다. 비트포겔은 마르크스주의자 중에서도 평판이 아주 안 좋은 사람이라, 일반적으로는 무시되는 사람이지요. 월러스틴도 무시했습니다. 한편 비트포겔을 옹호하는 유아사 다케오[7] 같은 사람은, 아주변성에야말로 일본 문화의 독특한 위대함의 비밀이 있다는 얘기를 합니다. 하지만 저는 그런 논의 때문에 이 개념을 쓴 게 아닙니다. 단순히, 자본주의 이후의 근대세계시스템, 즉 세계=경제에서 중심-반주변-주변이라는 지정학은 그 이전의 세계시스템에 들어맞지 않는다는 얘기를 하고 싶은 것입니다. 세계=제국의 단계에도 중핵-주변-아주변이라는 구조는 있습니다. 하지만 세계=제국에서는 중심이 주변부를 완전히 통치하는 일이 없습니다. 아주변은 더욱 독립적인 상태입니다. 중국의 제국 중심부와 주변, 아주변을 생각해보면 알 수 있습니다. 예를 들어 조선은 주변이며, 일본은 아주변입니다.

그러한 구조는 근대세계시스템, 즉 유럽에서 시작되어 확대된 세계=경제에서는 성립하지 않습니다. 지금까지 중심이었던 곳이

••

6. Karl August Wittfogel (1896~1988) 독일 출신의 미국 사회, 경제학자. 마르크스주의의 입장에서 중국을 연구한 것으로 유명하며, 국내에 소개된 저서로 『동양적 전제주의』(구종서 옮김, 법문사, 1991)가 있다.
7. 湯淺赳男 (1930~). 비교문명사, 환경경제학, 경제인류학 분야에서 활약하는 경제학자로, 국내에 소개된 저서로는 『세계 5대 제국 흥망의 역사』(일빛, 2005), 『문명 속의 물』(푸른길, 2011) 등이 있다.

주변에 놓입니다. 하지만 중요한 것은 그 경우, 원래 세계＝제국의 중심이었던 곳과 주변, 아주변에 위치했던 곳의 반응이 다르다는 것입니다.

예를 들어 주변부는 손쉽게 서양열강의 식민지가 되어버렸지만, 중심부는 그렇지 않았습니다. 인도도 그렇고 중국도, 식민지가 된 것은 19세기 후반 이후의 일입니다. 오스만 제국은 20세기까지 존속했지만 제1차 대전 이후, 민족자결주의에 의해 네이션＝스테이트로 분열되고 말았습니다. 그것이 일반적인 추세였지만, 러시아와 중국만은 달랐습니다. 원래대로라면 러시아나 중국도 다수의 민족국가로 분열될 터였지만, 그런 일은 일어나지 않았습니다. 누가 그것을 막았느냐 하면, 바로 마르크스주의자들입니다. 그들은, 근본적인 문제는 계급에 있으며 네이션, 민족 따위는 부차적인 문제에 지나지 않는다고 주장했습니다. 계급이 해소된다면 민족문제 따위는 저절로 소멸하며, 국가도 소멸한다고 주장했지요. 네이션＝국가라는 것은 상부구조에 지나지 않으므로, 경제적인 계급문제를 해결하면 사라진다고 말입니다. 물론 그것은 잘못된 생각이었습니다. 그런데 아이러니하게도 그 결과 러시아와 중국에서는 세계＝제국이 분열되지 않고 살아남았습니다. 그것이 마르크스주의자들이 의도한 바는 아니었지만, 다름 아닌 마르크스주의가 세계＝제국을 존속시키고 강국으로 부활시킨 것입니다.

어쨌든 월러스틴처럼 근대세계시스템의 중심-반주변-주변이라는 도식만 가지고는 세계사를 다 볼 수 없다고 생각합니다. 그 이전 단계, 즉 세계＝제국의 중핵-주변-아주변이라는 구조를 고려해야 한다는 것이지요. 더불어, 서양이 중심이 된 것은 기껏해야 근대세계시스템이 형성된 이후의 일이며, 그것을 근대 이전의 시기에 투사해서는 안 됩니다. 그리스·로마 문명도, 아시아적인 대문명의 아주변에 있던 씨족사회가 만든 것이라고 봐야 합니다. 유럽에 관해서는 두말할 것도 없습니다. 예를 들어 철학만 보아도, 그리스 철학의 지적 유산은 이슬람 세계로 전해져서, 그곳에서 철학적인 발전이 이루어졌습니다. 토마스 아퀴나스는 이슬람 신학자의 작업을 흉내 냈습니다. 심지어, 13세기나 되어서 말입니다.

오사와　　확실히 중세철학은, 역수입이라고 표현하면 좀 이상하지만, 이슬람을 경유함으로써 비로소 그리스를 발견했습니다. 특히 아리스토텔레스의 경우를 생각하면, 말 그대로 유럽은 이슬람의 아주변이지요.

가라타니　　네, 그렇습니다.

오사와　　그리고 유럽 내부를 보아도, 영국 같은 나라는 아주변적인 위치에 있었기 때문에 오히려 먼저 근대화를 이룩한 면도 있습니다.

절대왕권 = 주권국가

오사와　　또 한 가지, 이 책에서 반복되는 특징적 논점은, 절대주의왕권이 근대 국가의 원형이라는 주장입니다. 그리고 일반적으로는 절대주의로 간주되지 않는 것까지 실은 절대주의라고 보고 계시는데요. 분명, 유럽에서 근대시민혁명 전에 절대주의왕권이 성립되었다는 것은 중요하며, 모든 역사서에도 그 사실이 적혀 있습니다. 하지만 절대주의왕권이란 단순히 시민혁명에 의해 무너지는 대상으로 존재했던 것이 아니며, 절대주의가 없었다면 애당초

'시민'도 존재하지 않았을 것이라는 점을 강조하고 계십니다. 게다가 그보다도 훨씬 뒤에 나온, 이를테면 개발도상국의 개발독재 같은 것도 실은 절대주의왕권과 마찬가지라는 말씀을 하고 계신데요.

가라타니 개발독재나 사회주의적 독재 모두 절대왕정과 구조론적 유사성이 있다고 생각합니다. 근대 유럽의 국민국가는 절대왕정이 무너지고 나서 성립되었는데, 실제로는 절대왕정에 의해 그 기반이 생겼습니다. 절대왕정에서는 모두가 왕의 신하(subject)로 평등합니다. 왕을 무너뜨리면 모두가 주체(subject)가 됩니다. 즉, 다수의 부족, 호족, 귀족을 통합하는 절대적인 권력이 선행되지 않으면 근대의 네이션 = 스테이트는 만들어질 수 없는 것입니다. 그것은 아직 부족 간의 다툼이 존재하는 아프가니스탄을 보면 알 수 있습니다.

또 한 가지, 주권국가라는 것은 일국만으로는 성립될 수 없으며, 서로의 주권을 인정해줌으로써 성립됩니다. 주권국가라는 말에는 주권을 가지지 않는 국가를 지배해도 좋다는 함의가 있지요. 즉, 주권을 가지지 않으면 식민지가 되고 맙니다. 따라서 유럽에 주권국가가 출현한 이래, 모든 나라들이 주권국가라는 승인을 받으려 합니다. 그래서 주권국가는 근대세계시스템으로서 존재하는 것입니다.

물론, 그 이전의 세계 = 제국도 세계시스템입니다. 주변 국가는 중앙의 승인이 없으면 존립이 불가능합니다. 예를 들면 고려나 조선 왕조도, 왕의 후계자를 결정하기 위해서는 원나라나 명나라, 혹은 청나라의 승인을 받아야 했습니다. 일본 또한 중국 왕조의 승인을 필요로 했습니다. 단, 일본은 아주변이라서 그런 일을 그렇게까지 열심히 하지는 않았지만 말입니다. 세계 = 제국이라는 세계시스템은 이런 것이었습니다. 그것이 주권국가가 그 주체인 근대세계시스템 하에서 변용되었습니다. 그래서 주권국가＝절대국가란 유럽만의 이야기가 아닙니다. 그 이후로 세계에 파급되어 간 세계시스템입니다.

물론, 절대주의왕권이 전 세계적으로 성립되지는 않았습니다. 메이지 시대 일본의 천황제는 그것과 비슷하지만, 왕이 전면적으로 나선 예는 세계적으로 드뭅니다. 다수의 부족과 지역, 모든 민족을 통합하는 절대주의적 왕권의 역할을 한 것은, 오히려 공화제 하의 군사적 독재자, 사회주의적 독재자입니다. 이것을 단순히 비난할 수는 없습니다. 사회구성체가 변용하기 위해서는 그러한 과정을 거칠 수밖에 없으니까요.

오사와　　절대주의국가의 중요한 발명은 주권이라는 개념이라고 생각합니다. 이 주권이라는 것은 좀 불가사의한 개념으로, 일견 모순된 두 개의 방향성을 가지고 있습니다. 어떻게 보면 주권이라는 것은 절대적인 것이니까 그 안에서는 누구의 지배도 받지 않고 신처럼 행동할 수 있습니다. 하지만 한편으로는, 외부에 또 다른 주권이 존재합니다.

가라타니　　그렇지요.

오사와　　예를 들어 중화제국이 패권을 쥐었던 당시에는, 중화제국의 관점에서 보면, 물론 객관적으로는 바깥에도 비슷한 제국이 있었지만, 그것을 인정하지 않았달까, 원래 있어서는 안 되는 것이 있다는 식이었습니다. 하지만 주권의 경우, 대내적으로는 신처럼 행동하지만 바깥에도 비슷한 신이 있다는 것을 인정해버리고 맙니다. 이것이 주권 개념의 큰 특징이라고 생각합니다. 그것은 서유럽에 생겨나서 지금은 세계의 표준이 되어버렸습니다.

가라타니　그렇습니다.

오사와　이 책에서는 주로 절대주의왕권이 봉건적인 군웅할
거 속에서 중간집단인 귀족과 영주를 뛰어넘는 압도적인 힘을 가지
게 되는 과정을 중시하고 계십니다. 하지만, 지금 말한 것처럼 절대
주의라는 것은 절대적인 힘을 가지고 있으면서도 똑같은 것이 바깥
에도 있다고 하면 급격히 상대적인 것이 되고 마는, 기묘한 개념입
니다.

가라타니　그렇습니다. 절대왕권이란 어떤 의미에서는 반봉건
적이며 귀족이 가지고 있었던 봉건적인 특권을 부정합니다. 구체적
으로 말하자면, 절대왕권 이전의 유럽에는 각지에 관문 같은 게
있어서 상인이 통과할 때마다 세금을 걷었습니다. 이것은 귀족,
영주들의 특권인데 상인들에게는 큰 부담입니다. 도시의 상인들은
왕에게 세금을 내는 대신 그러한 공납이나 세금을 그만 내고 싶어
하지요. 그래서 절대왕권은 부르주아와의 결탁에 의해 성립된 것입
니다. 그것은 국가 이외의 경제 외적 강제를 부정했습니다. 교환양
식으로 말하자면 교환양식B를 부정하고, 교환양식C 이외의 것은
인정하지 않는다는 것입니다. 물론 교환양식B가 사라져버린 것은
아닙니다. 근대국가의 조세와 징병제라는 형태로 이어졌습니다.

단, 절대왕권에 있었던 중요한 요소, 즉 관료제와 상비군은 이미
아시아적인 전제국가에 있었습니다. 그것은 수메르와 고대 이집트
시대에 형식적으로 거의 완성된 상태였습니다. 유럽에서는 그것들
이 근세 이후에 겨우 모습을 드러냈습니다. 실제로 절대왕권과 아
시아적 전제국가에는 유사성이 있습니다. 아시아적 전제국가 또한
많은 영주·호족을 제압하는 형태로 생겨났고, 게다가 그때 상인자
본적인 것과 결탁했습니다. 예를 들면 진시황제는 도량형을 통일했

는데, 그것은 상품경제에서 불가결한 것이며 그것을 요구한 사람은 귀족이 아닌 상공업자였습니다. 귀족, 호족들은 모두 자기 땅을 차지한 채 제멋대로 돈을 받고 있었습니다. 그래서 이러한 집권화 과정이 결코 유럽의 절대왕정에 이르는 과정에만 있었던 게 아니라는 것입니다.

단, 절대주의적 국가의 내실이 다릅니다. 아시아적 전제국가란 교환양식B의 완성이며, B가 지배적 원리가 됩니다. 그것이 무너지면 또다시 다른 왕조가 나옵니다. 그래서 몇 천 년이나 지속됩니다. 그에 반해 절대왕정의 특성은 교환양식C를 지배적인 것으로 하는 데 있었습니다. 따라서 그것이 붕괴되면 원래대로 돌아오지 않고 부르주아 사회가 됩니다. 그것이 만약 한 번 더 나타난다면, 루이 보나파르트 같은 형태로 나오는 것입니다. 히틀러도 그렇지만, 어쨌든 유사황제적인 것이 회복되는 일이 있을 수 있습니다.

오사와　　절대왕권이라는 것은 일견 고전적인 왕권과 비슷하지만, 실은 교환양식B가 아니라 교환양식C에 입각하고 있다는 것. 그것에 대한 확실한 이해가 없으면 기본적인 부분을 알 수 없다는 말씀이시군요.

테크놀로지라는 관점에 대하여

오사와　　그리고 이 책의 결론으로 도출되는 문제는, 오늘 대담을 시작했을 때도 얘기가 나왔던 '혁명'입니다. 이 책에서 주장하는 바는 혁명이라는 것이 가능하다면, 그것은 세계동시혁명이라는 형태로만 가능하다는 것입니다. 가라타니 씨는 주변의 문제부터 차근 차근 풀어나가는 방식으로 논의를 전개하다가, 마지막에 두 가지 제안을 하셨습니다. 하나는 증여에 의한 영원평화라는 것. 또 하나는 이미 존재하는 유엔이라는 것, 특히 안전보장이나 경제와는 다른 유엔의 세 번째 기능―― 교육이나 환경이나 인권 등에 관련된 기능―― 을 그대로 활용해 나가면 어떻겠느냐는 것. 이것들이, 세계동시혁명이라는 엄청난 제안에 구체적 내실을 제공하고 있습니다.

이 시점에서, 책에는 직접적으로 언급이 되어 있지 않은 부분에 대해 여쭙겠습니다. 교환양식이라는 관점에서 생각했을 때, 고작 10년, 20년밖에 되지 않은 일이지만, 새로운 타입의 커뮤니케이션 양식, 구체적으로 말하자면 버츄얼(virtual)한 것이라든가 인터넷, 사이버스페이스 등등, 그런 타입의 커뮤니케이션이 생겨났습니다. 책에서는 그러한 문제를 별로 고려하지 않으셨습니다. 하지만 인터넷을 이용하여 새로운 사회 운동을 일으킨다거나, 인터넷이 새로운 민주주의의 가능성을 열고 있다는 식의 논의는 꽤 많은 편입니다. 오히려 역으로, 인터넷 때문에 민주주의가 무너진다는 식의 주장도 있지만요.

가라타니 씨는 그러한 첨단 테크놀로지에 의해 생겨나는 새로운 커뮤니케이션 양식에 대해 교환양식A, B, C, D로 생각했을 때, 혹은 세계동시혁명과의 관계 측면에서 생각했을 때 어떤 기대랄지, 희망을 가지고 계십니까?

가라타니 이번 책에서 저는 첨단 테크놀로지 문제에 대해 말하지 않았습니다. 그것은 단순히 현재의 정세를 다룰 여유가 없었기 때문이 아니라, '세계사의 구조'를 보려 할 때 그것을 테크놀로지의 관점에서 보는 것을 구태여 부정해왔기 때문입니다. 테크놀로지라는 문제는, 인간과 자연의 관계와 관련이 있습니다. 그러므로 중요하다는 것에는 틀림이 없습니다. 하지만 그런 측면에서 출발하면 '세계사의 구조'는 보이지 않습니다.

저는 마르크스의 생각에 의거하여 '인간과 자연의 관계'를 근저에 두고 있기는 하지만, 이 책에서는 '인간과 인간의 관계'를 중심으로 생각했습니다. 그리고 후자를 교환양식의 측면에서 본 것입니다. 단, 인간과 자연의 관계도 '물질대사'(물질교환)에 근거하고 있습니다. 그러므로 교환이라는 관점에서는 같습니다. 그러면 어째서 '인간과 인간의 관계'를 중시하느냐 하면, 인간과 자연의 관계는 근저적이라고는 하지만, 인간과 인간의 관계를 통해서만 실현될 수 있기 때문입니다. 인간과 자연의 관계에서 출발하면 인간과 인간의 관계가 사상捨象되고 맙니다.

예로부터 마르크스주의에는 인간과 자연의 관계를 중심에 두는 견해가 있습니다. 그것은 '생산력'의 발전 측면에서 사회의 변화를 보려는 견해이지요. 예를 들면, 농경기술이 발전하여 계급이 분화되고 국가가 형성되었다는 식의 이야기 말입니다. 고든 차일드의 농업혁명(신석기혁명)이라는 견해가 일반적으로 받아들여지고 있습니다. 농업을 시작하여 사람이 정주를 하게 되었다는 견해 말이지요. 저는 이것을 부정했습니다.

오사와 그 반대지요. 제1부 제1장의 '정주혁명'에, 농업을 시작하여 정주하게 된 게 아니라 정주를 하게 된 결과 농업이 저절로 시작되었다고 쓰셨습니다.

가라타니 그렇습니다. 또한, 그러한 농업으로 인해 필연적으로 국가가 형성되는 것은 아닙니다. 대규모 농업은 국가와 함께 시작되었습니다. 차일드가 농업혁명이라고 한 것은, 산업(= 공업)혁명을 보고 유추한 것입니다. 그것은 증기기관이나 방적기계 등의 발명으로 산업자본주의가 발전하여 현대 국가가 성립되었다는 식의 견해입니다. 차일드는 마르크스주의자인데, 모두가 그의 의견을 받아들인 것은 그 견해가 마르크스적이지 않기 때문입니다.

『자본론』의 마르크스는 산업혁명이 매뉴팩처적 생산 과정에서 이루어졌다는 것을 밝혔습니다. 즉, 기계적 생산이 아닌 수공업에서 시작되었다는 것입니다. 중요한 것은 기계보다도 공장 내의 분업으로 인간기계를 만드는 것이었습니다. 고대의 대규모 관개灌漑의 경우도 마찬가지입니다. 특별히 테크놀로지가 있었던 것이 아니라, 수많은 인간들을 조직하는 기술이 있었습니다. 아마도 그것은 군사적인 조직에 기초한 것이라고 생각합니다. 즉, 이미 국가가 있었던 것입니다.

따라서 저는 테크놀로지를 일단 제쳐두고 교환양식의 측면에서 세계사의 구조를 생각했습니다. 예를 들어, 예로부터 많은 비非마르크스주의적 이데올로그가 현대사회를 문명과 테크놀로지라는 관점에서 파악하여 비판해 왔습니다. 그때 그들은 자본과 국가의 존재를 무시합니다. 마치 과학기술이 산업자본주의를 낳은 것처럼, 혹은 과학기술이 전쟁을 만든 것처럼 생각합니다. 하지만 오히려 그와 정반대입니다. 산업자본주의가 과학기술을 낳고, 국가가 전쟁을 낳았으며, 전쟁이 테크놀로지를 발전시킨 것입니다. 예를 들자면 고대의 철기시대란 무기로서의 철기가 만들어진 시대입니다. 그것은 국가가 없다면 있을 수 없는 일입니다. 그러면 국가는 어떻게 출현한 것일까요? 물론, 그것은 테크놀로지가 아닌 교환양식 측면에서 보지 않으면 알 수가 없습니다.

다시 말해, 인간과 자연의 관계라고는 해도, 그것은 실제로 인간과 인간의 관계에 의해 형성되는 것입니다. 예를 들어 고대 관개농업의 경우와 마찬가지로, 지금도 고도의 테크놀로지는 자연을 지배한다기보다는 인간마저 지배하게 되었다고 생각하는 편이 맞지 않습니까? 새로운 기술이 나와서 인간이 해방되고 있다고 생각하는 사람들도 있지만, 실은 그러면서 점점 더 지배를 당하는 입장이 되고 있다고 보는 편이 낫지 않을까 싶습니다.

오사와　　정말 동감입니다. 분명 테크놀로지는 근간부분과는 별 관계가 없다고 생각합니다. 오히려 좀 전에 말씀하신 농업의 경우와 마찬가지로, 테크놀로지는 결과입니다. 따라서 원인으로 보면서 중시할 필요는 없지만, 결과적인 것으로, 다시 말해 종속변수로 생각하면 재미있는 것 같습니다. 단, 굳이 말하자면, 세계동시혁명이라는 말에서 동시라는 부분의 공간이나 시간적 감각에 어느 정도 임팩트랄까, 영향이 있을 가능성은 있을 수도 있지 않나 싶습니다.

가라타니　　그건 그렇습니다. 1848년의 유럽혁명은, 규모는 작지만 일종의 '세계동시혁명'이며, 그것은 유럽에 철도가 널리 보급된 상태여서 가능했습니다. 저도 오늘날의 통신기술의 발전이 큰 의미를 가질 거라고는 생각합니다. 하지만, 좀 전에도 말했듯이 그런 견해가 교환양식에 기초한 '자본＝네이션＝국가'라는 것을 무시하는 경우가 많기 때문에 비판적입니다. 그래서 우선, 인간과 인간의 교환관계 측면에서 보는 것부터 시작하자는 것입니다.

칸트의 제 국가연방 구상

오카자키   현재, 예를 들면 오픈 소스라든가 클라우드에 대한 얘기가 많은데요. 정보 인프라의 형태가 바뀌고 그에 따라 당연히 인간관계도 변한다고들 합니다. 하지만 애초에 전제專制국가의 전제前提는 인프라의 정비였습니다. 전제국가에서 인간을 둘러싼 환경은 자연 그 자체가 아니라, 인위적으로 제어된 모든 자연＝인프라가 됩니다. 그 속에서밖에 살 수 없는 환경이 됩니다. 그리하여 비로소 인간이 인간으로서 자리매겨지고 정의되며, 지배를 당합니다. 그것들은 모두 인프라의 정비에 기초한 것입니다. 그 이래, '자연과 인간'의 관계로 여겨져 온 것은 이러한 '인위적 인프라와 인간'과의 관계, 요컨대 다름 아닌 '인간과 인간'의 관계입니다. 고향, 국토, 세계유산의 아름다운 풍경은 모두 인간의 영향을 받은 것들입니다. 일단 인프라가 만들어지고 나면, 사람은 인프라를 거치지 않고서 자연과의 물질대사를 행할 수 없습니다. 다시 말해 간접적으로 그것을 대하게 되는 것이지요. 저는 건축사에 관련된 이야기를 할 때 이런 얘기를 자주 합니다.

클라우드 컴퓨팅에서는 호수성이 부활된 것처럼 보이기도 하고, 무료라는 개념도 널리 퍼져있습니다만, 애당초 고대부터 인프라는 대부분 무료로 배포되는 것이었겠지요. 때문에 그것에 의존하지 않으면 살아갈 수 없는 것이었습니다. 정확히 말하자면 무료가 아니라 세금으로 수탈됩니다. 하지만 무료로 누릴 수 있는 권리로 받아들여지고요.

실제로 레드햇 같은 데서 하는 것처럼, 유저가 행하고 있는 호수성의 하부구조에서는 이윤이 올라가는 구조로 되어 있습니다. 휴대

전화 또한 개별 상품이 아니고 시스템 전체에 과금이 됩니다. 일종의 세금처럼. 가라타니 씨는, 자본주의의 성장(역사의 반복)이 앞으로 자연 자원 및 인적 자원의 한계에 달하여 불가능해진다는 얘기를 쓰셨습니다. 말하자면 새로운 외부(토지와 노동력)가 없어진다고요. 하지만 인터넷의 클라우드시스템은 인터넷 안에 일종의 원격지, 다시 말해 외부를 얼마든지 생성시킬 수 있는 시스템입니다. 인간의 아이덴티티도 증식할 수 있고요. 비실재노인[8]이 아니더라도, 실재하지 않는 사람이 거래를 하거나 노동을 할 수 있습니다. 물론 이것은 인터넷에 일부러 비대칭적인 경계를 만들고 다층적으로 만들어서 하는 얘기일 뿐, 진짜 외부가 아닙니다. 하지만 인터넷 내에서는 유사외부가 생겨나는 효과가 있습니다. 그리하여 스스로 만들어낸 유사외부를 제 것으로 만듦으로써 성장의 계기로 사용합니다. 음, 간단히 말하자면 거품을 만드는 것과 비슷한 것 같습니다.

좀 전에 했던 세계 전쟁 얘기를 다시 하자면, 저는 인터넷에서 세계 전쟁이 틀림없이 일어날 것 같은 느낌이 듭니다. 인터넷 안이니까 사람이 안 죽지 않느냐 하면, 그렇지 않습니다. 이제까지의 세계 전쟁 수준이나 그 이상으로 상당한 재해가 있을 것입니다. 그때까지 현실의 물질적 인프라와 인간관계가 모두 인터넷 구조에, 지금까지 그래왔던 것 이상으로 적응하고, 정비되어 갈 테니까요. 그렇게 되면 분명 현실의 지리환경을 인터넷 상의 실재하지 않는 원격지에 대응시키고 역정비하는 등 복잡한 상황이 일어날 것입니

---

8. 非實在老人. 말 그대로 실재하지 않는 노인이라는 뜻으로, 이미 죽거나 없는 노인을 이용하여 연금을 받는 사기가 속출하여 유행어처럼 번진 말이다.

다. 그런 끝에, 처음에는 사고처럼 시작되어 끝내 웹 전체가 붕괴하는 식의 전쟁이, 자칫하면 앞으로 15년이나 20년 사이에는 일어날 것 같습니다. 하지만 그것이 세계동시혁명이 일어나는 계기가 될지도 모르지만요.

가라타니 이제껏 없었던 타입의 세계 전쟁이 일어날지도 모른다는 생각에는 동의합니다. 하지만 그로부터 세계동시혁명이 시작될 거라고 생각하지는 않습니다. 그것은 낡은 생각입니다. 예를 들어 레닌은 '제국주의(세계) 전쟁에서 혁명으로'라고 말했습니다. 하지만 제1차 대전 후에 그가 상정했던 세계동시혁명은 일어나지 않았습니다. 일어난 것은, 러시아의 일국一國혁명이었습니다. 하지만 사실 세계동시혁명이 그들이 모르는 곳에서 일어나고 있었습니다. 그것이 국제연맹입니다.

국제연맹은 전쟁의 결과로 갑자기 생긴 게 아닙니다. 그 이전에 19세기 말에 시작된 신칸트학파에 의한 평화운동이 없었다면 생기지 않았을 것입니다. 덧붙이자면, 일본에서는 시인 기타무라 도코쿠[9]가 그것을 시작했습니다. 시작한 지 얼마 지나지 않아 스물다섯에 자살해버렸지만 말입니다. 국제연맹은 제 기능을 충분히 하지 않았지만, 제2차 대전 후에는 국제연합이 되었습니다. 그것도 제 기능을 충분히 하고 있지 않습니다. 하지만 그 때문에 세계전쟁이 일어난다면, 그 결과로 새로운 타입의 유엔, 칸트의 이념에 가까운 유엔이 생기겠지요. 따라서 저는 20세기의 러시아혁명과 국제연맹

---

9. 北村透谷(1868~1894). 평론가이자 시인. 자유민권운동에 투신했으나 그만두고, 크리스트교의 세례를 받은 뒤 정치적 이상을 문학으로 실현하고자 낭만주의 운동에 전념한다. 후에는 절대평화사상의 영향을 받아 왕성한 활동을 하다 끝내 25세의 나이에 자살한다.

의 성립 중에 더 중요한 사건은 국제연맹의 성립이라고 생각합니다.

이번 책을 쓰면서 깨달은 것은, 칸트가 제 국가연방을 구상했을 때 세계동시혁명을 생각하고 있었다는 것입니다. 『트랜스크리틱』에서 저는 칸트가 1795년에 『영원한 평화를 위하여』를 썼을 때 그 후에 시작될 세계 전쟁(나폴레옹 전쟁)을 예감하고 있었다고 썼습니다. 이번에 깨달은 것은, 칸트가 제 국가연방을 구상한 것이 프랑스혁명 이전인 1780년 무렵이라는 것입니다. 그는 그 무렵 루소적인 시민혁명을 지지하고 있었는데, 그것은 한 나라만으로는 불가능하므로 제 국가연방이 필요하다고 생각한 것입니다. 따라서 그것은 평화론이라기보다 세계동시혁명론인 것입니다.

실제로 칸트가 두려워했던 일이 바로 프랑스혁명에서 일어났습니다. 즉, 프랑스혁명은 바로 주변에 있던 절대주의왕권국가의 간섭을 받았습니다. 그런 일이 자기 나라에서 일어나면 곤란하니까요. 그에 대해 혁명방어, 내부에서의 공포정치(숙청)가 시작되고, 혁명방어전쟁에서 나온 나폴레옹에 의한, 혁명의 수출로서의 침략 전쟁이 일어났습니다. 이것이 나폴레옹전쟁입니다. 러시아혁명은 어떤 의미에서 프랑스혁명의 과정을 반복했습니다. 일국혁명, 혁명의 방어, 공포정치, 그리고 혁명의 수출, 마르크스주의를 통합의 원리로 하는 세계＝제국의 형성, 그리고 그 붕괴.

저는 이러한 혁명의 이미지를 근본적으로 부정해야 한다고 생각합니다. 지금도 네그리나 바디우 모두, 아직 그러한 세계혁명을 생각하고 있는 것 같습니다만.

오사와 이번 책이 특징적인 것은, 혁명이라는 미래를 향한 제안에 일종의 구체성이 있다는 것입니다. 예를 들어 네그리의 '다중(멀티튜드)'이라는 개념은 어딘가 로맨틱한 느낌이 있어요. 하지만, 그러면 구체적으로 다중이라는 것이 무엇인가. 프롤레타리아 같은 사람들이나 일용직 노동자들이 어느 날 갑자기 들고 일어나 전 세계에서 일제히 봉기할 것인가. 그런 것을 '이야기'하는 것은 괜찮지만, 진짜로 현실적인 혁명을 생각하는 사람이 할 이야기는 아닌 것 같습니다. 그렇게 생각하면, 이 책에는 일종의 리얼리즘이 있습니다.

탈 사유화와 상품화의 진행

오사와   좀 전에 오카자키 씨가 말씀하신 클라우드 컴퓨팅 과도 약간 관계가 있는 이야기인데, 이른바 소유라는 문제에 대해 어떻게 생각하시는지 여쭙고 싶습니다.

예전에 코뮤니즘이나 소셜리즘이 유행했을 때, 그것의 핵심은 사적소유권이라는 것을 어떻게 부정할 것인가의 문제랄까, 적어도 상대화하는 것이었습니다.

가라타니 씨의 말씀대로 현대의 정보테크놀로지가 그렇게 중요 하지 않다고 생각하기는 하지만, 단 하나 주목해야 하는 게 하나 있다면, 그것은 예전 같은 의미로서의 소유가 의미를 잃는 상황이 생긴다는 것입니다. 예를 들어 '정보'가 그렇습니다. 정보라는 것은 사적으로 소유하는 상태에서는 아무런 의미가 없습니다. 그렇다고 해서 모두가 가지고 있어도 의미가 없고요. 이것은 역시 소유권이 라는 것에 대한, 꽤 엄청난 도전입니다. 실제로, 그래서 사적소유권 을 전제로 한 법적 관계에서 이것을 어떻게 취급할 것인지가 문제가 되고 있지요. 자본주의를 뛰어넘기 위한 혁명이란 소유권이라는 것을 어떤 식으로든 아우프헤벤하는 것이 궁극적 목표라고 한다면, 현재 다양한 영역에서 생기고 있는 그러한 소유권을 결과적으로 상대화하는 움직임을 도입해 나가거나, 활용해나갈 수 있지 않을까 싶습니다.

가라타니　음, 정말 그 말씀이 맞습니다. 오카자키 씨의 말씀은 이번에는 그것을 오히려 자본이 활용하고 있다는 것이지요?

오카자키　네. 혹은 국가가 그것의 새로운 존재형태라는 것입니다.

오사와　뭐, 그렇겠지요.

가라타니　환경문제도 그렇습니다. 자본은 그것을 친환경 비즈니스인 것처럼 활용해 나갑니다. 그것은 실제로는 환경을 더더욱 파괴하고 있을 뿐이지만요. 예를 들어, 친환경 자동차 같은 건 원래 있던 차를 버리고 새 차를 사게 할 뿐이니까요. 최근에는 친환경이라는 말을 들을 때마다 짜증이 나요. (웃음) 또한 장기이식 기술의 발달과 함께 생명윤리의 의미를 되묻는 움직임이 있습니다. 하지만 그 사람들은, 장기매매의 현실을 무시하고 있습니다. 장기는 상품입니다. 뇌사에 대한 것이 그렇게까지 심각하게 논의된 것은, 장기를 상품화하기 위해 법적 조건을 정비하기 위한 것이었습니다. 뇌사기준이 있어서, 대량의 장기 상품이 생겨날 수 있었습니다. 장기는 이제 세계적인 상품입니다.

옛날에 장기는 다른 사람에게 양도할 수 있는 사유재산이 아니었습니다. 그렇게 따지고 보면, 농지도 근대까지는 사유물이 아니었고, 엄밀히 말하자면 지금도 그렇지 않습니다. 예를 들어 제멋대로 한 구획의 농지를 팔아치울 수는 없습니다. 사람들이 함께 쓰는 물도 그렇고 해충, 잡초 등의 문제가 있기 때문입니다. 그래서 일본에서는 농지매매가 농지법으로 규제되고 있습니다. 농업에 종사하는 사람밖에 살 수 없어요. 그러한 법은 농지가 상품화되었을 때 성립된 것입니다.

지금은 예전에 상품이 아니었던 영역의 상품화가 진행되고 있습니다. 그리고 다른 한편으로는 디지털화된 정보에 관해서는 사유가 성립하지 않습니다. 따라서 그것에 사유를 뛰어넘는 계기가 있다는 견해는 어떻게 보면 옳습니다. 하지만 그러한 경향은 사회의 모든 분야에서 상품화가 진행되고 있는 사태의 한 측면이라고 생각합니다.

자본주의의 끝

오사와　자본주의에서 자유주의적인 단계와 제국주의적 단계가 번갈아가며 나타난다는 논점은 정말 재미있는 통찰이라고 생각했습니다. 자유주의적 단계라는 것은 헤게모니국가가 존재하는 상태입니다. 제국주의적 단계란 다음 헤게모니를 잡기 위한 싸움이 벌어져 콘테스트를 하고 있는 단계입니다. 이 두 가지 국면이 번갈아가며 순환적으로 나타난다는 지적을 하셨습니다.

그리고 이러한 견해를 적용하면, 사실 지금은 제국주의적 단계입니다. 예전에 네그리와 하트가 제국주의적 단계에서 이른바 '제국' 단계를 구분했는데요, 가라타니 씨는 그들과 시대를 진단하는 시각이 전혀 다릅니다. 그래서 지금은 오히려 제국주의적 단계라고 보십니다. 이 책에 담겨 있는 내용은 아니지만 하나 여쭤보자면, 그런 관점에서 봤을 때, 앞으로 어떻게 될 거라고 전망하십니까? 적어도 아직 몇 년, 몇 십 년은 일단 헤게모니 싸움이 지속될 거라고 생각하지만요.

가라타니   다음 헤게모니국가는 없겠지요.

오사와   그 말씀은, 자본주의가 끝날 거라는 건가요?

가라타니   그렇습니다. 중국이 다음 헤게모니국가가 될 것이라는 견해도 있지만, 무리입니다. 중국의 발전, 탈농민화 자체가 세계 자본주의의 종언을 초래하기 때문입니다. 물론 자동적으로 끝날 수는 없습니다. 자본의 자기증식이 불가능해지더라도, 국가＝자본은 어떻게든 살아남으려고 할 것입니다. 다른 국가＝자본을 희생시키더라도 좋으니, 우리들은 옳으니까 살아남겠다, 그것을 방해하는 사악한 녀석들은 죽어버려라, 라는 식으로요.

헤게모니국가에 관한 저의 견해는 기본적으로 월러스틴에 의거한 것입니다. 그는 근대세계경제의 헤게모니국가가 네덜란드, 영국, 미국(합중국), 이렇게 세 국가뿐이었다고 말합니다. 헤게모니국가가 있는 상태는 오래 지속되지 않습니다. 제 생각에는 십년 정도입니다. 그 뒤에, 헤게모니국가가 몰락하고 새로운 헤게모니국가를 목표로 항쟁하는 시기가 60년 정도 지속됩니다. 헤게모니국가가 있는 상태는 '자유주의적'이며, 그것이 없는 상태는 '제국주의적'입니다. 제국주의적인 것은 일찍이 중상주의적이라고 불린 단계, 다음, 말 그대로 '제국주의'라 불린 단계, 그리고 '신자유주의'라 불리는 현재의 단계입니다. (『자연과 인간』 80~81페이지 표 참조)

현재의 단계는 그야말로 '제국주의적'입니다. 세계 각지에 옛 '세계제국'의 판도가 부활하고 있습니다. 러시아, 중국, 인도, 이슬람 등등. 하버마스는 현대의 네이션＝스테이트를 넘어서기 위해서는 처음부터 세계를 목표로 삼지 말고 우선은 지역에서 시작해야 하며, 그러한 의미에서 각지의 사람들이 유럽공동체를 모범으로 삼아야 한다고 했습니다. 하지만 저는 그 말에 반대합니다. 그러한 공동체는 자본＝국가가 꼭 필요하다고 판단한다면 실현됩니다. 독일의 자본＝국가가 그것을 바랐기 때문에 유럽공동체가 실현되었습니다. 철학자가 그것을 이론적으로 미화하는 것밖에 할 수 없다니, 한심합니다. 같은 상태가 동아시아에도 있습니다. 자본＝국가는 동아시아공동체를 필요로 합니다. 그래서 이미 모두가 비슷한 이야기를 하고 있습니다.

오사와　　하버마스의 논의는 극단적인 유럽중심주의이고, 알기 쉽다면 알기 쉬우니 꽤 많은 사람들에게 인기를 모을 거라고 생각합니다. 태평양전쟁 중에 '근대의 초극'이라는 논의가 있었습니다. 그것은 서양문명을 어떻게 뛰어넘을 것인가에 대한 이야기였는데, 지금 일어나고 있는 것은 '근대의 초극'이라기보다도 유럽제국의 상대화 같은 것이라고 생각합니다. 그래서 가라타니 씨의 생각은, 유럽제국이 끝난 뒤에 헤게모니국가가 출현하는 게 아니라, 이제 자본주의 자체가 운명을 다 하는 상태가 되지 않을까, 라는 것이지요?

가라타니　　그렇습니다. 자본주의라는 것은 '주의'가 아니니까요. 자본주의라는 관념이 있어서 자본주의경제가 존속하는 게 아닙니다. 자본주의가 존속하는 것은 자본의 축적(자본의 자기증식)이 가능할 때뿐입니다. 자기증식을 할 수 없다면 자본은 자본이 아니게 됩니다. 자본주의가 끝나도, 딱히 사람들의 생활과 시장경제가 끝나지는 않습니다. 단, 자본의 축적은 신용에 의한 교환을 통하여 이루어지고 있으니, 그것이 붕괴될 때는 일시적인 패닉이 있습니다. 하지만 그것은 세계의 끝이 아닙니다. 단, 자본은 그것이 세계의 끝인 양, 위기의식을 부채질하니까 사람들은 그것에 속아 넘어갑니다.

오사와　　정말 그렇습니다. 어째서 모두가 구태여 자본주의를 도와 유럽공동체처럼 아시아공동체를 만들고 싶어 하는가를 따지고 보면, 우리가 살 길이 자본밖에 없다고 생각하기 때문입니다. 그것은 자본의 도우미 역할을 자청하는 꼴입니다. 역으로 말하면, 자본을 부정해도 살아갈 수 있다는 것을 확실히 설득력 있게 말할 필요가 있습니다.

특히 자본＝네이션＝국가의 세 요소 중에서도, 그 바깥을 상상하기가 가장 힘든 것이 자본이라고 생각합니다. 즉, 국가라는 것을 이느 정도 상대적인 것으로 만드는 세셰나, 혹은 내셔널리티가 어느 정도 상대적인 것이 된 세계는 모두가 비교적 상상할 수 있습니다. 어쩌면 지금 점점 그렇게 되어 가고 있는지도 모르고요. 하지만 자본주의 세계가 아닌 다른 세계라는 것은, 우리의 상상을 뛰어넘는 문제입니다. 자본이라는 배가 막다른 곳에 이르렀으니 다음 상태로 나아가려 해도, 달리 다른 배가 없다고 생각하는 것입니다. 하지만 지금 타고 있는 배는 가라앉습니다. 아마 앞으로 반세기도 채 지나지 않은 시점에요. 그래서 그 가라앉은 배 옆에 교환양식D에 기초한 방식이 가능하다는 것을, 이론적으로도 그렇고 실천적으로도 보여주는 것이 이 책이 주는 메시지입니다.

가라타니　　예를 들어 비자본주의적인 기업이 있습니다. NPO, 협동조합, 지역통화 등이 있습니다. 현재 그것이 크지 못하고 있는 이유는 국가가 법률적 제한을 두거나 방해를 하고 있기 때문입니다. 경제위기라고 하면, 흔히들 케인즈주의적인 대책을 말합니다. 하지만 복지국가적인 관리와 국가적 계획경제에 의해서가 아니라, 사회적으로 자본주의적 생산과 소비를 뛰어넘을 수 있는 길이 있습니다. 그것이 본래의 '사회주의'(어소시에이셔니즘)입니다.

오사와　지금 하신 말씀을 추상적으로 말하자면, '분배적 정의보다 교환적 정의를'이라는 얘기가 됩니다. 일반적으로는 자본과 국가와 네이션, 특히 자본과 국가의 결속을 전제로 생각하니까, 난국을 어떻게 헤쳐 나가겠느냐고 하면, 재분배의 방법을 어떻게 할 것인지, 이를테면 소비세율을 어떻게 한다는 식의 방법을 생각합니다. 하지만 그러한 분배적 정의만을 생각하면 역으로 국가의 힘이 강해집니다. 그것은 거의 다 죽어가는 인간에게 캄풀 주사를 놓으면 죽는 시기를 약간 늦출 수 있지만, 나중에 죽을 때는 쓸데없이 더 괴로워지기만 하는 것과 마찬가지입니다. 오히려 분배적 정의와는 전혀 다른 원리에 의거한, 구체적으로 말하자면 교환적 정의에 기초한 방식이 가능하다는 것입니다.

예를 들어 좀 전에 얘기한 소유의 문제 또한, 분배적 정의를 전제로 하여 생각하면 사적소유를 부정하고 국가소유로 그것을 대신하자는 얘기가 됩니다. 다시 말해, 분배적 정의를 전제로 하여 사적소유를 뛰어넘을 생각을 하더라도, 결국 확대된 사적소유를 긍정하는 것처럼 되고 맙니다. 그에 반해 증여에 기초한 실천으로 대항한다면, 교환적 정의의 수준에서, 사실상으로도 소유권의 부정이 서서히 진행되고 있지 않나 싶습니다. 이 책에도 그런 얘기가 조금 쓰여 있는데, 현대사회의 기본적 구조에 그런 것을 마치 기생충처럼 붙여나가는 일은 가능할 것이며, 실제로도 그런 작업이 이루어지고 있습니다. 하지만 그것을 완벽한 대안으로 만들어가기 위해서는 상당한 용기가 필요하지요.

가라타니　그래서 그것은 세계동시적으로 일어나지 않으면 안 되는 것입니다. 예를 들어 일본에서 실행하면, 다른 자본＝국가는 일본이 몰락했다며, 우리에게 좋은 기회라고 기뻐할 것입니다. 혹은 방해할 것입니다. 따라서 각국에서의 대항운동이 필요한데, 그와 동시에 그들을 연결 짓는 시스템을 생각할 필요가 있습니다. 그것은 역시 유엔을 통하는 방식이 될 것입니다.

원자력의 패러독스

오자키　　가라타니 씨의 이론을 이해하려 할 때, 평범한 사람에게는 한 가지 극복해야만 하는 조건이 있는 것 같습니다. 그것은 이미 다른 사람들이 말하고 있는 것 같기도 하고 그렇지 않은 것 같기도 한데, 굉장히 알기 쉽게 말하자면 기본적인 인간의 정의를 다른 말로 바꾸어 말하고 있는 것처럼 보인다는 것입니다. 어쩌면 그렇게 하지 않으면 납득할 수가 없을지도 모릅니다. 예를 들어 교환양식에 네 가지가 있다고 한다면, 그 교환양식에 따라 각각 그것에 관련된 주체로서의 인간에 대한 정의가 내려집니다. 교환을 하는 인간이 먼저 있는 게 아니라, 교환양식에 의해 그 인간이 정의됩니다. 그렇다면 이상과 같은 교환양식에 규정된 인간이라는 개념의 연장선상에서 생각하면, 교환양식D도, 그것에서 대체 어떠한 어소시에이션이 가능한지, 정확히 이해할 수 없는 것 같습니다. 이를테면 그 힌트로 부버의 '나-너'라는 관계가 주어지는데, '나-그것'의 관계에 있어 '나'의 어소시에이션이라면 그것이 자리매김되는 원래의 교환양식으로 돌아갈 뿐이잖아요? '나-너'의 관계에서 '너'는 대상으로서 일정한 자리에 있다고 할 수 없고, '나'도 주체로서 일정한 자리에 있지 않습니다. 평범한 사람은 무심코 '나-그것'의 관계에서 상정되는 '나'가 끌어안은 어려움을 해소하기 위한 생각을 해야 합니다. 하지만 그때 어소시에이션을 생각해도 그 어려움이 쉽게 해소되지 않습니다. 이 책에 쓰인 대로 역사라는 구조—교환양식A, B, C의 고리에 따른 반복—으로 회귀되고 맙니다. 그래서 자신이 가지고 있던 인간의 정의를 무너뜨리는 것이 D를 이해하기 위한 조건인 듯한 생각이 듭니다.

가라타니　글쎄요…… 그럴까요?

오카자키　지금 말씀하신 NPO 문제도, 그것을 우리가 보통 가지고 있는 인간의 관념으로 이해하려 하면 안 돼요. 차이가 있습니다. 예를 들어 이미 존재하는 인간적 감정, 실감에 의거하여 그것을 이해하려 들면 내셔널리즘이 될 수밖에 없습니다. 직접적인 연관은 없는 얘기지만, 예를 들면 동물에게는 배신한다는 개념이 없습니다. 그래서 당연히 배신하는 일도 없지만, 인간적 감정으로 보면 배신하는 것으로 보이는 일이 있습니다. 그래서 동물을 죽이기도 하고, 인간끼리 서로 죽이는 일 등등 어처구니없는 일이 벌어집니다. 동시혁명을 이루기 위해서는, 우선 이것을 뛰어넘어야만 합니다. 그래서 '반사교적 사교성' 같은 것을 기반으로 해서 (감정적 가치도 포함하여) 다른 가치를 포용해나갈 필요가 있다는 생각도 듭니다.

가라타니　'인간의 조건'이 변했는지 어떤지는 모르지만, 최근에 바뀌었다고 느낀 일이 있습니다. 예를 들어 영어로 '인터내셔널 커뮤니티'라는 말이 있습니다. 이전에 이것은 어쩐지 수상한 관념이라고 생각했지만, 최근에는 이것을 실감하게 되었습니다. 국제사회가 부족연합체 같은 느낌을 풍기기 시작한 것입니다. 씨족사회 사이에는 '인터내셔널 커뮤니티'는 아니지만 그들을 규제하는 여론이 있었습니다. 그 기준은 정의, 혹은 명예입니다. 호메로스적인 세계에서도 마찬가지로, 부끄러워해야 마땅할 행동을 하면 모두의 비난을 받습니다.

　자본과 국가의 현실 아래 살아온 사람들은 그러한 것은 낡은 것이며, 중요한 것은 리얼 폴리틱스라고 말할 것입니다. 판단의 기준은 돈을 벌 수 있느냐, 이길 것이냐 하는 거라면서 말이죠. 하지만 지금, 명예 같은 판단 기준이 현실에서 점점 더 중요해지고 있다고 생각합니다. 예를 들어 지진이나 쓰나미가 일어나면 얼마나 원조를 하는가, 얼마나 빨리 원조를 하는가 하는 문제로 경쟁을 합니다. 그렇게 하지 않으면 불명예스러운 일이 됩니다. 십년 전쯤에는 이런 일이 없었던 것 같습니다. 모든 국가를 뛰어넘은 인터내셔널 커뮤니티가 형성되고 있습니다. 그러한 의미에서 세계동시혁명의 조건은 이미 충족된 상태라고 생각합니다.

　오카자키　원폭-원자력 문제 또한, 이기고 진다는 기준으로 판단할 수 없는 문제라고 생각합니다. 전후에 이사무 노구치ィサム・ノグチ가 히로시마 평화공원을 설계했던 단게 겐조丹下健三의 부탁을 받고서 그 중심에 놓일 위령비를 디자인했습니다. 하지만 최종적인 의뢰자였던 히로시마 시市측, 정확히 말하자면 평화공원의 심사위원이었던 기시다 히데토岸田日出刀는, 노구치가 일본계 미국인이고 원폭을 떨어뜨린 나라 사람이라는 이유로 그것을 취소했습니다. 또한, 그 위령비에는 "잘못을 반복하지는 않겠습니다."라고 새겨져있는데, 잘못을 누가 저지른 것인지, 그 주어가 누구인지에 대한 논의도 있었습니다. 기념비에 대해 말하자면, 1930년대에 원래 모더니즘의 아티스트라도 공적인 일, 말하자면 퍼블릭 아트에 관여하는 것이 세계적 주류였습니다. 미국에서는 뉴딜정책과 관련된 WPA(고용촉진국)에 의한 대대적인 예술 사업이 유명한데, 그 사업에서는 우선 작품 그 자체보다도 그것이 '누구에 의해' '누구에게' '어떤

의미를 가지는가' 하는 기능적 가치야말로 예술작품의 가치를 결정하는 요소가 되었습니다. 작품이 아니라, 그것을 누가 만들고, 누구를 대상으로 만들어졌는지의 문제가 예술의 의미였지요. 그런 관점에서 말하면, 원폭 기념비는 쉽게 만들 수 없는 것입니다. 기념비를 만드는 것 자체가, 말하자면 전쟁행위가 되어버리니까요.

가라타니 그렇지요.

오카자키 이사무 노구치는 원폭 위령비를 만들기 전에도, 일본계 사람이라는 마찬가지의 이유로 많은 공공예술 공모에서 떨어진 경험이 있습니다. 그래서 이런 문제를 잘 알고 있었고, 이런 문제를 피하는 방법도 알고 있었습니다. 그의 발상은, 원폭 그리고 원자력 그 자체의 패러독스와 관련이 있습니다. 즉, 원자력은 그 누구라도 완전히 제어할 수 없습니다. 따라서 원폭은 무기가 될 수 없습니다. 왜냐하면 그것을 사용한 인간조차 그것이 미칠 영향을 완전히 파악할 수 없으며, 그것을 사용한 쪽도 예측하지 못한 피해를 입을 테니까요. 단적으로 방사능 물질이 그 예입니다. 그래서 그의 아이디어의 핵심에는, 원자로를 연상시키는 지하공간이 있었습니다. 당연히 원자로에는 아무도 들어갈 수 없습니다. 아무도 그곳을 점거할 수 없기에, 그곳이야말로 올바르며 그 누구의 것도 아닌 공적인 공간이 될 수 있습니다. 거의 같은 시기에, 도사카 준戶坂潤의 제자이자 야스퍼스 밑에서 공부한 건축가인 시라이 세이이치白井晟一가 더욱 명확하게, 원자력에 둘러싸인 역접적인 공공 공간을 메인으로 하는 원폭 기념당 계획을 세웠습니다. 그들은 핵심이 무엇인지를 잘 알고 있었습니다. 원폭은 무기가 될 수 없습니다. 도구로 간주할 수 있는 것도 아닙니다. 환언하면 '누구에 의한' '누구를 위한'이라는 기능적인 의미를 특정하거나 확정할 수 없습니다. '나-그것' 중에

'그것'의 범주에서 벗어나고 맙니다. 인간이 최종적으로 제어할 수 없으며, 다룰 수 없는, 그러한 것을 인류가 만들어버린 것이지요. 그야말로 자연의 간지입니다. 노구치의 생각에는, 공공성의 조건으로서 그 누구도 지배할 수 없으며 소유할 수 없는 장소라는 발상이 포함되어 있었는데, 다른 이들은 그것을 이해하지 못했습니다. 그에 반해 단게의 히로시마 공원 발상은 더욱 많은 시민들, 대중이 결집할 수 있는 광장, 포퓰리즘에 기초하고 있어, 준칙準則으로, (그렇다고는 해도 히로시마 계획보다 겨우 7, 8년 전에) 단게가 응모하여 1등을 했습니다. 대동아의 모든 국민을 히나의 중심축으로 결집시키자는 '대동아 건설 충령 신역 공간'의 공모전 안을 그대로 답습했던 것입니다. 노구치와 시라이의 발상에는 그러한 공적 공간의 의미에 대한 비판이 담겨 있었습니다.

　가라타니 씨는 물건을 만드는 과정 속에 물질대사라는 자연과의 교환과정이 포함되어 있다고 쓰셨습니다. 하지만 그와 동시에 인간과 인간의 교환관계를 보지 않고, 자연과 인간의 교환만을 보려 하는 것은 기만이라고 비판하셨습니다. 이렇듯 인간과 인간의 교환 양식 안에서 원폭 문제를 생각하면, 원자력이야말로 기존 교환의 효력을 잃게 함으로써 새로운 교환회로를 가능케 하는 증여였던 게 아닐까, 다시 말해 하우가 아닌가 하는 역설적인 생각이 듭니다. 어쨌든 원자력은, 인간이 그 힘의 의미를 확정할 수 없으며, 그 누구도 그것을 완전히 제어할 수 없고 소유할 수도 없습니다. 때문에 여기에 억압되어있던 외부＝자연과의 교환과정이 드러나 있다는 생각마저 듭니다.

이산화탄소와 자본주의

가라타니   최근에는 자연에 대하여, 자연을 생각하고 지구와 친화적인 삶을 살자는 목소리가 높습니다. 하지만 저는 '인간과 자연의 관계'를 그런 식으로 보는 건 오만이라고 봅니다.

오카자키   그건 있을 수 없는 일이지요.

가라타니   온난화의 예를 들자면, 그 원인을 탄산가스의 증가로 간주하여 온난화를 초래한 공업문명을 비판하는 사고방식이 있습니다. 하지만 인간의 활동이 자연계를 그렇게까지 좌우할 수 있느냐 하면, 그렇지 않습니다. 앞으로 태양의 활동이 변화한다든가, 소행성과 거대한 운석이 충돌하는 일이 생기면, 곧 한랭화가 진행될 것입니다. 그리고 그 결과는 온난화보다도 비참할 것입니다. 그러한 일이 일어날 수도 있다는 생각을 해둬야 합니다. 미래에 이상적인 사회가 건설되더라도, 인류는 이러한 운명을 피할 수 없으니까요. 마르크스도 그런 말을 했습니다. 미래에 아무리 기술이 발전하더라도, 인간은 자연 속에서 무력한 존재에 그칠 것이라고요.

현재 탄산가스 배출규제를 주장하는 사람들 중 대부분은 자본주의적 이윤추구와 경쟁을 긍정합니다. 탄산가스 배출규제를 주장하면서, 결국 그들이 주장하고 싶어 하는 바는 원자력 발전입니다. 그것을 숨기고 있어요.

오카자키   옛날 전제국가에서 수력시스템이 그랬던 것처럼, 지금은 원자력을 포함한 태양 시스템까지 인프라로 만들어 제어하려고 하고 있습니다.

가라타니   예전에는 원자력발전에 대한 비판이 시끄러울 정도로 많았습니다. 그 폐기물이 최악이니까요. 그런데 지금은 그런 비판이 전혀 없습니다.

오카자키 환경과 원자력이 시스템으로서 세트가 되어있다는 사실이 무척 시사적입니다. 환경을 지배할 수 있는 힘을 인간이 가지고 있다거나, 지배하지 않는 한 인간사회가 성립할 수 없다는 식으로 생각합니다.

이건 조금 다른 얘기인데, 인프라라는 것은 말 그대로 도시계획의 기반입니다. 인프라에는 반드시 경계가 있고 외부가 있습니다. 오히려 그 외부와의 절단관계가 인프라의 형성요인인데, 한번 인프라가 생겨버리면, 그 내부 환경만을 의식하게 되는 경향이 있습니다. 도시계획론은 자연성장적인가, 작위적인 중추가 있는 계획인가라는 대립선상에서 자주 얘기되곤 하는데, 이러한 이항대립은 인프라 내부의 문제일 뿐입니다. 인프라의 경계가 되는 마을은, 애당초 요새이며 외부의 적 혹은 가혹한 환경이 있고, 내부적으로는 권력 시스템의 교체만이 기존 인프라를 파괴하고 재건하는 일로 이어졌습니다. 주민 레벨의 자연성장성, 선적線的인 전개로는 그렇게 큰 전환을 일으킬 수 없습니다. 힘이 없으니까요. 인프라 내에서 세부를 바꾸는 것에 그치지요. 오히려 자연성장성이라는 개념을 너무 확장하는 것은 좀 전에 말한 포퓰리즘과 마찬가지로, 외부와의 절단관계 = 인위적으로 만들어진 인프라 = 풍토의 기원을 은폐해버리는 결과로 이어지는 일조차 있습니다. 단게 겐조보다 네 살 어린 요시자카 다카마사吉坂隆正라는 건축가가 있었는데, 그 사람만큼은 도시 외부와 내부의 생성원리의 차이를 명확히 알고 있었습니다. 불연속 통일체라는 개념을 주창했어요. 불연속, 즉 카타스트로프지요. 카타스트로프를 내재화하지 않으면 형태의 성립을 문제 삼을 수 없다고 말입니다. 하지만 현재의 건축은 대체로 도메스틱한 것

이 되고 말았습니다. 외부와의 관계를 잃은 기존 인프라에 의존할
뿐입니다.

근거 없는 공포

오사와　좀 전에 얘기한 리얼 폴리틱스와 관련된 이야기인데
요, 말씀하신 바와 같이 객관적으로 말하면 오히려 리얼 폴리틱스
랄까, 현실주의적으로 생각했을 경우에, 지금 걱정하는 것 같은
문제는 사실 없다고 생각합니다. 확실히 말하자면요, 진정한 공포
라는 건 전혀 동떨어진 곳에 있다는 느낌이 듭니다.

하지만 한편으로 지금, 사람을 움직이는 가장 큰 근거는 역시
공포입니다. 정치적 동원력이 있는 감정은, 공포뿐이라고 말해도
좋을 정도입니다. 그래서 저는 푸코의 용어를 일부 차용하여, 현대
정치를 '공포의 생정치'라고 부릅니다. 예를 들어 지구온난화 같은
주제도, 공포의 생정치의 포맷상에 놓여 있습니다. 이 경우 공포는,
'이대로라면 지구는 멸망할 것'이라는 공포입니다.

하지만 공포라는 것은 소위 리얼리스트가 말하는 방식으로는
존재하지 않습니다. 즉, 공포의 근거가 되는 사실이, '객관적'으로
존재하는 게 아닙니다. 예를 들어 21세기 들어, 일본은 여차할 경우
에 대비한다고 하면서 이른바 '유사有事'에 관련된 법률을 만들었습
니다. 이러한 일을 하는 것을 보통 정치적 리얼리즘이라고 합니다.

하지만 잘 생각해보면 좀 이상한 얘기입니다. 냉전 때는 유사법
제 같은 게 거의 없었잖아요. 옆에 중국과 소련이 있고, 일본은
객관적으로 말하자면 군사적으로 더 큰 위기에 처해있었는데도

말입니다. 지금은 소련도 없고, 중국이 공격해올 가능성도 거의 없습니다. 구태여 말하자면 북한 걱정을 하는 건가 싶기도 하지만, 냉전 때의 소련에 비하면 북한은 그렇게 위협적이지 않을 터입니다. 다시 말해 이것은, 객관적으로는 별 근거도 없으면서, 주관적으로는 공포를 느낀다는 얘기가 됩니다.

가라타니 그건 바퀴벌레를 보고 무섭다고 소리를 지르는 사람과 마찬가지입니다. 바퀴벌레가 인간에게 느끼는 무서움이 훨씬 더 클 텐데 말이죠. (웃음)

오사와 아마 우리는 뭐라 특정할 수 없는 것, 딱히 뭐리 말할 수 없는 것, 다시 말해 X에 대한 공포라는 식의 공포의 형식 같은 것만을 가지고 있고, 그 X라는 것에 다양한 것을 대입시키면서 구체적인 공포로 표현하고 있다고 생각합니다. 테러리스트가 무섭다거나, 북한 공작원이 무섭다거나, 무차별살인이 무섭다는 식으로요. 그러한 공포에는 사실 객관적 근거가 딱히 없는데, 우리 사회 심리의 내적 메커니즘에 의해, 소위 공포가 구축되어 있습니다. 그 '공포 일반'이, 여러 가지 것들에 투영되어 있습니다.

제가 하고 싶은 얘기는, 이러한 '공포'를 뛰어넘지 않으면 혁명은 결코 일어날 수 없다는 것입니다. 그러한 의미에서 말하자면, 교환양식D라는 것을 도입하는 것이 중요합니다. 이것도 좀 전에 오카자키 씨가 말씀하신 것과 관련이 있는데, D와 같은, 이제껏 한 번도 사회 내에서 주요한 것이 된 적이 없는 교환양식을 상정한다는 것은, 말하자면 인간도 바뀔 수 있다는 의미를 은연중에 담고 있기 때문입니다. 어소시에이션을 실현해 나가는 운동으로, 외부와 타자에 대해서 가지고 있는 막연한 공포를 자연스럽게 극복할 수 있습니다. 어소시에이션의 실현과 내적 공포의 극복이 동시에 달성되어야만 합니다.

젊은 사람들을 보고 있으면, 바깥으로 나오는 것에 대한 공포가 엄청납니다. 그래서 방 안에 틀어박히는 일도 있고요. 공포에는 아무런 객관적 근거도 없는데 말입니다. 그 공포를, 그야말로 고차원에서 부활시킨 증여 —— 다시 말해 교환양식D —— 로 극복해나갔으면 합니다. 저는, 직접 건네주는 것이 역시 최고의 증여라고 생각합니다. 그래서 증여한다는 것을 추상적, 혹은 이념적으로 생각하는 것보다도, 진짜로 무엇을 주는지가 중요하고요.

가라타니　말씀하신 대로입니다.

오사와　그래서 증여로 인해, 타자에 대한 감각이 실질적으로 변해 갈 것입니다. 그러한 감각의 변화가 글로벌한 사회의 변화와 연동해나갈 수 있다면, 그야말로 세계동시혁명이라는 것은 더 이상 꿈이 아니지요. 그런 생각을 가지고 있습니다.

오카자키　무력을 방기한다고는 해도, 공포가 저항을 하니까요.

오사와　정말 그렇습니다.

오카자키　오사와 씨가 말씀하신 것처럼, 직접 건네준다는 것은 결국 증여라는, 의미를 확정지을 수 없는 공포 속으로 뛰어드는 것이며 그게 바로 '부정적 호수'겠지요. 하지만 무심코 공동기탁이랄까, 그러한 불안이 이미 해소된 교환을 이상理想으로 생각하고 맙니다. 그런 관계 속에서 공포는 회피할 수 있기 때문에 오히려 그 이외의 것을 배제하고, 극심한 공포를 겪게 되는 메커니즘이 작동해버릴 수도 있습니다. 정보의 교환을 포함하여, 도대체 그것이 무엇인지를 모르니까 사람은 교환행위를 계속하는 것이며, 그것이 전쟁을 대신하는 장치가 됩니다. 예술가처럼 표현하자면, 말을 사용하지 않아도 물건으로 물음을 계속하고 대화를 계속하고 있습니다. 하지만 이것은 최종적으로 문제는 해결된다는 믿음과, 세계의 모든 것이 반드시 붕괴된다는 믿음의 표리表裏와도 같은 이념으로 지탱되고 있는 듯한 느낌도 있습니다. 아까 한 말을 되풀이하자면, 그럼에도 딱히 대수롭지 않은 불분명한 공포에 선동되지 않기 위해서는, 미리 이러한 카타스트로프=불연속적인 절단을 경험해야 하는지도 모릅니다. 우리가 환경이라고 생각하는 것이 붕괴되는 카타스트로프의 경험이, 역시 동시혁명의 조건이지 않을까 싶습니다. 머지않아 확실히, 좀 전에 말한 대로 인터넷상에서, 카타스트로프와 같은 일일지 아닐지는 몰라도, 그런 일이 일어날 것 같은 예감도 듭니다.

가라타니　저는 그런 생각을 하긴 하지만, 별로 말하고 싶지는 않습니다.

오카자키　굳이 말씀하지 않으셔도, 미리 그것을 경험하고 내재화 하는, 그런 훈련 같은 것이 가능할는지요? 예를 들어 최근 20여 년의 웹을 보면 웹에서도 정말 세계사의 구조가 반복되고 있는 것처럼 보입니다. 씨족사회, 전제국가에서 지금은 네이션=스테이트 단계에 와있다는 생각이 듭니다. 클라우드는 아무리 봐도 새로이 구축된 '풍토', 나아가 '국토', 혹은 '고향' 같은 느낌이에요. 어쨌든 글로벌하지는 않다는 것이지요. 그 구조상에서 언어와 언어 사이, 혹은 국가 간에 언어, 카피라이트 등의 권리가 결합되어, 무척 교묘한 경계가 만들어지고 있습니다.

가라타니　사실상, 독점이 있지요.

오카자키　어쨌든 그것이 반복인 이상, 카타스트로프는 반드시 찾아오겠지요. 10년만 있으면 국민 모두가 인터넷ID를 부여받게 됩니다. 그렇게 되면 여기에서 일어나는 사고는 엄청난 파탄을 몰고 올 것입니다. 그런 일이 일어났을 때, 비로소 인터넷의 가능성이 열릴지도 모릅니다.

'세계사의 구조'의 영겁회귀

오카자키   이 책의 설득력은 지금까지 나온 가라타니 씨의 책이 가진 설득력과는 약간 성질이 다른 느낌이 있어서, 자칫하면 오독될 수도 있을 것 같습니다.

오사와   맞아요, 확실히 조금 다른 것 같습니다.

오카자키   이것이 (세계이며, 그 역사이다) 구조입니다. 실은 세계가 어떻게 되건 알 바 아니라는 느낌이 들었습니다. (웃음) 다시 말해 이 책은 윤리적 예언자로서 존재합니다.

가라타니   저는 이제껏 헤겔을 싫어하고 칸트를 기준으로 생각해왔는데, 결과적으로 이 책은 헤겔과 상당히 비슷해졌습니다.

오사와   정말 그렇습니다. 긴 세월동안 여러 가지 작업을 하면, 점점 헤겔처럼 되기 마련인가 봅니다.

가라타니   체계적으로 변합니다. 게다가, 이런 느낌이 있습니다. 학창시절 헤겔의 『정신현상학』을 읽었을 때, 이 책은 절대정신으로 끝나는 게 아니라, 다시 처음으로 돌아가 정신의 발전과정을 반복하니까, 니체의 영겁회귀를 니체보다 먼저 말한 거라고 생각했습니다. 그 기억이 떠오르네요. 『세계사의 구조』에는 안 썼지만, 거기에는 사회구성체가 역사적으로 발전한다는 식으로 되어있는데, 저는 교환양식D의 사회가 생기면 그것으로 끝난다고 생각하지는 않습니다. 다시 한 번 교환양식B가 지배하는 단계로 돌아갈 수도 있습니다. 그럼에도, 그것에 그냥 머무르는 일은 있을 수 없습니다. 따라서 '세계사의 구조'는 영겁회귀할지도 모른다는 생각이 듭니다.

―2010년 8월 9일 수록

생산지점 투쟁에서 소비자운동으로

스가 히데미(사회)

다카자와 슈지

가라타니 고진

『트랜스크리틱』에서 『세계사의 구조』로

다카자와 2001년에 출판된 『트랜스크리틱 ─ 칸트와 마르크스』가 발표된 이후 약 10년을 공들인 신작, 『세계사의 구조』가 이번에 간행되었습니다. 그 사이에 출판된 것으로는 4년 전의 『세계공화국으로』가 있고, 계간 『at』에는 14회에 걸쳐 「『세계공화국으로』에 관한 노트」를 연재하셨습니다. 이번 저서는 이렇게 장기간, 주도면밀하게 준비하셨다는 의미로도 이례적인데요, 『세계사의 구조』의 서문에서 가라타니 씨는 『트랜스크리틱』을 쓴 90년대와 2001년의 9·11 이후 세계정세에 근본적인 변화가 있었다는 것을 언급하셨습니다. 구체적으로 말하자면 그 임팩트는, 『트랜스크리틱』 단계에서 생각하셨던, 자본과 국가에 대한 대항운동의 실천적 구상을 깨뜨리고 파괴할 정도였다는 것입니다.

그것은 칸트의 '영원평화'를 실천적인 사고로서 현대에 되살리기 위한 국가라는 것과, 국가와 네이션을 '능동적 주체(에이전트)'로서 재고하지 아니할 수 없었다는 뜻으로 받아들여지는데요, 우선, 그 90년대부터 현재에 이르는 사고의 과정을 여쭙고 싶습니다. 9·11이 가라타니 씨께 준 충격과, 상부구조로 환원할 수 없는 '국가'의 현현顯現에 대해 말씀해주셨으면 합니다.

가라타니 『트랜스크리틱』을 쓴 것은, 말씀하신 대로 1990년대였습니다. 그 시절에 생각한 것은, 다음과 같은 것이었습니다. 그때까지의 사회주의는 국가 권력을 장악하여 자본주의를 억제하는 것, 그리고 자본주의적인 계급구조가 소멸하면 국가와 네이션도 소멸한다는 생각에 기초하고 있었습니다. 하지만 결과적으로 그것은 국가와 네이션을 강화하는 것이 될 뿐이었습니다. 따라서 자본주의를 지양하는 것은 동시에 국가를 지양하는 운동이어야만 합니다. 국가와 네이션은 단순한 상부구조 혹은 공동환상이 아니라, 각각 자본주의와는 다른 교환양식(경제적 하부구조)에 뿌리를 두고 있습니다. 그리고 자본주의 사회에서는 자본, 국가, 네이션이 자본＝네이션＝국가라는 삼위일체적인 구조로 존재합니다. 따라서 일어나야 할 혁명은 자본＝네이션＝국가를 지양하는 운동이어야만 합니다. 『트랜스크리틱』을 쓴 시점에는 그렇게 생각하고 있었습니다.

또한, 자본－네이션＝국가를 넘어서는 혁명은 일국만으로는 불가능하다는 생각도 했습니다. 그것은 각국의 대항운동이 트랜스내셔널하게 연합함으로써 가능해진다고 말입니다. 저는 90년대에는 그것이 불가능한 일이 아니라고 생각했었습니다. 그때까지의 국제적인 운동은 사실 평등하지 않았습니다. 소련 내지 중국이 중심이었고, 각국의 운동은 사실상 그것에 봉사하며 종속된 것이었습니다. 하지만 89년부터 90년에 걸쳐 그러한 상태가 소멸되었습니다. 그시기에 '사회주의는 끝났다'고 말하는 사람들이 태반이었습니다. 하지만 그때, 모든 나라의 대항운동이 대등하게 연합할 수 있는 조건이 생겼습니다. 그래서 예를 들면, 데리다는 90년대에 '새로운 인터내셔널'을 제창했습니다. 네그리와 하트의 '다중(멀티튜드)'이라는 개념도 마찬가지입니다. 저는 그런 식으로 말하지는 않지만, 각국의 운동이 동등한 입장에서 연합해나갈 수 있다는 전망이 있었습니다. 제가 일본에서 NAM을 창시한 것도 그러한 전망이 있었기 때문입니다.

그런 전망을 가질 수 있었던 것은, 지금 생각하면 99년의 WTO 시애틀 각료회의에서 일어난 폭동, 그리고 2001년의 제노바 정상회

담 무렵이 피크였을 것입니다. 이 운동의 중심이 된 건 아나키스트들이었습니다. 제가 90년대에 쓴 것도, 말하자면 아나키스트 계열에서 새로운 운동이 가능하다는 얘기였습니다. 예를 들면 저의 『트랜스크리틱』 영어판이 나오기 전에 프레드릭 제임슨이 그 초고를 읽어주었습니다. 또한 나중에 출판사(MIT)를 위한 긴 리뷰도 써주었습니다. 아카데믹한 출판사에서는 그런 절차가 필요하기 때문입니다. 또한 제임슨은 영어판 띠지에, '마르크스주의와 아나키즘을 종합하는 새로운 기획'이라는 글을 써주었습니다. 실제로 그러한 작업이었다고 생각합니다. 또한, 바로 그 무렵 제가 미국에서 유럽여행을 가려고 했었는데, 제임슨이 저더러 이탈리아에 가면 반드시 네그리를 만나라고 했습니다. 그가 자네 생각을 들으면 기뻐할 거라면서 말이지요. 저는 설마하니 진짜 그럴까 싶었지만, 딱히 위화감은 없었습니다. 네그리의 생각에 공감하고 있었기 때문입니다. 저 스스로도 NAM을 시작하려 하고 있었고요.

하지만 2001년 이후, 이대로는 안 되겠다는 생각이 들었습니다. 아나키스트든, 마르크스주의자든, 모두들 국가를 지양하는 운동을 언제나 한 나라만 가지고 생각합니다. 하지만 국가의 본질은 내부만 가지고는 보이지 않습니다. 왜냐하면 국가는 근본적으로 다른 국가와의 관계 속에서 존재하기 때문입니다. 9·11 이후의 사태가 그것을 알게 해줬다고 생각합니다. 또 한 가지 알게 된 점은, 자본·국가에 대한 대항운동의 트랜스내셔널한 연합이 힘들다는 것입니다. 네그리파 사람들 혹은 아나키스트들은 9·11 이후 알카에다 같은 운동이 배제되었다는 사실의 의미를 깨닫지 못했습니다. 알카에다는 본질적으로 아나키스트라고 생각합니다. 국적이 없고, 주소가 웹상에만 있으니까요. 고도의 기술을 몸에 익힌 지적 노동자입니다. 알카에다는 네그리가 말하는 다중의 운동 중에서 가장 훌륭한 예라고 생각합니다. (웃음) 하지만 그들은 그것을 제외했습니다. 종교 문제가 관련되어 있기 때문이라고 하는 것은 말이 안 됩니다. 가톨릭이라면 괜찮다고 할 테니까요.

그때까지 그들은 이라크전쟁 시절의 미국을 제국주의와는 다른, 고대 로마 같은 '제국'이라며 칭찬했기 때문에, 미국 정부 관계자들도 그들을 무척 좋게 생각했습니다. 하지만 알카에다를 긍정하면 큰일 납니다. 그래서 그들을 무시하고 묵살했습니다. 하지만 이슬람권을 제외하면 '남'쪽 세계의 태반을 비리는 게 됩니다. 그러면 글로벌한 운동이 성립될 수가 없지요. 즉, 9·11 이후 세계 각지의 대항운동은 분열되었는데, 문제는 그것에 대한 자각이 없었다는 것입니다.

저는 9·11 사건이 일어나기 일주일 전까지 뉴욕에 있었고, 그 후에도 돌아가서 살 생각으로 있었습니다. 하지만 포기했습니다. 그리고 저는 NAM의 해체도 생각했습니다. 다시 생각해봐야만 한다고 느꼈기 때문입니다. 그때부터 한 나라만 가지고 생각할 게 아니라 세계시스템으로서의 국가를 봐야 한다고 생각하게 된 것입니다.

다카자와   물론, 가라타니 씨는 알카에다 같은 테러조직을 칭찬하시는 게 아닙니다. 이번 책에서도 좌익급진주의적인 것에 일절 동조하지 않으시면서 변혁의 실천적인 프로그램으로서 점진주의적인 세계동시혁명을 위해서는 유엔의 역할을 무시할 수 없다고 확실히 밝히고 계십니다. 국가와 자본에 대한 대항축으로서의 각국의 어소시에이션이 세계시스템으로 성장하기 위해서는 유엔을 빼놓고 생각할 수는 없다고 전망하시는 것입니다. 그 점에 임금노동의 폐기, 국가지양의 가능성이 포개어져 있습니다. 이러한 점진주의적이며 비폭력적인 세계동시혁명의 구상에 대한, 세계 각지에서 실천적인 운동에 몸담고 있는 사람들의 반응이 어떤지에 대해서도 주목하고 있습니다. 이미 볼리비아와 터키, 동유럽 사람들이 『트랜스크리틱』의 영역본에 관심을 보였다는 얘기를 들었습니다. 그 지역 사람들의 반응은, 지역적 주변성이나 아주변성과 무언가 관계가 있는지요?

가라타니　외국에서 제가 주목을 받게 된 계기는 『트랜스크리틱』이었습니다. 그 책을 내자 세계 각국에서 강연 의뢰가 들어왔습니다. 그때까지는 북미 중심으로 다녔습니다. 한국에는 여러 번 갔지만요. 단, 2006년 긴키 대학을 은퇴한 뒤 그때까지 정기적으로 수업을 했던 컬럼비아 대학에도 안 가게 되었기 때문에 시간 여유가 생겼습니다. 그래서 터키, 멕시코, 크로아티아, 슬로베니아, 아일랜드 등지에 자발적으로 강연을 하러 갔습니다. 볼리비아에도 꼭 가고 싶었지만 고산병이 무서워서 안 갔고요.

제가 받은 인상은 이렇습니다. 해외에서는 일반적으로 『트랜스크리틱』의 내용, 혹은 NAM에 관심이 있는 것 같습니다. 일본과는 꽤 많은 시간차가 있지요. 물론 저는 최신작인 『세계공화국으로』에 쓴 내용을 가지고 강연을 했습니다. 그 강연은 반향이 꽤 컸는데, 더 뚜렷한 반향이 나온 것은 『세계사의 구조』 영어판이 나오고 난 이후였습니다. 단, 제게 있어 그 강연여행은 '세계사'에 대해 많이 배우는 계기가 되었습니다. 여행을 준비하면서 이런저런 책을 읽었고, 그때까지는 가본 적이 없는 곳에 가서 각지의 지식인들, 활동가들과 만나기도 하면서 '세계사'에 대한 실감을 가질 수 있게 되었습니다. 그런 경험이 도움이 됐습니다.

아나키즘과 거리를 두며

다카자와   그렇게 지금까지와는 다른 방식으로 외국에 다니시게 되고 나서, 실제로 인식상의 변화가 있었는지요? 특히 9·11 이후에 말입니다.

가라타니   저는 좀 전에 말했듯이 9·11 이전까지는 아나키즘에 대해 호의적이었습니다. 데이빗 글레버(인류학자) 같은 아나키스트도 제 책을 좋아했습니다. 하지만 그 이후 저는 아나키즘을 비판하게 되었습니다. 그것은 레닌처럼, 국가를 시양하기 위해서는 한번 국가권력을 장악할 필요가 있다고 생각했기 때문이 아닙니다. 각국의 반자본 = 국가적인 운동이 진전되면, 그것이 트랜스내셔널한 연합이 되리라는 전망이 유효하지 않다고 생각했기 때문입니다. 옛날부터 아나키스트들은 이런 문제에 대해서 아무것도 생각하지 않았습니다. 애당초 실현할 수 있을지 어떨지에 대한 관심이 없기 때문입니다. (웃음) 아나키스트들에게는 반역적인 것, 지금 여기에 사는 것 = 죽는 것이 중요했습니다. 말하자면 문학적인 것이지요. 그래서 예를 들면, 19세기 말 프랑스의 상징파 시인들은 모두 아나키스트를 좋아했습니다. 아니 그보다 폭탄테러를 좋아했지요. 일본문학으로 말하자면, 가지이 모토키로梶井基次郎의 「레몬」[1] 같은 작품의 이미지가 아나키즘이라고 생각합니다.

스가   일본 근대문학은 오히려 후타바테이 시메이二葉亭四迷의 투루게네프 번역 이래 아나키즘이었지요. 시라카바파도 그랬고, 전후의 하니야 유타카도 그랬고, 어떤 면에서는 그 아나키즘이 러

1. 가지이 모토지로, 『레몬』, 이강민 옮김, 소화, 2004.

시아 계통이라고 할 수 있는데, 그것이 오히려 주류라고 할 수 있습니다.

가라타니 메이지 시대의 일본에서는 사회주의자가 아나키스트를 의미합니다. 프롤레타리아 문학도 초기에는 모두 아나키스트였습니다. 마르크스주의 혹은 볼셰비즘이 우월해진 것은 러시아혁명 이후부터고요.

다카자와 1881년에 알렉산드르 2세가 나로드니키 분파 '인민의 의지'에 속하는 테러리스트의 폭탄으로 암살되는데, 반동정책을 이끌어내는 것만으로 끝납니다. 결과적으로 아나키즘 계열의 폭탄 테러 노선은 차단되고, 마르크스주의에 기초한 전위조직화는 혁명의 과제가 되어갑니다. 그런데 가라타니 씨는 이번 책에서도 러시아혁명의 성공에 대해, 즉 볼셰비즘의 승리에 대해 부정적이시고, 그러한 일당독재의 권력탈취로는 '국가'가 강화될 뿐이라며, 레닌과 트로츠키에 대해 무척 혹독한 평가를 내리셨습니다. 이것은 프랑스혁명 때의 자코뱅 독재로 치닫는 국가와 혁명을 둘러싼 난제인데, 그것을 칸트의 영원평화론에 의거하여 이론적으로 돌파하신 점이 특징적입니다.

가라타니 『트랜스크리틱』에서도 저는 레닌과 트로츠키에 대해 비판적이었습니다. 그때 저는 아나키즘을 옹호했으니까요. 마르크스에 대해 저는 마르크스가 국가주의적이기는커녕 아나키스트적이며, 그래서 좋다고 말했습니다. 하지만 이번 책에는 오히려 마르크스의 약점이 아나키스트적인 면에 있다고 썼습니다. 다른 말로 표현하자면, 그는 국가가 소멸한다는 것에 대해 아나키스트들과 마찬가지로 낙천적인 견해를 가지고 있었습니다. 그것은 레닌에게도 이어졌지요. 레닌은 러시아혁명(10월 혁명)으로 국가권력을 일시적으로 탈취하지만, 국가는 머지않아 사라진다고 생각했습니다. 만약 국가가 간단히 없어지지 않는다는 인식이 있었다면 '10월 혁명'을 강행할 수 없었을 것입니다.

좀 더 자세히 말하자면, 러시아혁명은 1917년 2월에 일어났습니다. 그때 제정러시아가 무너지고 의회가 시작됨과 동시에 노동자농민평의회(소비에트)가 있는 이중권력 상태가 되었습니다. 4월에 러시아로 귀국한 레닌은 '소비에트에 전全 권력을!'이라는 기치를 내세웠습니다. 그게 실현된 것이 10월 혁명입니다. 하지만 10월 혁명의 결과, 권력을 쥔 것은 소비에트가 아닌 당(볼셰비키)이었습니다. 평의회는 이름뿐인 것이 되었고, 공산당독재가 시작되었습니다.

2월 혁명은 광범위한 노동자농민들이 참가한 혁명이지만, 10월 혁명은 그렇지 않습니다. 군사쿠데타 같은 것입니다. 이것을 강행한 사람이 트로츠키와 레닌입니다. 다른 볼셰비키 간부들은 모두 반대했습니다. 단 스탈린만은 찬성했던 모양인데, 그는 나중에 그것을 자신의 공적으로 삼아 자기 위치를 확보했습니다. 오랜 기간 당 간부를 지낸 사람들이 반대한 것은, 이 시기 쿠데타로 권력을 탈취하는 것은 사회주의적이지 않다는 사고방식이 상식으로 존재했다는 얘기입니다. 물론 트로츠키와 레닌은 국가권력을 장악하는 것 자체를 목표로 했던 게 아닙니다. 그것을 일시적인 수단으로 삼는 것은 불가피한 일이라고 생각했지요. 하지만 그것은 안이한 생각이었습니다.

사회주의혁명정권은 내부뿐만 아니라, 그 즉시 외부로부터도 엄청난 간섭을 받습니다. 아나키스트들이 들고 일어나 만든 파리코뮌은 독일군의 공격으로 두 달 만에 해체되었습니다. 3만 명의 아나키스트들이 죽임을 당했지요. 러시아혁명도 마찬가지입니다. 각국이 바로 간섭을 시작했습니다. 예를 들어 일본은 시베리아에 군을 파견하여 10년 정도 있었습니다. 레닌과 트로츠키는 당연히 이런 일이 있을 것이라는 예상을 했을 텐데, 가만 보면 그렇지 않았던 것으로 보입니다. 그들은 파리코뮌과는 달리 러시아 다음에 바로 유럽에 '세계혁명'이 일어날 테니까 어떻게든 될 거라고 생각했던 거겠지요. 물론 그런 일은 일어나지 않았습니다. 사실 그 원인은 10월 혁명 그 자체에 있습니다. 그것을 본 다른 나라들이 그런 일을 경계했기 때문입니다.

일이 그렇게 되자, 소련은 외국의 간섭·침략으로부터 혁명을 지켜내기 위해 강력한 국가를 만들어야만 했습니다. 실제로 소련은 그런 국가가 되었고요. 그것은 딱히 스탈린 탓이 아닙니다. 오히려 트로츠키 탓이지요. 다시 말해, 한 나라만의 혁명으로 아무리 '국가의 지양'을 위해 노력한다 한들 결과는 그 반대가 되어버립니다. '세계혁명'을 제창하든, 아나키즘을 제창하든, 마찬가지입니다.

일국사회주의혁명·영속혁명, 세계동시혁명

가라타니 국가가 자국 내에서의 권력으로 존재할 뿐만 아니라 다른 국가와의 관계 속에서 존재한다는 것은 혁명에 있어서도 중요한 점입니다. 그 점을 염두에 두고 9·11 이후 저는 '세계동시혁명'이라는 문제를 재고했습니다. '세계동시혁명'은 1848년 혁명 이전의 마르크스가 생각하고 있었던 문제입니다. 사회주의혁명은 일국만으로는 불가능합니다. 마르크스는 주요국들의 '일거에 그리고 동시적인' 혁명에 의해서만 가능하다고 썼습니다.(『독일 이데올로 기』²) 하지만 어떤 의미에서 푸르동과 바쿠닌도 같은 의견을 가지 고 있었습니다. 그렇게 생각했기 때문에 그들이 제1인터내셔널을 결성한 것입니다.

제2인터내셔널도 '세계동시혁명'이라는 관념에 기초하고 있었 습니다. 하지만 제1차 대전에서 각국의 혁명정당이 전쟁 지지로 돌아선 탓에 해산되어버렸습니다. 그러한 상태에서 러시아혁명이 일어난 것입니다. 그 이후 '세계동시혁명'이라는 관념은 소멸되었 습니다. 물론 '세계혁명'이라고는 해도, 그것은 제3인터내셔널이 그렇듯 소련을 중심으로 하는 것이었습니다. 그에 반해 트로츠키의 '제4인터내셔널' 같은 사고방식이 있습니다. 데리다가 '새로운 인 터내셔널'을 제창한 것도 그것의 재판再版이었지요.

하지만 그런 사고방식은 국가가 자국 내에서의 권력으로 존재할 뿐만 아니라 다른 국가와의 관계 속에 존재한다는 인식에서 출발했 다고 볼 수 없습니다. 결국 각국에서의 대항운동이 자연스럽게 연 합될 것이라는 전제를 깔고 있습니다. 제가 '세계동시혁명'을 재고 한 것은 그러한 생각이 이제까지 현실에서는 잘 이루어지지 않았고, 앞으로도 잘 될 리가 없다고 생각했기 때문입니다. 따라서 제가 말하는 '세계동시혁명'은 이제까지 좌익들이 말해온 것과는 전혀 다릅니다.

다카자와 그건 잘 압니다. 기존의 좌익전위주의는 모두, 지금 말씀하신 레닌주의의 치명적인 결함을 안고 있었습니다. 구체적으 로 말하자면, 일본의 신좌익은 반스탈린주의의 기치를 내걸었는데,

• •
2. 마르크스·엥겔스, 『독일 이데올로기』, 김대웅 옮김, 두레, 1989.

그 때문에 '일국사회주의'와 레닌, 트로츠키 류의 볼셰비즘 = '세계동시혁명'이라는 이항대립 도식에 빠져서, 시대착오적인 폭력혁명 노선에서 빠져나갈 수 없게 되었습니다. 가라타니 씨의 '세계동시혁명'은 그런 공허하고 위험한 명제가 아니라, 비로소 그 험한 길을 빠져나와 새로운 길을 여는 것이라고 생각했습니다.

가라타니　이번 책에서는 어떤 의미에서 『트랜스크리틱』과 마찬가지로 칸트와 마르크스에 대해 생각하고 있지만, 뭐가 다르냐하면, 칸트의 영원평화론 혹은 제 국가연방 구상을, 세계동시혁명론으로 본 것입니다. 칸트는 루소적인 시민혁명이 일국만으로는 실현될 수 없으며, 따라서 제 국가연방이 필요하다고 생각했습니다. 그는 그것을 『영원한 평화를 위하여』(1795년)가 나오기 15년 전, 즉 프랑스혁명이 일어나기 10년 전에 썼습니다. 실제로 프랑스혁명은 일국혁명으로 강행된 결과, 참담하게 끝났습니다. 시민혁명은커녕 황제 나폴레옹이 출현하여 프랑스혁명을 수출한다는 명목으로 세계 정복 전쟁을 일으켰습니다. 칸트가 우려한 대로였지요. 더불어 프랑스혁명에서 일어난 일은 러시아혁명에서 반복되었습니다. 일국만의 혁명을 강행한 것이 이런 결과를 초래한 것입니다.

다카자와　가라타니 씨는 칸트의 영원평화론을, 성취된 시민혁명에 대한 간섭을 저지하기 위하여 그것이 필연적으로 세계동시혁명으로 이행되어야 마땅하다고 보시는데, 그 문제와 관련하여 또하나 얘기하자면, 종래의 반스탈린주의 좌익은 세계동시혁명이냐 일국사회혁명이냐 하는 이항대립 중에서 트로츠키냐 스탈린이냐, 하는 식으로 혁명의 방식을 선택해왔습니다. 트로츠키의 영속혁명론과 마르크스적인 세계동시혁명이라는 것이, 계속 혼동되어온 역사가 있었습니다. 가라타니 씨는, 트로츠키적인 영속혁명이 오히려 마르크스의 혁명개념을 왜곡한 것이며, 1848년의 혁명 실패 후에 마르크스는 '영속혁명'에 대한 생각을 접었고, 마르크스가 말하는 세계동시혁명은 그러한 볼셰비즘의 권력론과는 전혀 다른 것이라고 보고 계신데요. 이것은, 60년대 이후 일본의 신좌익계를 포함한 마르크스주의사상에 뚜렷이 드러나지는 않았던 성격이라고 생각합니다.

그런 면에서 세계사적인 문제를 살펴보고자 1848년 혁명의 문제에 시선을 돌리자면, 오스트리아에서는 네이션을 형성하기 위한 끔찍한 민족대립이 이 시기에 있었습니다. 이것은 혁명운동사에 있어서도 꽤 성가신 문제였는데, 일단 일국단위의 정치혁명을 우선할지, 마르크스적인 사회혁명의 비전＝세계혁명의 전망을 어떻게 개척해나갈지에 대한 문제는, 러시아혁명을 통과한 스탈린 시대까지 계속되었습니다. 실제로 혁명 중에 사회혁명이냐 정치혁명이냐, 혹은 경제혁명의 선행성이냐 하는 구별과 선택이 역사 단계적으로 명확해지는 것도 아니지만, 그러한 혼란이 권력탈취론과 권력독점의 문제로 이어지게 됩니다.

가라타니　지금 말씀하신 대로, 오스트리아 제국 안에서의 '네이션' 문제는 소련 붕괴 후 구 유고슬라비아 분쟁에 이르기까지 계속되고 있습니다. 그것은 거슬러 올라가면 마르크스가 국가에 대하여 그랬듯 네이션에 대해서도 낙천적이었던 것, 자본주의적인 계급문제가 해소되면 민족적인 문제가 해결될 것이라고 생각했던 것에 기인한다고 생각합니다.

그 결과 마르크스주의자는 네이션을 경시하게 되었습니다. 하지만 마르크스주의 운동은 각지에서, 내셔널리즘에 기초한 파시즘(내셔널 사회주의)에 패배했습니다. 혹은 사회주의 그 자체가 내셔널리즘(스탈린주의)이 되었습니다. 따라서 네이션은 마르크스주의의 맹점입니다. 저는 이미 『트랜스크리틱』에서 네이션을 단순한 이데올로기적 관념적 상부구조가 아닌 하부구조(교환양식)에 기초한 것으로 파악했었는데, 이번 책에서는 그것을 더 정밀하게 논했습니다.

정치혁명이냐 경제혁명이냐 하는 문제에 대해 말하자면, 유명한 것은 프루동이 정치혁명을 부정하고 경제혁명을 제창했는데, 마르크스는 정치혁명이 선행되지 않으면 안 된다고 비판하며 대립한 일입니다. 하지만 이 한 시기의 소비에트만을 끄집어내어 둘의 입장을 생각하는 것은 이상한 것입니다. 왜냐하면, 정치혁명을 부정했던 프루동은 막상 1848년 혁명이 일어나자 의원에 입후보하여 의회에서 신용은행의 설립을 제안했기 때문입니다. 따라서 프루동이 경제혁명이고 마르크스가 정치혁명이라는 대립은 단순한 허구입니다. 하지만 마르크스와 프루동의 대립을 과장한 결과, 마르크스주의자는 프루동적인 '경제혁명'을 완전히 무시하게 되었습니다. 예를 들면 협동조합이나 지역통화를 무시합니다. 저는 『트랜스크리틱』에서 이러한 점을 중시했습니다.

다카자와　그것에 대해서는 『세계사의 구조』에서도 직접 언급하셨지요. 게다가 가라타니 씨는 마르크스의 사회주의이념이 프루동과 본질적으로 대립하는 것이 아니라고 쓰셨습니다.

가라타니　그렇습니다. 그리고 그 얘기가 나온 김에 말하자면, 영구혁명 내지 영속혁명이라는 말이 있는데, 보통 이 말은 대체로 오해를 받습니다. 예를 들어 마루야마 마사오[3]는 민주주의란 영구

----

3. 丸山眞男(1914~1996). 전후 일본을 대표하는 정치학자. 대표작으로 『일본정치사상사 연구』(김석근 옮김, 통나무), 『현대정치의 사상과 행

혁명이라고 말했습니다. 즉, 민주주의는 일정 상태로 존재하는 것이 아니라, 끊임없이 민주화하는 변혁과정에 있는 거라고요. 그것을 영속혁명이라고 한 것입니다. 하지만 마르크스주의에서 말하는 영속혁명은 그런 게 아닙니다. 그것은 후진자본주의국의 혁명이 단순히 부르주아혁명으로 끝나지 않고, 그대로 사회주의혁명으로 진행된다는 것을 의미합니다. 이것은 사회주의자가 한번 권력을 쥐면 절대로 놓지 않고 혁명을 계속한다는 것을 의미합니다.

마르크스는 1848년 혁명 직전까지 그렇게 생각했습니다. 즉 독일혁명이 단순힌 부르주아혁명에 그치지 않고, 바로 사회주의혁명으로 전환되어야만 한다고 말입니다. 하지만 1850년에 그것을 부정하게 됩니다. 그것은 부르주아혁명 이전의 후진국에서 사회주의자가 권력을 잡으면 부르주아가 해야 할 일, 혹은 많은 경우에 절대왕정이 해야 할 일을 스스로 해야만 하기 때문입니다. 이것은 20세기에 일어난 후진국의 사회주의혁명을 보면 알 수 있습니다.

예를 들어 사회주의자가 내셔널리즘을 제창하는 것은 이상한 일입니다. 하지만 식민지 상태에 놓인 후진국에서는 그렇게 될 수밖에 없습니다. 왜냐하면 사회주의자 이외에는 내셔널리스트가 없기 때문입니다. 부르주아는 외국 자본에 붙어 자기 이익을 노리는 자본가니까 민족독립 같은 것은 생각하지 않습니다. 사회주의자만이 내셔널리스트가 되어 민족독립을 이룩합니다. 사회주의는 내셔널리즘과는 다르지만 그 역할을 해야만 하는 상황이 됩니다.

물론 그러한 역할은 필요한 것이고 훌륭한 것이지만, 그것은

• •
동』(김석근 옮김, 한길사). 『충성과 반역』(김석근 옮김, 나남), 『<문명론의 개략>을 읽는다』(김석근 옮김, 문학동네) 등이 있다.

사회주의와는 별개의 문제입니다. 그런데도 사람들은 그것이 진정한 사회주의라는 인식을 갖게 됩니다. 또한 모든 부족과 호족을 넘어뜨리고 국가적 통일을 이룩하는 주체는, 유럽의 경우에는 절대왕정이었지만 후진국에서는 그것을 사회주의자가 해야만 합니다. 그렇게 되면 사회주의의 지도자가 왕 혹은 '황제'처럼 됩니다. 스탈린과 모택동이 그랬습니다.

그래서 마르크스는 사회주의자가 권력을 잡아 혁명을 계속한다는 영속혁명의 사고방식을 부정했습니다. 다른 관점에서 말하자면 그것은 사회의 역사적인 단계를 뛰어넘을 수 없다는 것입니다. 하지만 레닌·트로츠키 이후에는 단계를 '초월'하는 것이 가능하다고 생각하기 시작했습니다. 그 근거로, 마르크스가 부정한 '영구혁명'론을 꺼내들었지요. 물론 실제로는 '초월'하지 못했습니다. 예를 들면 러시아혁명은 부르주아혁명을 뛰어넘지 못했습니다. 거기에는 구 러시아 제국의 차르와 관료제가 다른 형태로 바뀌어 남았습니다. 그것이 스탈린주의 체제입니다.

자술리치[4]의 편지와 1960년대의 마르크스 수용

가라타니 그런데 1960년대에 마르크스주의자들 사이에서 '초

- -
4. Vera Ivanovna Zasulich(1849~1919). 나로드니키(Narodniki) 여성운동가. 마르크스에게 보낸 그녀의 질문장(1881년)은 마르크스의 러시아 인식이라는 측면은 물론, 러시아혁명의 전망과 관련해서도 중요한 문제제기가 이루어진 것으로 평가받고 있다. 제1차 러시아혁명 때 귀국하여 페테르부르크에서 사망했다.

월' 불가능론을 부정하는 생각이 지배적인 의견이 되었습니다. 이 것은 문화대혁명과 모택동주의를 지지하기 위해서였지요. 알튀세 르의 이론 또한 그것과 관계가 있습니다. 물론 그는 경제적 하부구 조를 '최종심급'으로 인정하지만, 그것은, 평소에는 그것을 무시해 도 좋다는 의미입니다. 하지만 이것은 잘못된 생각입니다. 주관적 으로 단계를 '초월'했다는 생각으로 있었지만, 그것은 사실상 전혀 그렇지가 않았습니다.

예를 들어 60년대의 북한과 남한을 비교하면, 둘 다 독재정권이 었습니다. 단, 김일성의 독재정권은 사회주의를 제창했고, 박정희 의 독재정권은 '반공'을 제창했지요. 하지만 차이는 그런 데 있는 게 아닙니다. 박정희의 독재정권은 소위 '발전도상독재'였고, 경제 적 발전으로 독재적인 체제를 스스로 해체하게 됩니다. 즉, 그것은 부르주아혁명(시민혁명)으로 귀결되었습니다. 한편, 북한에서는 부르주아혁명을 뛰어넘고 사회주의로 나아간 것처럼 보이지만, 현 실적으로는 조선왕조 같은 세습정체政體가 되었습니다. 이것은 그 야말로 '초월' 불가능성, 영속혁명의 오류를 증명하는 것입니다.

스가   한국은 광의적으로 거의 아주변 국가입니다. 대만도 그러한데, 그런 나라들은 잘 굴러가고 있지요. 그런데 중국은 국가 독점 자본주의지만 그렇기 때문에 오히려 지금 잘 굴러가고 있는 듯한 느낌이 있는데요. 이런 부분에 대해서는 어떻게 생각하시는지 요?

가라타니   중국은 19세기 이후 세계경제의 주변부에 놓이게 됐 지만 원래 세계제국이니까 다른 지역과는 다릅니다. 좋건 나쁘건 그런 문제를 떠나서, 관료기구의 강도가 다르다고 생각합니다. 중 국에는 과거제도가 천년 이상 있었으니까요. 공산당체제는 그것을 계승하고 있습니다.

스가　　실제로는 문과계만이 아니라 이과계도 대단하지요. 중국뿐만 아니라 인도도 그렇지만요.

가라타니　　인도의 카스트는 원래 직능職能집단입니다. 예를 들면 인도의 좌익지식인 중에는 바라문에 속하는 사람이 많아요. 그들은 역사적으로 산스크리트의 성전 같은 것을 전부 암송해온 집단이니까요. 즉, 같은 후진국이라고 해도 근대 이전의 국가(제국)가 있었는지 없었는지에 따라 전혀 달라집니다. 그것 또한 간단히 뛰어넘을 수 없는 '단계'의 일종이지요.

다카자와　　지금 얘기가 나온 문제에 대해 스가 씨께 여쭙고 싶은데요, 마르크스주의 역사의 발전단계설로 말하자면, 60년대의 신좌익운동 중에 '초월' 문제의 원점이라고도 할 수 있는 '베라 자술리치의 편지' 같은 건 어떤 식으로 논의되고 있었습니까?

가라타니　　그건 저도 궁금하네요. 아미노 요시히코[5] 같은 사람도 마르크스가 '자술리치' 서한을 보고 받은 충격에 대해 말했는데, 그건 어떤 충격이었습니까?

스가　　그 문제를 제기한 사람은 히라타 기요아키[6]입니다. (아미노 씨의 '영향'은 70년대 이후에 있었고요.) 당시 우리들의

..

5. 網野 善彦(1928~2004). 중세일본사를 전공한 역사학자로, 중세의 기술자와 예능인 등, 농민 이외의 비정주민들을 연구한 것으로 유명하며 천황을 정점으로 하는 농경민의 균질적인 국가로 다뤄져온 기존의 일본사에 대한 비판을 던져 큰 반향을 일으켰다.

6. 平田 淸明(1922~1995). 경제사와 마르크스경제학을 전공한 경제학자. 저서 『시민사회와 사회주의』(1969)에서 시민사회론을 전개하여 마르크스주의의 현대적 실효성을 주장한 것으로 유명하다.

감각으로는 한편에, 60년대 내셔널리즘의 재평가라는 흐름이, 다니카와 간[7] 등을 비롯한 사람들에게 기본으로 깔려 있었습니다. 그 토착적인 코뮨주의와 근대적인 히라타 기요아키의 시민사회론을 '편자'로 연결지어, 이렇게 하면 일이 잘 풀릴 거라고 생각한 사람이 있었던 게 아닐까요?

다카자와　단, 히라타 기요아키는 시민사회와 사회주의라는 문제를 제기하는 방식이 그랬겠지요. 그리고 다니카와 간과 당시 모택동 계열의 코뮨주의의 근저에 있었던 것은 일본적인 문맥에서 말하자면 반근대주의나 근거지론에 기초한 울트라 토착주의였습니다. 원래는 아나키즘 계열에 속했던 곤도 세이쿄権藤成卿와 다치바나 고자부로橘孝三郎 등의 전쟁기 농본주의 같은 것도 그러한 관심을 바탕으로 재평가되었잖아요? 근본적으로 다른 점은, 야나키타柳田 민속학의 재발견도 포함하여 '근대의 초극'이라는 선으로 이어진다는 것일까요? 단계의 초월론(복합적 발전론으로서 정당화되는)과, 호수제에 기초한 공동체(네이션)로의 시대착오적 회귀욕구가 그 부분에 기묘하게 유착되어 있는 것처럼 보이기도 합니다만.

스가　다른 것이지만 두 반대 방향에서 나와서 일치하게 되었으니 괜찮지 않은가, 하는 식으로 생각했던 게 아닐까요?

가라타니　그런 부분은 저도 생각한 적이 있는데, 역시 '영속혁명'과 비슷한 언어상의 혼란이 있습니다. 예를 들어 공동체라고 하면 모두 똑같은 것으로 보는데, 그것은 혼란을 일으킵니다. 예를

7. 谷川 雁(1923~1995). 시인이자 평론가, 서클 활동가, 교육운동가. 사회주의적인 리얼리즘을 기조로 한 시인으로 유명하며, 평론집 『원점이 존재한다』, 『공작자 선언』은 1960년대 신좌익진영에 큰 영향을 미쳤다.

124

들어 일본 에도 시대의 농촌공동체와 러시아의 농촌공동체(미르 mir)는 다릅니다. 도쿠가와 시대의 농민은 토지를 사실상 사유하고 있었습니다. 메이지 유신은 단순히 그것을 공인했을 뿐이고요. 한편 러시아의 미르에는 사유가 없습니다. 말하자면 코뮤니즘이지요. 그래서 바쿠닌 등 러시아의 아나키스트가, 러시아에서는 그러한 공동체가 자본주의화를 거치지 않고 코뮤니즘에 이를 수 있는 게 아닌가 하고 생각했습니다.

자술리치는 원래 바쿠닌파의 여성 활동가였습니다. 하지만 그녀는 그것에 의문을 가지게 되어 그렇게 생각해도 괜찮은 것인지, 아니면 꼭 자본주의 경제를 통과해야만 하는 것인지, 그것을 마르크스에게 물은 것입니다. 마르크스는 그 답장을 쓰는 데 3년 정도의 시간을 들였습니다. 답장 자체는 짧지만, 긴 초고를 여러 번 썼습니다. 사실 자술리치가 마르크스로부터 답장을 받았을 때, 자술리치에게는 이미 그게 필요 없는 상황이었습니다. 미르 공동체가 그대로 공산주의가 되는 일은 있을 수 없다는 결론에 이른 상태였기 때문입니다.

마르크스는 어째서 편지에 시간을 들였을까요? 그는 공동체에 대한 생각을 수정했습니다. 그는 그때 모건의 『고대사회』[8]를 읽으며 미국 인디언 씨족사회에 대해 연구하고 있었습니다. 씨족사회는 공동체이지만 그중에 하위집단(가족과 씨족)은 독립성이 있어서 상위집단에 완전히 종속되어 있지 않습니다. 즉 교환양식으로 말하자면, 이것은 호수적인 교환양식(A)입니다.

하지만 러시아의 미르 공동체는 그러한 씨족사회에서 나온 게

• •
8. 모건, 『고대사회』, 정동호·최달곤 옮김, 문화문고, 2000.

아닙니다. 즉 고대 이래 연속적으로 있는 게 아니라 몽골의 지배, 다시 말해 아시아적인 전제국가 하에서 형성된 농업공동체입니다. 즉 교환양식B 아래 놓인 공동체입니다. 물론 이러한 공동체에는 사유가 없고 평등합니다. 하지만 공동체 전체가 황제의 소유입니다. 따라서 사람들은 모두 종속적입니다. 마르크스는 이것을 '일반적 예종제隸從制'라고 불렀습니다.

따라서 이러한 공동체가 그대로 사회주의로 전환되는 일은 있을 수 없습니다. 그렇다면 이런 공동체에서 사유화가 생기고 자본주의 경제가 침투되면 어떻게 될까요? 독립성을 지닌 개인이 그곳에서 나오는 일은 없습니다. 공동체가 무너져도 사람들이 자립적인 시민이 되는 일은 없어요. 말하자면 '황제' 같은 존재를 다시금 필요로 하게 될 거라고 생각합니다. 예를 들면, 러시아혁명 이후 딱히 큰 저항 없이 집단농장화가 이루어졌습니다. 그것은 애당초 사유지가 없었기 때문이지요. 그러한 농민이 우러러본 것은 스탈린이라는 이름의 '황제'입니다. 그렇다면 소련 붕괴 후는 어떨까요? 물론 사유화는 진행되었지만, 개개인의 상태는 그렇게까지 크게 변한 게 없지 않을까요? 현재 러시아의 푸틴 체제를 보면 그런 느낌이 듭니다.

요컨대 '공동체'라는 말만 볼 것이 아니라 그것이 어떤 교환양식에 놓여 있는지에 주의해야 한다고 생각합니다. 이것은 '생산양식'(즉, 누가 생산수단을 소유하고 있는가의 문제)의 관점에서 보면 모릅니다. 따라서 교환양식이라는 관점이 필요하다고 생각하는 것입니다. 일본의 마르크스주의자(러시아의 마르크스주의자도 마찬가지지만)는 러시아와 일본 사회를 동일시하는 오류를 범해왔습니다. 예를 들어 전쟁 중의 공산당은 노동문제, 농민문제보다도 '천황제 타도'를 우선하는 목표를 내걸면서 대중으로부터 고립되어버렸습니다. 그 원인은 러시아와 일본 사회를 동일시하는 데 있었는데, 애당초 그것은 사회구성체를 '생산양식'의 관점으로 보는 데서 유래한 것이라고 생각합니다.

다카자와　지금 하신 말씀은, 종래 마르크스의 유물사관에 기초한 역사의 발전단계설로서 이야기되어온 것을, 교환양식을 중심으로 역사를 다시 봐야 한다는 것입니다. 분명, 코민테른의 '32년 테제'(「일본의 정세와 일본공산당의 임무에 관한 테제」)에는 일본의 '천황제'와 러시아의 차르 군주제 문제가 나란히 놓여 있었지요.

교환양식이라는 착상

다카자와　이제 가라타니 씨가 생산양식에서 교환양식으로 시점을 바꾸게 된 계기에 관련해서 여쭙고 싶습니다. 구체적으로 어느 시점에 무엇을 힌트삼아 생각하게 된 것입니까? 어떤 의미에서 생산지점을 벗어난 사고라는 건 종래의 마르크스주의에서 금기였는데요.

스가　히라타 기요아키의 이름이 나왔는데, 그가 주장한 것은 소유형태사관所有形態史観이었지요?

가라타니　그렇습니다. 그것은 누가, 즉 어떤 지배계급이 어떻게 생산수단(토지 등)을 소유하는지에 따라 사회의 발전단계를 생각하는 것입니다. 하지만 그러한 견해로는 많은 것을 놓치게 됩니다. 예를 들면 국가와 네이션을 파악할 수 없지요. 마르크스주의자는 그것들을 관념적 상부구조로 간주해왔습니다. 그것을 '공동환상'

(요시모토 다카아키)[9]이라는 말로 바꾸어 불러도 마찬가지입니다. 그들은 국가와 네이션은 경제적 구조와 별개의 것이라고 생각했습니다. 하지만 교환양식이라는 관점에서 보면 그것들이 바로 '경제적 하부구조'에서 유래되었다는 것을 알 수 있습니다.

자본주의경제에서는 교환양식C(상품교환)가 지배적인 것이 됩니다. 하지만 당연히 다른 교환양식도 남아있습니다. 같은 자본주의경제라고 해도 C의 농도에 차이가 있습니다. 태평양전쟁 전의 일본은 자본주의국가였지만, 인구의 과반수는 농민이었습니다. 바꿔 말하면 화폐경제가 침투해도 과반수의 사람들이 자급자족 내지 호수적인 교환양식A의 지배 아래 있었던 것입니다. 또한 국가체제도 근대화되었다고는 하지만 도쿠가와 체제의 변형에 지나지 않는 것이었습니다. 따라서 정치적 이데올로기적인 의식에 있어, 천황제라든가 신화 같은 공동체적인 것이 강한 것은 당연한 일입니다.

그런데 요시모토 다카아키는 고도의 자본주의국가에서 천황제 같은 고대적·미개적인 것이 지배적인 것이 된 사실을 들어, 자본주의적 하부구조로부터 독립된 상부구조의 자립성을 주장했습니다. 하지만 하부구조를 교환양식의 관점으로 보면 메이지 이후의 일본에서 자본주의적 교환양식C는 분명 지배적인 원리이기는 했지만 사회 심층부까지 그 영향이 미치지는 않는 상태였습니다. 많은 사람들의 생활은 교환양식B와 A에 기초하고 있었지요. 따라서

··

9. 吉本隆明(1924~2012). 사상가이자 평론가, 시인. 그의 저서 『공동환상론』(1968)은 환상으로서의 국가가 성립한 과정을 고찰한 국가론으로 알튀세르의 '이데올로기 장치'론과 상통하는 면이 있다. 당시 마르크스·레닌주의의 교조주의화에 대한 반발에서 나온 것으로, 전공투 세대의 열광적인 반향을 이끌어내며 큰 영향을 미쳤다.

그들의 의식에 고대적인 것이 남아있는 듯 보여도, 그것은 이상한 게 아닙니다.

그러면 탈농민화가 급격하게 진행된 고도성장 후의 일본은 어떨까요? 확실히 농업 인구는 줄고 산업프롤레타리아가 늘었지만, 그에 따라 교환양식C가 완전히 침투하지는 않았습니다. 예를 들어 60년대 일본 기업은 노동자를 종신 고용하는 형태로 공동체화 되었습니다. 그것이 자본-임금노동관계보다도 더 강력하게 작용했지요. 노동자는 임금을 위해 일하기보다, 오히려 회사공동체를 위해 일했습니다. 고도성장 이후 영화와 소설, 만화 따위에서 회사를 번藩에 비유하여 샐러리맨을 산업전사로 보는 식의 의식이 현저해졌습니다. 하지만 이것을 에도 시대의 전통이 잔존한 것으로 보면 안 됩니다. 1990년 이후 교환양식C가 한층 더 높은 강도로 침투하자, 즉 신자유주의 시대에 들어서자 그런 '전통'이 싹 사라져버렸습니다. 소위 상부구조는 하부구조로서의 교환양식에 의해 규정되고 있는 것입니다.

제가 교환양식에 대해 생각하게 된 것은 원래 칼 폴라니의 영향 때문입니다. 하지만 이번 책에서 제 견해는 근본적으로 그와 다릅니다. 폴라니는 인간 경제일반의 주요 형태로서 호수, 재분배, 상품교환, 이렇게 세 가지를 구별했습니다. 그러면서 폴라니는 재분배를 미개사회에서 현대복지국가에 이르기까지 계속 존재해온 형태로 봅니다. 하지만 미개사회의 재분배는 호수적인 것입니다. 한편 국가사회가 되면, 재분배는 국가에 의해 이루어집니다. 즉, 국가가 과세로 수탈한 것을 어떤 형태로 재분배하는 것입니다. 그 결과 국가는 마치 '공공적인' 기능을 하는 것처럼 보입니다.

하지만 미개사회의 재분배와 국가사회의 그것은 다릅니다. 교환양식이라는 관점에서 보면, 재분배는 오히려 교환양식B(약탈과 재분배)에 속한다고 해야 합니다. 폴라니는 재분배가 국가에 의해 이루어진다는 것을 보지 않습니다. 즉, 국가를 보지 않는다는 것입니다. 예를 들면 폴라니는『경제와 문명 — 다호메의 경제인류학적 분석』[10]에서 다호메라는 아프리카의 왕국에 있는 재분배 메커니즘을 칭찬합니다. 하지만 다호메는 신대륙에서 노예제에 의한 설탕 생산이 시작된 것을 계기로 18세기경 순식간에 생긴 국가입니다. 서양에 노예를 팔아 얻은 무기로 근처 국가를 정복하여 노예를 획득하고, 또다시 무기를 획득하여 영토를 확대한 왕국입니다. 그러는 중에 인민에게 부의 '재분배'가 이루어졌다고 해서 그걸 높이 평가하는 것은 이상한 것입니다. 그것은 국가를 보지 않는 것이지요. 폴라니는 자기가 경제적 차원만을 생각한다고 말할지도 모릅니다. 하지만 국가 혹은 정치적 차원 또한 교환양식에 기초하고 있습니다. 그것은 교환양식B입니다.

국가에 대하여, 그것을 일종의 교환으로 파악한 최초의 인물은 홉스입니다. 국가는 지배자에게 복종함으로써 안전을 획득하는 '교환'에 기초하고 있습니다. 국가는 단순히 폭력과 정복에 기초하는 게 아닙니다. 복종하면 폭력의 위협으로부터 보호해준다는 '교환'에 기초하고 있습니다. 홉스가 정치적인 차원의 독자성을 파악한 것은 거기에서 그러한 교환을 발견했기 때문입니다. 그것은 교환양식B에 의한 사회계약입니다.

물론 사회계약에는 교환양식A에 의한 것도 있습니다. 예를 들면

· ·

10. Karl Polanyi, *Dahomey and the slave trade: An analysis of an archaic economy*, University of Washington Press, 1966.

이로쿼이족의 부족연합체 같은 게 그렇습니다. 또한 교환양식C에도 사회계약이 있습니다. 마르크스가 『자본론』에 썼듯, 한 상품은 다른 모든 상품 간의 '사회계약'을 통해 화폐가 됩니다. 이 화폐성립의 과정이 홉스의 『리바이어던』에서 주권자가 나오는 과정과 유사하다는 것은 말할 필요도 없습니다. 단, 교환양식이 다를 뿐입니다. 물론 이 차이가 중요한 것이지만요.

『자본론』의 마르크스는 상품교환에서 시작하여 신용에 기초한 자본주의경제의 체계를 파악했습니다. 그때 그는 국가와 공동체와 네이션이라는 차원을 일단 보류했습니다. 즉, 다른 교환양식으로 말미암아 비슷한 체계가 형성되기도 한다는 것을 보지 않았던 것입니다. 물론 『자본론』조차 미완이었으니, 모든 것을 다 할 수 있을 리가 없지요. 따라서 제 작업은, 마르크스가 할 수 없었던 일을, 마르크스의 방식으로 하는 것입니다.

소유와 사유

다카자와　가라타니 씨가 주재하시는 '나가이케 강의'[11]에서 히로니시 모토노부의 『자본론의 오역』[12]을 다룬 적이 있습니다.(2009년 9월 5일) 주식회사에서 공동조합으로의 이행을 말씀하시면서,

●●

11. 長池講義. 가라타니 고진을 주요 강사로 하는 누구나 청강할 수 있는 자유강의로 부정기적으로 개최된다.

12. 廣西元信, 『資本論の誤譯』(こぶし書房, 2002). 마르크스 관련 문헌의 일역을 검증하며 그것이 오역 투성이임을 지적하며, 마르크스의 사회주의론을 어소시에이션론적으로 해석할 것을 주장한 책이다.

주식회사제도를 무조건적으로 부정할 필요는 없으며, 이것을 어소시에이션적인 협동조합으로 바꾸면 된다는 말씀을 하셨습니다. 그 법인소유에서 공동점유(Gmeinbestitz = possession in common)로의 이행에 대해 질문 드리고 싶은데, 거기에서 소유권과 소유의식이라는 것의 이행이나 변용 문제는 역사적으로 어떻게 해석되는지요? 부르주아사회에서는 개개인에게 소유관념이 스며들어 있기에, 경제선진국의 소비자운동에서도 반드시 그러한 관념으로부터 해방되는 것이 문제가 될 거라고 생각합니다. 부르주아적 소유의식이라는 게 코뮤니즘으로의 비약 과정에서 어떻게 해소될는지요? 계급사회에서의 소유의식 해체(= '개체소유의 재건')라는 것은 대항운동의 실천과정에서 나오는 무시하지 못 할 문제라고 생각하는데요, 어떻습니까?

가라타니   우선, 소유일반과 부르주아적 소유, 즉 사유를 구별할 필요가 있다고 생각합니다. 예를 들면 자신에게 간장肝臟이 있다고 말할 경우, 영어에서는 "나는 간장을 가진다."라고 말합니다. 분명, 그것은 소유입니다. 하지만 사유와는 다릅니다. 간장을 사유한다는 것은 간장을 매매하는 경우입니다. 현재 이것이 현실이 되었지만, 옛날에 간장을 사유한다는 것은 전혀 말도 안 되는 얘기였습니다.

토지에 관해서도 같은 이야기를 할 수 있습니다. 농지는 누군가가 소유합니다. 하지만 '사유'한다고 할 수는 없습니다. 그것은 잘라서 팔 수 없다는 것입니다. 왜냐하면 농지는 물과 그 밖의 문제가 있어서 다른 농지에서 떼어낼 수 없기 때문입니다. 한 명이 팔고 싶다고 해도, 그것은 불가능합니다. 현재 일본의 농지법에서도 농지를 살 수 있는 사람은 원칙적으로 농업경영자뿐입니다. 폴라니는 자본주의경제가 토지, 노동력, 화폐의 상품화에 의해 가능해진다고 말하지만, 토지의 상품화＝사유화라는 것은 아직 전면적으로 이루어진 상태가 아닙니다. 일본도 그러하니, 거의 모든 도상국에서도 그것은 불가능합니다.

하지만 다른 한편으로 사유화＝상품화가 진전되고 있는 것은 사실입니다. 예를 들면 장기臟器는 이제 세계상품이 되었습니다. 일본에서는 그렇게까지 진전된 상태는 아니지만, 사실은 미국에 수술을 받으러 갑니다. 아이도 세계상품으로서 매매되고 있습니다. 다시 말해, 이제까지 교환양식C와 상관이 없었던 영역에, 그것이 침투했다는 것입니다.

우리는 자본주의사회라고 말할 때, 모든 것이 교환양식C, 즉 상품교환에 기초해있다는 식으로 생각하기 십상이지만, 결코 그렇지 않습니다. 다른 교환양식이 농후하게 남아있습니다. 예를 들면 좀 전에 말한 대로 가장 자본주의적으로 보이는 기업에서도 종신고용제가 존재한 시기의 회사는 공동체 같은 상태였습니다. 그것이 최근 10년 정도 사이에 급격하게 해체되었습니다. 계약사원, 파견사원이 많아졌지요. 그처럼 자본주의사회 내부에서도 사유화＝상품화가 진행되고 있습니다. 그리고 호수적인 공동체의 요소가 사라져가고 있습니다. 대학이나 문단 같은 곳도 마찬가지입니다.

예전 대학이나 문단에는, 그게 좋고 나쁘고를 떠나 공동체적인 요소가 있었습니다. 학자의 경우 바로 성과를 내지 않아도 괜찮았고, 박사논문을 쓰지 않아도 되었지요. 한번 재능을 인정받으면 직위를 주고 긴 안목으로 성장을 지켜보는 식의 체제였습니다. 물론 그런 체제에는 부정적인 면이 있습니다. 그런 상황에는 경쟁이 없고 한번 포스트를 얻으면 아무것도 안 해도 되지요. 그래서 무능한 보스가 지배하게 됩니다. 엉망진창이지요. 하지만 현재의 자본주의적인 경쟁이 창조적인 경쟁을 유도한다고 볼 수는 없습니다. 오히려 누구나 세간의 동향에 민감해서 근시안적이고 범용한 일을 하게 됩니다.

따라서 바람직한 것은, 공동체적이지도 않고 자본주의적이지도 않은 체제입니다. 교환양식D란 그런 것이지요. 물론 경쟁이 없어지는 일은 없습니다. 경쟁은 있어요. 하지만 이익과 권력을 위한 게 아니라 단순히 자신의 탁월성(distinction)을 보여주기 위한 것입니다. 고대 그리스에는 많은 폴리스가 경기하는 올림픽이 있었습니다. 그것은 전쟁과는 다릅니다. 실제로 올림픽 기간에는 폴리스 긴의 전쟁이 금지되었습니다. 이러한 경기 같은 경쟁이나 콘테스트는 씨족사회에도 있고, 유목민사회에도 있습니다. 따라서 그런 의미에서도 교환양식D는 교환양식A의 고차원적 회복이라고 할 수 있습니다.

다카자와 교환양식A(호수＝증여와 답례), B(약탈과 재분배)의 역사단계를 통과하고, 더불어 상품교환의 단계C를 경험한 뒤 A를 고차원적으로 회복하는 X를 보증하는 것은 모든 개인의 어소시에이션이며 종래의 공동체적 기반이 아니라는 말씀이시지요?

가라타니 그렇습니다. 하지만 현재 일본에서는 상품교환양식C가 정말 구석구석까지 침투해서 개인의 마음이 완전히 파괴되고 말았습니다. 따라서 어소시에이션을 형성할 실마리마저 없어졌습니다. 자본에 대항하는 것은 원래 노동조합뿐만 아니라 마을의 공동체, 종교단체 같은 집단이었지만, 그것들이 무력해졌습니다. 이것은 일본만 그런 것은 아니지만 특히 일본에서 현저한 현상이라고 생각합니다.

예를 들어 몽테스키외는 프랑스혁명 이전의 사회에서 귀족과 교회를 '중간세력'이라 부르고 이들이 왕권의 전제를 억제하고 있다고 생각했습니다. 귀족과 교회는 반동적인 것입니다. 하지만 어떤 의미에서는 국가의 전횡에 대항하는 힘이었지요. '중간세력'이라는 것은, 어디에서나 낡아빠지고 공동체적이라는 비난을 받습니다. 일본에서는 1990년대에 노동조합에서 대학, 부락해방동맹에 이르기까지 중간세력으로 보인 것들이 철저한 비판을 받아 해체되었습니다. 그들을 옹호하기는 어렵습니다. 확실히, 심하다면 심했으니까요. 하지만 그 결과, 어소시에이션을 형성할 실마리 또한 없어지고 말았습니다.

신자유주의와 기본소득

스가　　　그건 신자유주의의 문제라고 생각하는데요, 예전에는 노동조합 같은 중간단체가 회사, 자본과 상호보완적이었으며, 노동자와 자본가가 변증법적인 상호관계에 있다는 인식이 있었습니다. 신자유주의란 그 노동자의 중간단체를 해체하고 노동자 모두를 자본가로 만들어버립니다. 노동자도 특별한 자격이나 특수한 기술을 가진 자본가이며, 노사관계가 아닌, 자본과 자본 사이의 계약이라는 것입니다. 부르디외 식으로 표현하자면, 학력자본이나 문화자본 같은 것이 된 게 아닐까요? 그렇게 생각하면, 그것에 대한 대항수단을 찾기란 어렵습니다. 즉 시민사회라 불리는 곳에는 '시민적' 자유가 있는데, 그 자유가 통치 수단이 되어버린 것이지요. 중간단체도 해체되어버렸다면, 그러한 통치에 대항하기는 정말 어려워진 것입니다.

가라타니　그렇습니다.

스가　신자유주의는, '자유로운 경쟁'에서 누락된 사람은 부負의 소득세라고나 할까요, 기본소득으로 구제해버리면 되고 모두가 자유로운 개인 = 기업이라는 사고방식에 기초해있습니다. 이것은 굉장히 위험한 이론인데, 우파나 좌파 모두 상당히 이 이론을 신뢰하고 있는 것 같습니다.

가라타니　그렇습니다. 그것이 자본 = 네이션 = 국가의 논리입니다. 기본소득은 그것을 위해 만들어진 관념이며, 결코 자본 = 네이션 = 국가라는 고리를 뛰어넘는 것이 아닙니다.

스가　기본소득 같은 것은, '부負의 소득세'로서 프리드먼 같은 사람들이 말했던 것이고, 실현되지 않을 테지만, 만약에 실현된다면 그것도 결국 신자유주의적인 틀 안에서 이루어질 수밖에 없지 않을까요?

가라타니　호리에몬[13] 같은 사람이 지지하고 있지 않나요?

스가　호리에몬도 그렇고 아즈마 히로키,[14] 다나카 야스오[15] 같은 사람들도 지지하고 있지요.

• •

13. 일본의 포털 사이트 라이브도어의 대표이사인 호리에 다카후미堀江貴文(1972~)의 애칭.

14. 東浩紀(1971~). 사상가이자 문화비평가 겸 소설가. 현대사상과 표상문화론, 정보사회론 분야에서 활발하게 활동하고 있다. 국내에 소개된 주요 저서로 『동물화하는 포스트모던』(이은미 옮김, 문학동네, 2007), 『게임적 리얼리즘의 탄생』(장이지 옮김, 현실문화, 2012), 『일반의지 2.0 ─ 루소, 프로이트, 구글』(안천 옮김, 현실문화, 2012) 등이 있다.

15. 田中康夫(1956~). 정치가이자 작가. 현재 신당일본新党日本 대표이며 과거 중의원의원, 참의원의원, 나가노 현 지사를 역임했다. 자민당에 비판적이고 노동조합에도 부정적인 태도를 보이며 자신을 '울트라 무당파', '진정한 보수'라 칭한다.

가라타니　빈곤한 사람에게 화폐가 없는 건 분명하지만, 화폐를 급부 받음으로써 빈곤이 해소될 리가 없습니다. 자본주의경제 속에 말려드는 거니까 점점 더 빈곤해지지요. 그보다 돈이 없어도 어떻게든 먹고 살 수 있는 사회 환경을 만들어야 할 것입니다. 일본사회에는 얼마 전까지 그게 있었습니다. 호수적인 경제가 있었으니까요. 그것을 되돌릴 수는 없지만, 생산-소비협동조합과 지역통화 같은 어소시에이션으로 회복할 수 있다고 생각합니다.

문제는 자본주의적인 아톰화가 진행되어 극한까지 치닫는다면 거기서 역전이 생기느냐입니다. 제 생각으로는 자동적으로 그렇게 되지는 않습니다. 역시 자본주의에 대항하는 운동이 필요하고, 동시에 역사적으로 선행하는 교환양식A 혹은 D의 경험을 발판으로 삼을 수밖에 없다고 생각합니다.

다카자와　구체적으로 자본＝네이션＝국가의 고리를 해체하기 위해 일단 생산지점에서 벗어나 유통과정에서 어소시에이션적인 대항운동을 조직하자는 말씀이시지요? 임금노동자가 소비자가 되는 곳에서, 단순한 보이콧 이상의 소비자운동이 가능해집니다. 그것이 자본, 국가에 대한 유력한 대항운동이 되지 않겠느냐는 생각을 하셨습니다.

가라타니　그건 90년대에 있었던 저의 '코페르니쿠스적 전회轉回' 중 하나입니다.

스가　그런 논리구성이라면, 가치를 형성하는 것은 노동시간이 아니라는 말씀이신가요?

가라타니　아뇨, 노동시간이지만, 그것이 의식적으로 이루어지지는 않는다는 것입니다. 자본이 기술혁신을 하는 경우에는 비용을 더 낮추려는 목적으로 그렇게 합니다. 하지만 결과적으로는 (사회적) 노동시간이 단축됩니다.

스가　　그런 두 측면이 있어서 현실적인 운동은 중국과 인도 등의 생산지점에서 일어나고 있습니다. 중국에서는 일본기업에 대한 임금인상투쟁이 일어나고 있기도 한데, 일본에서도 실은 '동일노동 = 동일임금'이나 최저임금제가 현실적인 문제입니다. 그것과 소비자운동은 어떤 관계가 있을까요?

노동자운동으로서의 소비자운동

가라타니　　마르크스주의에서는 생산지점에서의 노동자의 혁명적 투쟁이 중시되어 그 이외의 것은 부차적인 것으로 생각되었습니다. 하지만 중국의 반일운동도 그런데, 성공한 것은 생산지점에서의 스트라이크가 아니라 유통과정에서의 보이콧입니다. 인도에서 있었던 간디의 운동도 그렇습니다. 마르크스주의자 중에서도 그람시는 간디의 보이콧운동을 진지전陣地戰으로서 칭찬했습니다.

실제로 노동자운동을 생산지점만의 것으로 한정하는 것은 이상하다고 생각합니다. 자본축적(증식)은 노동력을 팔아 임금을 얻은 노동자가 총체적으로 생산한 것을 되삼으로써 이루어집니다. 그렇다면 자본에 대한 싸움은, 생산과정이든 유통과정이든 어디에서 해도 상관없습니다. 하기 편한 데서 하면 되는 것입니다. 소비자의 운동은 노동자의 운동입니다.

그런데 보이콧과 스트라이크는 사실 구별하기가 어렵습니다. 그 일례가 학생의 스트라이크입니다. 이것은 옛날부터 스트라이크라 불렸지만 실제로는 보이콧이라고 생각합니다. 교사가 할 경우에는 틀림없는 보이콧입니다. 그렇다면 학생과 교사가 공동으로 할 경우 그것은 스트라이크일까요 보이콧일까요? 다시 말해, 스트라이크와 보이콧을 구별해서 가치를 논할 필요가 없다는 것입니다.

저는 보이콧과 노동운동이 동시에 이루어지는 광경을 뉴욕에서 종종 보았습니다. 그것은 노동자를 저임금으로 혹사시키는, 스웨트숍(sweat shop)이라 불리는 악덕 상점에 대한 투쟁입니다. 거기에서 일하는 노동자는 투쟁에 참가하지 않고 묵묵히 일하고 있습니다. 조합을 만들려고 하거나 스트라이크 같은 걸 하면 바로 해고되니까요. 그래서 지원자들이 가게 바깥에서 보이콧을 호소합니다. 기업은 그것을 이길 수 없습니다. 손님이 안 오니까요. 한편, 지원받은 노동자는 아무것도 안 하지만 다른 곳에서는 노동자를 지원하기 위해 소비자로서 보이콧운동을 합니다. 그것이 그들의 연대 방법입니다. 노동운동을 꼭 생산지점에서 해야 한다는 식의 사고방식으로는 아무것도 할 수가 없습니다. 노동조합은 다양한 의미에서 소비자운동과 연계하여 활동을 전개해 나가야 한다고 생각합니다.

예를 들어 미나마타병은 칫소라는 회사가 유기수은 폐수를 흘려보내서 생겨났는데, 초기단계에 칫소의 노동조합은 회사를 지지했습니다. 하지만 소비자랄까, 노동자들의 부인들이 난리가 났어요. 그리고 그들이 최종적으로 이겼지요. 조합은 자본과 손잡았지만, 그것을 간단히 비난할 수는 없습니다. 노동자가 직접 자본에 대항하게끔 하는 것은 어려우니까요. 마르크스주의자는 노동자가 그렇게 되는 것이 '물상화된' 의식에 빠졌기 때문이며, 그들을 각성시켜 혁명적으로 바꿀 필요가 있다고 생각했습니다. 하지만 그런 것은 불가능합니다. 그렇게 되자 노동운동은 무력해졌고, 일반인들은 그것을 경시하게 되었습니다. 하지만 노동자의 부인들이 소동을 벌인 것, 그것도 노동자계급의 운동입니다. 즉, 생산과정에서 할 수 없다면 유통과정에서 투쟁하면 됩니다. 자본은 그것을 이길 수 없습니다. '손님은 신'이니까요. (웃음)

종래의 마르크스주의 이론은 산업노동자에 의한 투쟁을 노예의 봉기와 동일시하고 있습니다. 그것은 산업프롤레타리아를 노예와 동일시하는 것으로, 산업자본의 축적이 어떤 것인지를 전혀 이해하지 못하는 것입니다. 간단히 말하자면 노예는 소비자가 아니지만 프롤레타리아는 소비자입니다. 오히려 그런 점에 결정적 차이가 있습니다. 그걸 이해하면, 프롤레타리아의 투쟁이 노예의 투쟁과 무엇이 다른지를 알 수 있겠지요. 하지만 그것을 보지 않기 때문에 일반적으로 소비자운동은 프롤레타리아의 운동이 아니라거나, 프롤레타리아 운동은 이미 쇠퇴했다고 생각하고 맙니다. 그렇지 않습니다. 소비자운동은 프롤레타리아의 운동입니다. 또한 프롤레타리아의 대항운동은 소비자로서의 대항운동과 연결될 때 비로소 전면적이고 보편적인 것이 됩니다.

미나마타병 사건의 예는 다음과 같은 의미를 가집니다. 생산지점에서의 노동자운동은 환경문제와 소수의 문제 등을 생각할 수 없습니다. 그럴 여유가 없으니까요. 하지만 소비자로서의 노동자, 혹은 노동자 가족은 그것을 진지하게 생각합니다. 그럴 수밖에 없기 때문입니다. 자본에 대항할 수 있는 것은 노동자계급입니다. 하지만 노동자운동은 그것을 생산과 소비과정의 총체적 관점에서 재고함으로써 비로소 보편성을 가질 수 있는 것입니다.

다카자와　그런 의미에서는, 이번 책에서 가라타니 씨가 반드시 노동가치설을 방기하신 것만은 아니라는 생각이 듭니다만.

가라타니　노동가치설을 부정할 필요는 전혀 없어요.

스가　　지금하신 말씀은 정말 좋았습니다. 네그리 같은 사람은 노동가치설적인 운동을 완전히 방기하라고 하잖아요?

가라타니　　마르크스가 말하는 노동시간은 사회적 = 추상적인 노동시간입니다. 그것이 중요한 것입니다. 따라서 개별적인 기업 레벨에서 구체적으로 잉여가치, 잉여노동시간을 운운하는 것은 의미가 없습니다. 예를 들어 만약 개별기업이 착취로 잉여가치를 얻고 있다면, 도산한 회사는 잉여가치를 얻고 있지 않으니 착취를 안 한 게 됩니다. 그건 이상한 것입니다. 총자본으로서는 그 증식을 위해 잉여가치의 착취가 꼭 필요합니다. 따라서 개별자본과 총자본을 구별하여 생각하지 않으면 안 됩니다. 개별기업이 생각하는 것은 '이윤'입니다. 그들은 '잉여가치'를 의식하지 않고, 의식할 수도 없습니다. 왜냐하면 잉여가치는 총자본의 문제니까요.

다카자와　　좀 전에 90년대 얘기가 나왔는데, 80년대 무렵부터 생산에서 소비로, 혹은 유통부문에 주목해야 한다는 얘기를 보드리야르부터 요시모토 다카아키에 이르기까지 많은 사람들이 했는데, 『세계사의 구조』에서는 그것을 국가와 교환양식의 하부구조적인 관계를 파악하고 나서 말씀하신 부분에 그 특징이 있습니다. 이것은 그야말로 정공법에 의한, 마르크스적인 사고의 재도입이지요. 또한 전체적으로, 80년대에 크게 유행했던 프랑스 현대사상적인 것, 포스트구조주의와는 전혀 다른 장소, 다른 차원에 도달했다는 인상이 있는데요, 그런 절단 의식을 가지고 계셨는지요?

가라타니　　이번에 제가 교환양식 얘기를 꺼낸 것은 재차 경제적인 하부구조 얘기를 꺼냈다는 것을 의미합니다. 마르크스주의에서는 경제적 하부구조에 의한 결정론으로 대상을 생각하고 있었습니다. 예를 들면 자본주의적 생산양식이 해소되면 국가와 네이션은 소멸될 거라고 생각했지요. 러시아는 스탈린주의처럼 국가권력·관료제가 점점 더 강화되었고, 독일과 일본에서는 파시즘(내셔널 사회주의)이 승리했습니다. 그것에 대한 반성에서 상부구조의 '상대적 자립성'을 중시하게 된 것입니다. 독일 프랑크푸르트학파는 정신분석을 도입했습니다. 일본에서는 마루야마 마사오가 사회학(베버)을 도입했습니다. 더불어 요시모토 다카아키는 『공동환상론』 같은 책을 써서 관념적 차원의 '상대적 자립성'을 주장했습니다. 거기까지는 괜찮은데, 그때부터 점점 관념의 자립성을 주장하게 됩니다. 또한 관념을 바꾸면 현실을 바꿀 수 있다는 식으로 생각하게 되었습니다. 즉 세계를 바꾸기 위해서는 세계의 해석을 바꾸면 된다는 식으로요. 그것이 텍스트적 관념론이지요. 80년대부터 특히 그렇게 되었어요. 버블 시대에 말이죠. 그즈음부터 저는 반발심을 느꼈습니다.

다카자와 '서문'에 "2001년에 이르기까지 나는 근본적으로 문예 비평가였고, 마르크스와 칸트를 텍스트로서 읽고 있었다."라고 쓰셨습니다. 하지만 가라타니 씨는 원래 그런 식의 텍스트주의자가 아니지 않았습니까?

가라타니 그렇지요. 한 번도 그랬던 적은 없어요. 저는 포스트모던 이론가라 불렸지만, 1984년에 쓴 『비평과 포스트모던』이라는 논문은 원래 일본에서 최초로 쓰인 포스트모더니즘 비판입니다. 그즈음부터 저는 '외부'나 '타자'에 대한 얘기를 하기 시작했습니다. 『탐구Ⅰ』이나 『탐구Ⅱ』는 그러한 작업이었습니다. 하지만 그것은 아직 추상적인 것이었고, 그 자체가 포스트모던적인 사상 속에 있었다고 해야겠지요. 외부 혹은 타자를 더욱 구체적으로 말하게 된 것은 90년대 이후의 일입니다. 그것이 『탐구Ⅲ』입니다. 실은 최종적으로 보면 『트랜스크리틱』이 이것을 기반으로 해서 쓰인 것입니다. 하지만, 예를 들어 『세계사의 구조』에서의 보편종교 이야기나 프로이트의 '억압된 것의 회귀'라는 논점은 『탐구Ⅱ』에 이미 썼습니다. 제가 이렇게 말은 하지만, 일전에 가루베 다다시 씨가 지적해주셔서 그 기억이 떠오른 것이지만요. (웃음)

지금 돌이켜보면 잘 알 수 있는데, 포스트모던한 현대사상은 상부구조의 상대적 자립성을 중시하는 것으로 시작하여, 마지막으로 경제적 하부구조를 버리고, 마르크스주의를 버리는 것으로 끝났습니다. 그에 비해 저는 오히려 경제적 하부구조론을 회복했습니다. 단, 교환양식으로서 말이지요. 마르크스주의자는 '생산양식'의 관점에서 생각했으니까 국가와 정치적 과정을 상부구조로 취급할 수밖에 없었습니다. 하지만 '생산양식'의 관점으로 생각하면 사실 자본주의경제도 이해할 수 없습니다. 즉, 자본주의 경제는 생산수단을 소유하는 자본가와 생산수단을 소유하지 않는 임금노동이라는 '생산양식'의 관점만으로는 이해할 수 없는 것입니다.

실제로 마르크스는 『자본론』에서 자본가와 임금노동자라는 '생산양식'의 관점이 아닌 상품교환의 측면부터 논의를 시작하고 있습니다. 그리고 나서 화폐를 논하고, 화폐가 자본으로 변화하는 것을 논하는 식으로 논의를 전개합니다. 이 경우에 중요한 것은 상품교환에 근본적인 어려움이 항상 따라다닌다는 것입니다. 우선 그 어려움은 신용에 의해 회피됩니다. 예를 들어 어음을 건네줌으로써 교환이 성립되었다고 칩시다. 자본주의경제는 신용(신앙)이라는 관념성에 의해 담보되는 것입니다. 하지만 이러한 교환의 어려움을 완전히 없앨 수는 없습니다. 따라서 그것이 갑자기 공황(위기)으로 발현됩니다.

이처럼 자본주의경제는 상품교환에 의거하여 복잡한 신용체계로 성립되어 있습니다. 마르크스는 『자본론』에서 그것을 해명하려고 했습니다. 하지만 알튀세르 같은 마르크스주의자는 '생산양식'부터 논의를 시작합니다. 그리고 공황문제를 생각하지 않습니다. 그런 마르크스주의로는 최근의 금융공황과 같은 사태를 이해할 수 없을 것입니다.

시차視差 속에서

다카자와　그런 발견 또한, '생산관계'와 '교환관계'를 둘러싼 '시차'에서 나오는 것이겠지요. 단, 그에 대해 말하자면 예전에 『역사와 반복』에서 명시하신 '패럴랙스 뷰(parallax view)'도, 가라타니 씨가 소세키론을 쓰신 이전부터 가지고 계셨던 거라고 생각합니다. 텍스트 안에서 비대칭적인 두 가지의 관계를 읽어내고 불투명한 것, 투명성으로 환원될 수 없는 텍스트의 그림자로서 투과가 불가능한 것을 발견합니다. 초기 비평에서는 '자연'과 '의식', 혹은 소세키 텍스트에 입각한 '논리적인 위상'과 '존재론적 위상'의 '시차'를 통해서 새로이 파악하는 등, 꽤 자각적인 방법을 쓰신 인상이 있습니다.

가라타니　자각적인 방법이었다고는 할 수 없습니다. 일전에 『역사와 반복』(콜롬비아 대학 출판, 2011년)을 번역한 세이지 리피트(UCLA교수)가 영어판 서문에 가라타니 씨가 말하는 패럴랙스(시차)는 『트랜스크리틱』에서 처음으로 나온 게 아니다, 그리고 칸트에 입각한 것이 아니다, 더 이전부터 있었던 것이다, 라는 얘기를 썼습니다. 예를 들어 '역사와 반복'의 인식은 일본 근대를 메이지와 다이쇼라는 연호로 볼 경우와 서력 연호로 볼 경우의 '시차'에 입각해 있다고 말이지요. 그걸 읽고 그렇구나, 하고 고개를 끄덕였습니다.

다카자와　아니 그건, 본인이 쓰신 거잖아요? (웃음)

가라타니　그에 덧붙여 말하자면, 「역사와 반복」이라는 논문은 칸트론과 관련되어 있습니다. 그걸 쓰면서, 저는 기타무라 도코쿠가 일본에서 칸트에 기초하여 평화운동을 한 최초의 인물이라는 것을 깨달았습니다. 청일전쟁(1884년) 이전의 일입니다. '메이지'라는 틀에서 보면 그것은 당돌한 사건으로밖에 보이지 않습니다. 하지만 서력으로 보면 그것이 유럽의 신칸트파와 연결된 운동임이 명백합니다. 그러한 운동이 제1차 대전 후에 '국제연맹'으로 결실을 맺은 것입니다.

일본에서 최초로 그런 일을 한 사람이 기타무라 도코쿠라는 것은 메이지 문학의 관점에서 보면 뜻밖의 사실로 보이겠지요. 도코쿠라고 하면 자유민권운동의 좌절과 근대문학의 창출이라는 관점에서 보는 게 보통입니다. 물론 그러한 관점이 잘못은 아닙니다. 하지만 서력으로 바꾸면 다른 면이 보입니다. 어느 쪽이 진리인가 하는 문제가 아닙니다. 중요한 것은 그 '시차'라고 생각합니다.

1880년대부터 유럽에서는 제국주의가 팽배해지면서 동시에 그에 대한 대항운동이 시작되고 있었습니다. 따라서 동시대 일본에서 기타무라 도코쿠 같은 사람이 있었던 것은 우연이 아닙니다. 하지만 '메이지' 시대만 놓고 보면 그것이 보이지 않습니다. 청일전쟁, 러일전쟁이 '제국주의' 전쟁이라는 것을 알 수 없습니다. 그리고 현재가 어떤 의미에서 청일전쟁 시기와 비슷하다는 것도 알 수 없습니다. 따라서 사람들은 지금 그것을 무시하듯 쓰인 시바 료타로의 『언덕 위의 구름』을 보고 많은 칭찬을 하지요.

스가 좀 전에 얘기가 나왔던 소비자운동과 노동운동이라는 두 바퀴와, 그것과 유엔을 재편하는 운동의 매개랄까, '사이'에 대해서는 어떻게 생각하시는지요?

가라타니 예를 들면 미래에 헌법9조를 실천하는 정부가 생겼다고 칩시다. 헌법에 그렇게 되어 있으니 그것은 딱히 혁명이 아닙니다. 단지 유엔총회에서 그것을 선언하면 됩니다. 앞으로 군비폐기를 실행하기 위해, 우선 오키니와 기지부터 없애나간다고 합시나. 그러면 일본은 유엔 안에서 어떤 입장이 될까요? 일본을 절대로 무시할 수 없을 것입니다. 많은 나라가 지지할 게 뻔합니다. 우선 일본은 안전보장이사회의 상임이사국이 되겠지요. 하지만 군사력을 부정하는 나라가 안보리의 중심이 되면 제2차 대전 후에 생긴 틀이 근본적으로 바뀌고 맙니다. 그것은 유엔 그 자체를 바꿔버리게 됩니다.

제 생각에는 군비 방기, 전쟁 방기는 '증여'입니다. 증여에는 힘이 수반됩니다. 그것은 무력보다 강합니다. 그래서 미개사회에서는 증여에 의해 부족연합체가 생긴 것입니다. 그것은 교환양식A에 의한 것입니다. 그것을 고차원에서 회복한 것, 즉 교환양식D는 전쟁의 방기＝증여에 의한 새로운 세계시스템이라고 생각합니다. 사실 그것은 그렇게 어려운 일이 아닙니다. 헤게모니 국가가 세계평화를 실현하는 편이 더 어렵고, 항상 실패해왔지요.

현재 진행되고 있는 것은 세계＝제국의 재판再版입니다. 각지에 원래 있던 세계＝제국이 부활하고 있습니다. 유럽, 러시아, 중국, 인도, 아라비아, 기타 지역에서 말입니다. 하버마스 같은 사람은,

한 번에 세계적인 체제를 만드는 것은 불가능하며 각지의 사람들이 유럽 공동체로부터 배워야 한다고 말합니다. 하지만 그것은 잘못된 생각입니다. 지역공동체는 근대세계시스템을 뛰어넘는 것이 결코 아닙니다. 유럽공동체는 독일과 프랑스가 미국과 일본에 대항하기 위하여 만든 것입니다. 그것이 다른 지역에 반작용을 일으켜 지역 공동체(세계제국)가 형성되게 된 것입니다. 동아시아도 그러한 방향으로 흘러가고 있습니다. 하지만 저는 그것에 대해 아무런 기대를 품을 수 없습니다.

68년에 대하여

다카자와   마지막으로 하나 여쭙고 싶은데요, 『세계사의 구조』에서는 비판적인 방식으로 월러스틴의 세계시스템론을 받아들이고 계십니다. 그는 세계-경제와 세계-제국의 두 축으로 세계시스템의 교체에 대해 논했는데, 가장 최근에는 1968년의 반反시스템 투쟁이 현재에 어떤 영향을 미치고 있는가에 대한 작업을 했습니다. 당시의 반시스템 운동이란 세계사에 불가역적 변화를 초래했다기보다는 국가, 자본의 관점에서 보면 체제적으로, 혹은 자본의 논리로서 신속하게 그 요구항목을 탈정치화하고 소화 흡수해버렸다고 볼 수도 있는데요, 가라타니 씨는 68년에 대해 어떻게 평가하십니까? 앞으로 일어나야 할 혁명의 리허설이라고 할 수 있을까요? 가라타니 씨가 말씀하시는 역사의 반복구조, 120년 주기설에 맞춰 보면 68년은 바로 1849년 혁명의 재귀再歸라고 할 수 있을는지요?
  가라타니   그것에 관해서는 『at』에 조금 쓴 적이 있는데, 이번 책에서는 생략했습니다. 다시 말하자면 1848년의 혁명과 1968년의 혁명에는 유사성이 있습니다. 전자는 '세계 동시적'이며, 후자는 '일국혁명'입니다. 전자는 헤게모니 국가(영국과 미국)가 존재하던 시기(자유주의적 단계)에 일어났습니다. 또한 후자는 헤게모니 국가가 존재하지 않고 그것을 둘러싼 강국의 항쟁이 있는 단계(제국주의 단계)에 일어났습니다. 그렇다면 다음 혁명은 어떤 성격의 혁명이 될까요? 저는 그것이 제국주의 단계에 일어나는 혁명, 즉 프랑스, 러시아혁명 타입이 되지 않을까 싶습니다.

월러스틴은 1968년 혁명이 1848년 이후 처음 일어난 세계혁명이라고 하지만, 그것이 120년 간격으로 일어났다는 사실을 깨닫지 못하고 있습니다. 따라서 1968년은 다음 세계혁명의 예행연습이라고 말합니다. 네그리 같은 사람도 그렇게 생각하고 있습니다. 하지만 그런 일은 있을 수 없습니다. 예를 들면 1848년 혁명으로부터 약 20년 후, 즉 1870년에 파리코뮌이 있었습니다. 그것을 기획하고 결행한 것은 프루동파, 즉 아나키스트들입니다. 마르크스는 처음에 맹렬히 반대했습니다. 패전상태에서 권력을 잡기는 쉽지만 승리한 독일군이 당연히 개입해올 것이며 패배할 것이 뻔하고, 많은 희생이 나올 것이며 사회주의운동 전체가 30년 정도 재기할 수 없을 만큼 데미지를 입을 것이라고 했습니다. 실제로도 그렇게 됐지요.

그 후 아나키스트는 엄청난 타격을 받고 테러리즘으로 치달으며 더욱 고립되어 갔습니다. 단, 그래서 소멸된 게 아니라, 아나르코 생디칼리슴으로 부활했습니다. 노동조합운동이라는, 일전에 그들이 가장 싫어했던 타입의 조직적 운동을 긍정함으로써 말이지요. 일본에서는 고토쿠 슈스이[16]가 종래의 아나키스트라고 한다면, 오스기 사카에[17]는 생디칼리스트입니다. 마르크스주의자인 로자 룩셈 부르크도 아나르코 생디칼리슴에 가깝습니다. 적어도 그것을 좋게 평가했지요. 실제로 러시아혁명의 실제 주체는 마르크스주의자가 아니라 그러한 아나키스트들이었다고 생각합니다. 따라서 오스기 사카에도 처음에는 러시아혁명을 열렬히 지지했습니다. 그리고 머지않아 아나키스트들에 대한 탄압이 심해지자 러시아혁명을 비판하는 입장으로 돌아섰지요.

그런데 파리코뮌에서 아나키스트(프루동파)가 봉기한 뒤, 마르크스는 그것을 칭찬했습니다. 하지만 그것은 죽은 사람을 애도하는 노래 같은 거였죠. 실제로 10년 후에 신문기자와 인터뷰를 했을 때, 그는 파리코뮌이 단순히 프랑스의, 아니, 한 도시에서 일어난 사건에 지나지 않는다고 말했습니다.

어째서 마르크스가 봉기에 반대했을까요? 그것은 이로부터 '세계동시혁명'이 발생할 가능성이 전혀 없었기 때문입니다. 일국혁명조차 가능할지 의심스럽습니다. 트로츠키와 레닌은 파리코뮌을 칭

16. 幸德秋水(1871~1911). 근대일본을 대표하는 사회주의자이자 무정부주의자로 러일전쟁기의 반전운동에 참여했고 전쟁이 끝난 뒤에는 미국에 머무르며 아나르코 생디칼리슴의 영향을 받는다. 일본으로 돌아와 노동자들의 총동맹파업에 의한 '직접행동론'을 주장했으며, 1911년 천황암살 모의죄로 처형되었다. 소수의 급진파들이 천황암살을 계획하고 있었던 것은 사실이나, 당국이 사회주의자 일소를 위해 고도쿠와 같은 다른 사회주의자들에게도 누명을 씌웠다는 것이 정설이 되어있다.

17. 大杉榮(1885~1923). 일본에서 1910년대 동아시아 아나키즘운동을 주도한 사상가로, 『평민신문』, 『근대사상』 등 아나키즘 계열 언론지를 통해 왕성한 활동을 했다. 생디칼리슴의 입장에서 노동운동에도 투신했으며, 관동대지진이 일어난 1923년 활동가들과 함께 헌병에게 연행되어 살해되었다.

찬한 마르크스의 논문을 근거로 10월 혁명(쿠데타)을 강행했습니다. 그때 '세계동시혁명'의 가능성은 전혀 없었습니다. 전쟁 중이었으니, 러시아혁명은 적국 독일 입장에서 보면 고마운 것이었습니다. 독일은 스위스에 망명해 있었던 레닌을 열차에 감금하여 러시아로 보냈습니다. 그 전에 러일전쟁 때, 일본은 레닌을 비롯한 러시아 혁명가들을 도왔습니다. 그와 마찬가지입니다. 따라서 러시아의 10월 혁명이 있은 뒤에 그에 이어 독일의 혁명이 일어나는 것을 기대하는 게 이상한 것입니다. 물론 실제도 그들은 그것을 기대하지 않았습니다. 독일보다 먼저 혁명을 일으키고 싶어 했을 뿐입니다.

요약하자면, 앞으로 68년 성격의 '세계동시혁명'이 있다는 생각은 잘못된 것이며, 오히려 세계전쟁이 있다고 생각해야 합니다. 그리고 저는, 그것을 억제하는 것이 '세계동시혁명'이라고 생각합니다.

다카자와 그러한 의미에서 지금, 68년의 사상으로 다시 생각해봐야 할 문제는 폭력혁명과 레닌주의적인 볼셰비즘을 극복하는 길이 거기에 있었는가 하는 문제 아닐까요? 권력, 국가에 대한 사고를 결과적으로 회피하고 있었던 것 아닐까요? 비폭력적, 점진주의적인 실천방식과 '세계동시혁명'은 당시 결합할 여지가 없었으니까요.

가라타니 68년 혁명은 권력 장악을 지향하지 않았으니 어떤 의미에서는 실패하는 게 당연합니다. 하지만 권력 장악을 목표삼지 않음으로써, 그럼으로써 그때까지 무시되어온 여러 문제, 특히 소수자 문제를 다뤘습니다. 그게 공적功績입니다.

스가 68년은 권력을 지향하지 않은 레닌주의 아닐까요?

결국 그때는 베트남전쟁이라는 문제가 있었습니다. 그리고 미국이라는 제국주의 본국에서 베트남 반전운동이라는 '내란'이 있었습니다. 따라서 그 자체가 '전쟁을 내란으로'라는 레닌주의적 틀이었는데, 말씀하신 대로 권력을 지향하지 않기 때문에 비非레닌주의적인 문제제기도 가능했다고도 할 수 있습니다.

가라타니　우선, 1968년 시점에 세계경제가 미국 하에서, 아니 그보다 미소 냉전 하에서 안정되어 있었다는 게 큽니다. 1848년 혁명의 경우 그 이후에 영국과 독일, 프랑스 모두 복지국가적인 정책을 취하기 시작했습니다. 영국에서는 노동조합이 합법화되고 보통선거도 상당한 수준으로 실현되었습니다. 한편 보나파르트와 독일의 비스마르크 모두 '국가사회주의'적이었습니다. 하지만 1880년대에 들어서자 각국은 제국주의의 성격을 띠게 됩니다. 그리고 제국주의전쟁, 제1차 세계대전, 러시아혁명이 일어나게 됩니다.

마찬가지로 1968년 이후 선진자본주의국은 복지국가의 성격을 띠게 되었습니다. 또한 여성과 에스닉 등 소수자의 처우도 조금은 나아져갔습니다. 그러한 의미에서 68년 혁명의 성과가 결실을 맺은 듯 보입니다. 그러한 복지국가정책이 실패한 것은 1980년대입니다. 그것은 1970년대 이후에 일어난 세계적 불황의 결과입니다. 일본에서는 상대적으로 그 여파가 덜했지만, 90년대에 들어서 직면하게 되었습니다. 한편 1970년대부터 미국이 헤게모니국가로서 몰락할 징후가 나타났습니다. 그 이후 세계자본주의는 새로운 '제국주의적'인 단계에 들어섰다고 생각합니다. 앞으로 일어날 법한 일은, 제국주의전쟁입니다.

따라서 반복하여 말하자면, 앞으로 68년의 재현을 꿈꾸는 것은 엇나간 생각입니다. 그렇다고 해서 '제국주의전쟁에서 혁명으로'

(레닌)라는 식으로 생각하는 것도 잘못된 것입니다. 그와 반대로, 앞으로는 제국주의전쟁을 막는 것이 중요합니다. 오히려, 그것이 세계동시혁명입니다.

— 2010년 8월 27일 수록

교환양식론의 사정射程

오쿠이즈미 히카루
시마다 마사히코
가라타니 고진

마르크스주의의 관념론적 미망迷妄

오쿠이즈미 저는『세계사의 구조』를 읽고 엄청난 흥분을 맛보았습니다. 그리고 가라타니 씨가 경제사의 구체적인 사항을 이렇게까지 파고들어서 체계적인 책을 쓰신 점에 놀랐습니다.

사실은 제 석사논문 제목이, 「고대 이스라엘의 도시와 지배의 구조」였습니다. 그때 제가 목표로 한 것은 고대 이스라엘 도시의 예를 들어 도시의 성립, 지배구조의 성립을 다루면서 고대 이집트에서 로마제국 말기 경까지의 동지중해 지역의 사회구성체의 역사를 구조적으로 그려내는 것이었습니다. 가라타니 씨도 언급하고 계신, 마르크스의 '자본제 생산양식에 선행하는 제諸 형태'와 '오쓰카 사학'[1]이라는 두 개의 축을 가지고 어떻게든 써보려고 악전고투했던 것이, 제 청춘시절이었습니다.

이른바 하부구조에 시점을 두고 기본적인 이론의 틀을 잡을 수 없을까, 마르크스가『자본론』에서 한 일을, 고대세계에 관해서도 할 수 없을까 하는 마음으로 한 연구였는데, 오쓰카 히사오의『공동체의 기초이론』등을 출발점으로 공동체의 토지소유형태에 착목하여 이런저런 고생을 했습니다. 즉, 아시아적 공동체에서는 아시아적인 가산家産관료국가가 생긴다거나, 고전고대공동체에서는 폴리

----

1. 경제사학자 오쓰카 히사오大塚久雄(1907~1996)를 중심으로 한 비교사적인 경제사연구 방법을 일컫는다. 오쓰카 히사오는 봉건제에서 자본주의로의 이행 원인을 상업화폐경제의 발달에서 찾는 기존 학설을 비판하며, 봉건사회의 농민과 수공업자 등 직접생산자가 자유로운 상품사회와 유통의 중심이 되어 농촌공업을 전개한 것이 근대자본주의의 발전 기초가 되었다고 주장했다.

스가 형성되는 것에 대해 이론적인 틀을 잡을 수 없을까 하고 말이죠. 하지만 무리였습니다. 마음대로 안 됐어요.

그렇게 되고 보니 하부구조로는 불가능하고, 역시 베버처럼 더욱 구체적으로—측량에 비유하자면 종교라든가 법, 정치 등등 다양하게 측지점을 늘려나가는 식으로 지형을 파악해 나가는 방법으로 할 수밖에 없다고 생각했습니다. 하지만 베버는 이미 방대한 작업을 했습니다. 저는 제 인생이 베버만 읽다가 끝나는 거 아닌가 하고 생각한 순간, 이제 학문은 무리라는 생각이 들어 좌절했습니다.

그래서 만약에 그 시절에 『세계사의 구조』를 읽었다면 어땠을까 하는 생각이 들더군요. 즉 세 개의 교환관계 양식에 착목하여, 심지어는 그것을 하부구조로 파악하는 것입니다. 어느 것이 지배적인가에 따른 차이를 보여주면서 그것들이 끊임없이 온갖 사회구성체를 관통하는 원리로 작동하고 있다고 보는 것은, 정말 다이나믹한 관점입니다. 그에 더해 사회구성체는 단일한 게 아니라 끊임없이 다른 사회구성체와의 관계 속에서 파악해야만 한다는 관점. 이렇게 크게 두 논점이 있습니다. 그 구도 안에서 마르크스의 하부구조 발상을 새로이 구성하고 계십니다.

가라타니 지금 오쿠이즈미 씨가 하신 말씀을 일반 독자들을 위해 좀 더 설명하자면, 마르크스가 '경제적 하부구조'라고 부르는 것은 생산양식인데, 그것은 누가 생산수단(토지로 대표되는)을 소유하고 있는가의 문제를 의미합니다. 그에 따라 그는 사회구성체의 역사적 단계를 구분했습니다. 마르크스는 그러한 생산양식이 하부구조이며 국가와 민족, 종교, 문학, 기타 등등은 상부구조라고 간주했습니다. 그것들은 경제적 하부구조에 의해 규정됩니다. 이러한 생각에 기초하면, 예를 들어 자본주의적인 생산양식(계급관계)이 없어지면 국가와 네이션 모두 소멸된다는 얘기가 됩니다.

하지만 그렇게 되지는 않았습니다. 오히려 마르크스주의운동은 항상 국가와 네이션 때문에 좌절했지요. 예를 들어 소련에서는 자본주의적 생산양식을 부정했지만, 국가권력·관료기구는 강대해졌습니다. 또한 독일과 일본에서는 마르크스주의운동이 내셔널사회주의(파시즘)에 의해 좌절되었습니다. 즉, 네이션 때문에 좌절한 것입니다. 이 경험에 대한 반성으로 마르크스주의자는 상부구조의 '상대적 자립성'을 중시하게 되어, 정신분석과 베버사회학, 더불어 언어론을 도입하기도 했습니다. 하지만 그것이 지나쳐서 '경제적 하부구조'를 사실상 무시하게 되었습니다. 관념적 상부구조의 자립성을 말하는 것이 지배적인 것이 되었습니다. 여기에서 나온 게 포스트구조주의, 다시 말해 소위 '현대사상'입니다.

그에 반해 저는 다시 경제적 하부구조라는 관점을 회복하려 한 것입니다. 단, 그것은 '생산양식'이 아니라 '교환양식'입니다. 예를 들어 1980년 이후에 유행했던 견해에 의하면 네이션이란 '상상의 공동체'이며 우리의 표상의 산물에 지나지 않습니다. 하지만 이런 견해로는 네이션의 힘을 결코 파악할 수 없습니다. 네이션은 단순한 관념이나 표상이 아니라 어떤 교환양식에 뿌리를 두고 있습니다. 그것은 상품교환과는 다른 타입의 교환입니다. 따라서 네이션이 강한 것은 관념적 상부구조로서의 자립성을 가지고 있기 때문이 아니라, 그것이 경제적 하부구조에 뿌리를 두고 있기 때문입니다. 이렇듯 저는, 교환양식을 경제적 하부구조로 바라봄으로써 이제까지의 마르크스주의의 난점 및 거기에서 생긴 관념론적 미망을 극복할 수 있다고 생각한 것입니다.

오쿠이즈미 이를테면 제가 연구했던 고대도시의 지배 구조는 교환양식을 쓰면 꽤 명료해집니다. 놀라울 정도로요. 즉, 가라타니 씨가 교환양식C라고 부르는 상품교환. 고대세계에도 기본적으로 그런 토양이 있습니다. 그 토양이 없으면 도시라는 것은 성립할 수 없지요. 교환양식C의 토양 위에서 경제적 격차가 생기는 것입니다. 그것이 도시형성으로 이어지고요. 그리고 도시에 사는 도시귀족이 주변지역 농민들을 채무노예로 만들어 갑니다. 채무노예로 만들어 간다는 것은 교환양식B지요. 부역 내지 공납과 보호라는 관계를 만들어 갑니다. 하지만 도시의 지배층 자체는 서로 교환양식A(호수성)를 유지합니다. 이 A, B, C, 세 가지 구조로 고대도시의 형성과 지배구조를 완벽하게 설명할 수 있습니다.

가라타니　오쿠이즈미 씨는 말년의 오쓰카 히사오의 제자였으니 당연히 고대뿐만 아니라 근대산업자본주의의 발생 문제에 대해서도 생각하셨겠지요. 그것은 한마디로, 어째서 영국에 산업자본주의가 출현했는가, 라는 문제입니다. 이것은 어려운 문제라 '이행移行논쟁'이라고 불리는 국제적인 논쟁이 되었습니다. 오쓰카 학파의 다카하시 고하치로高橋幸八郎도 거기서 활약했고요. 하지만 이 문제도 '생산양식'이 아니라 '교환양식'의 관점에서 보면 해결할 수 있다고 봅니다. 가능하다면, 그 얘기는 잠시 후에 하겠습니다.

호수적 교환

시마다　가라타니 씨가 『세계사의 구조』를 쓰시기 전에 '종언'을 선언하신 근대문학은 경제적 차이를 원동력으로 하여 도시에서 성립했습니다. 말하자면 산업혁명의 산물인 이상 경제발전이 한계에 도달한 시점에, 사용 연한이 지난 소프트처럼 된 것입니다. 저도 근대문학 바깥으로 나가려면 어떻게 하면 좋을지를 나름대로 고민하면서 최근에 고고학, 인류학 쪽 공부에 빠졌습니다. 『트랜스크리틱』과 『세계공화국으로』에서 가라타니 씨는 칸트와 마르크스를 다시 읽어나가는 작업을 하셨는데, 칸트와 마르크스 모두 고고학적, 인류학적으로 접근하고 있기 때문에 결국 가라타니 씨도 칸트의 '인류사의 억측적 기원'에 해당하는 작업을 하실 거라고 생각하고 있었습니다. 칸트의 저작은 그 후에 유물사관의 길을 트는 계기가 되었지요.

가라타니 씨가 그 유물사관의 리뉴얼을 하시려는 게 아닌가 하는 생각을 하면서 『세계사의 구조』를 읽었습니다. 교환양식의 변천을 중심으로 세계사를 되돌아보면, 분명 여러 지역의 독자적인 발전 프로세스는 있었지만 그것이 어느 지역인지에 상관없이 대개 공통된 발전 단계가 있었습니다. 그것은 아시아든, 지중해 지역이든 마찬가지입니다. 예를 들면 언어 면에서도 지역이 달라도 언어의 생성 면에서는 거의 비슷하고, 신화의 패턴도 지역과 시대가 달라도 어디든 매우 공통적인 부분이 있습니다. 인류의 발전은 이미 뇌의 구조나 신체의 구조에 의해 프로그램 되어있다는 견해가, 최근의 인류학, 고고학 연구에서 자주 보입니다.

최근의 철학, 경제학에서의 논의가 커뮤니케이션의 문제, 상부구조에 있어서의 언어의 문제에 한정되어 있는 데 반해 가라타니 씨는 언어능력 획득 이전부터의 인간 행동을 보려고 했습니다. 이제까지 인간의 언어능력이 낳은 것은 무엇인가에 대한 논의는 여럿 있었습니다. '태초에 말씀이 있으니'를 언어능력의 획득이라고 해석했을 때, 인류가 만들어낸 문명은 모두 말에서 유래하는 것으로 생각되어져 왔습니다. 말이 낳은 최초의 산물은, 아마 아트(art)라고 부를 수밖에 없다는 생각은 들지만요. 그것이 욕망을 환기하거나, 가치의 상징이 되거나, 교환의 원동력이 되어 사회와 경제를 구성해갔다고 생각되어져 왔습니다. 화폐라는 것도 언어의 파생물 같은 것이며, 그 후의 소유와 교환의 형태를 실질적으로 결정했다고, 저도 생각해왔습니다. 가라타니 씨가 이번 책에서 이제까지는 거의 다루지 않았던 고고학적, 인류학적 방면을 파고들려 하신 계기가 무엇입니까?

가라타니　언어 혹은 커뮤니케이션을 중시하는 것은 좀 전에 얘기한 '현대사상'의 경향입니다. 1980년대에는 저도 커뮤니케이션 = 교환이라는 관점에서 생각하고 있었습니다. 하지만 이번 책에서는 오히려 그것을 부정하는 것에서 시작했습니다. 그렇다고는 해도, 저는 어떤 의미에서 '교환'이라는 관점을 유지하고 있습니다. 단, 그 의미를 넓힌 것이지요.

예를 들어 홉스는 국가를, 누군가 한 명의 주권자에게 만인이 복종함으로써 상호의 안전과 평화를 확보하는 시스템이라고 생각했습니다. 그는 거기에서 '교환'을 본 것입니다. 복종함으로써 안전이 주어지니까요. 국가는 폭력만으로는 성립하지 않습니다. 제 생각에 국가는, 일정한 교환양식에 기초하고 있습니다. 그 교환양식B는 수탈-재분배, 복종-안도 같은 교환입니다. 또한 저는 종교에 관해서도 교환양식으로 설명하려 했습니다. 그럼으로써 종교가 단순한 관념이 아니고 경제적 하부구조에 기초하고 있음을 보이려 한 것입니다. 인류학 관련 문헌은 옛날부터 읽어 왔지만, 어느 시기부터는 흥미를 잃었습니다. 하지만 역사적인 관심 때문에 다시금 그것에 대해 생각하게 되었죠. 이번 책에서 생각하려고 한 것은,

인류학자가 하지 않은 작업, 즉 '세계사'적인 문제입니다. 예를 들면 수렵채집 유동민의 단계에서 정주한 씨족사회로의 이행이 어떻게 이루어졌는가, 또한 그것에 의해 어떤 '세계시스템'이 어떻게 형성되었는가 하는 문제 말입니다.

인류사의 견해는 최근의 유전자해석으로 많이 바뀌었습니다. 그에 따르면 현재의 인류는 약 20만 년 전에 아프리카에서 생겨 5~6만 년 전에 수백 명 정도의 사람들이 아프리카에서 홍해를 건너 아라비아에서 인도에 이른 뒤, 지구상에 사방으로 퍼져 지금처럼 다양해졌습니다. 현생인류는 아프리카를 나온 시점에, 언어와 문자는 말할 것도 없고 무기와 조선기술, 간단한 농업 지식을 가지고 있었습니다. 그러한 진화와 지적발전이 아프리카에서 어떻게 일어났는지는 중요한 문제지만, 지금 그것은 제 관심 밖의 문제입니다. 제 관심은 아프리카를 나온 뒤의 인류 역사(세계사)에 있기 때문입니다.

예를 들어 농업혁명과 산업혁명에 관해, 그것이 어떻게 일어났는지에 대해서는 많은 고찰이 이루어졌습니다. 하지만 영국의 고고학자 콜린 렌프류는 아프리카에서 나온 시점에 그 정도 지능과 기술을 가지고 있던 인류가 농업혁명에 이르기까지 어째서 그렇게 시간이 많이 걸렸는지가, 오히려 수수께끼였다고 합니다. 초기조건이 이렇게 잘 갖추어져 있다면 금세 대문명을 이룩할 수 있었을 텐데 그렇게 되지 않았던 것은 왜인가, 라는 것입니다. 그는 이 물음에 답하지 않은 상태입니다. 하지만 제 생각에는 인류가 어느 단계에서 이러한 발전을 억제하려고 했고, 또 억제하는 시스템을 만들었습니다. 그것이 호수적 교환이며, 그에 기초한 씨족적 사회구성체입니다.

만 년 전에 농업혁명이 있었고 지금은 환경을 파괴할 정도로 산업화가 급격히 진행된 상태입니다. 이러한 발전은 기적적으로 보이지만 실은 그렇지 않습니다. 기적적인 것은 오히려 그냥 두면 금세 그럴 수 있었을 텐데 그것을 5만년이나 억제할 수 있었다는 것입니다. 씨족사회는 단순히 미개·미발달 사회였던 게 아니라 오히려 파괴적인 축적과 발전을 힘껏 억제하는 시스템이었다고 생각합니다.

오쿠이즈미 그 최초의 출발점이 '정주혁명'이었다는 말씀이시죠?

가라타니 정주함으로써 축적이 시작되어 계급화와 권력의 고정화가 진행되었습니다. 그와 함께 그것을 억제하는 시스템이 생겼습니다. 그것이 호수성의 원리입니다.

오쿠이즈미 즉, 정주 이전의 유동적인 집단은 기본적으로 성원 간의 평등성을 유지하고 있습니다. 재화의 축적도 거의 없지요. 원칙적으로 공동기탁, 다 같이 채집한 것을 다 같이 그 자리에서 소비하는 방식입니다. 다시 말해 지금 하신 말씀에 비추어 말하자면, 인류는 교환할 능력이 있었는데, 오랜 기간 동안 교환을 안 하며 살아 왔다는 것이지요?

가라타니 일단, 교환은 했다고 생각합니다. 스스로 얻을 수 없는 필수품이 있으니까요. 하지만 그들의 교환관계는 우발적·일시적인 것입니다. 유동적인 밴드는 정주민처럼 다른 부족과 계속적인 관계를 가지지 않으니까요. 교환이 일정 규칙 하에 이루어지는 것은 정주 이후의 일입니다.

유동성의 회귀

오쿠이즈미 정주혁명이 시작된 시점 이후 세 개의 교환양식이 본격적으로 나타났습니다.

가라타니 정주 이전, 즉 수렵채집 유동민 단계에도 세 종류의 교환은 있었다고 생각합니다. 예를 들면 다른 밴드 사이에 증여하거나, 교환하거나, 강탈하는 일은 있었습니다. 또한 한 밴드 내에서도 갈등과 불화는 있었습니다. 하지만 이러한 문제는 유동성(모빌리티)으로 해결되었습니다. 따라서 그 단계에는 교환양식이라고 할 법한 시스템이 형성되어 있지 않았다고 생각합니다.

수렵채집민의 밴드는 기껏해야 25~50명 정도입니다. 인구가 늘어나 식량이 부족해지면, 혹은 대립이 발생하면 몇 무리로 나뉘어 다른 곳으로 이동해버립니다. 예를 들어 같은 밴드 내에서도 반드시 힘의 격차가 발생합니다. 완력이 강하고 수렵에 능한 자가 있습니다. 그는 사냥해서 잡은 것을 점유하지 않고 모두에게 나눠줍니다. 따라서 불평등이 생기지는 않지만 주는 자, 증여하는 자는 당연히 그럼으로써 위신을 얻습니다. 권력을 얻습니다. 즉, 수장이 됩니다. 하지만 유동민의 경우 그러한 권력의 고정화가 싫다면 나가버릴 수가 있습니다. 혼인관계도 비교적 간단히 해소됩니다. 하지만 정주하면 생산물의 축적이 가능하니까, 어쩔 수 없이 불평등이 생깁니다. 권력, 계급의 고정화가 발생합니다. 게다가 그것이 싫다고 해서 간단히 나가버릴 수는 없습니다.

또한 유동민의 경우 한 밴드가 다른 밴드를 만날 때, 전쟁이 일어날 것 같으면 다들 신속하게 이동해버리면 됩니다. 다른 밴드와의 관계가 골치 아파지는 것은 밴드가 정주하여 이동하지 않게 될 경우입니다. 정주하면 다른 집단과의 적대상태(자연상태)를 어떻게든 해결해야만 합니다. 그래서 증여의 호수(혼인을 포함)로 우호상태를 만듭니다. 그것이 씨족사회지요. 따라서 세 가지 교환 타입은 옛날부터 있어왔지만 정주화와 함께 비로소 '교환양식'으로 나타나게 되었다고 할 수 있습니다.

시마다 　알렉산더 대왕은 정주에서 권력이 생긴다는 것을, 어떻게 보면 뒤집었습니다. 원래 태생이 마케도니아라는 그리스의 변경지대 같은 곳인데, 그리스 전역을 정복하고 소아시아, 이집트, 페르시아에 군을 보내어 동쪽을 징벌합니다. 그리고 마케도니아에는 돌아가지 않고 결국 인도까지 가버립니다. 그 도중에 박트리아 호족의 딸과 결혼하여 민족융화정책의 모범을 보이면서 중심을 점점 옮겨갑니다. 그리하여 소위 그리스문화와 오리엔트문화가 만나, 훗날 고대 로마, 페르시아에도 퍼지는 헬레니즘이라는 다이내믹한 교환의 산물이 생긴 것이지요.

가라타니 　씨족사회에는 유동민의 전통이 남아있지만, 국가사회(농업공동체)가 되면 그것이 없어져버립니다. 그것이 강하게 남는 것은 유목민사회입니다. 유목민은 지금도 좀처럼 정주를 하지 않습니다. 지금 말씀하신 마케도니아는 고대 그리스 시대, 거의 유목민의 사회였습니다. 그리스에는 미케네나 크레타 문명(아시아적 국가)이 있었는데, 그것이 멸망한 뒤에 남하하여 각지에 폴리스를 만든 그리스인은 유목민이었습니다. 그리스의 그리스다움은, 이 유동성에 있다고 생각합니다. 하지만 그 후에 폴리스는 변경인 마케도니아에 있었던 유목민에 의해 정복당합니다.

어떤 문명(제국)이든, 주변부에는 유목민이 있습니다. 그들은 가끔 중심부를 정복하여 국가기구를 빼앗습니다. 하지만 궁정생활에 들어가면 타락하여 또다시 바깥에서 온 유목민에게 멸망당하고 맙니다. 메소포타미아에서도 그렇고 중국에서도, 이런 일이 반복됩니다. 단, 중국의 원 왕조에서는 몽골인 지배자가 궁정이 아닌 뜰의 텐트 안에서 잤다고 합니다. 유목민의 전통을 잊지 않으려 한 것이겠지요.

시마다　이중권력구조지요. 한족漢族을 대상으로 한 봉건제와 유목민족용 샤먼, 이렇게 더블 스탠다드였지요.

가라타니　유목민은 실제로 유동하지만, 오히려 중요한 것은 유목민사회가 유동민과 씨족사회에 있었던 유동성을 유지하고 있다는 것입니다. 이를테면 그것은 서로의 관계에 있어 일방적인 지배-복종관계를 꺼리는 것입니다. 복종은 하지만 어디까지나 대등한 인격 관계는 남아있습니다. 몽골이 거대한 제국을 만들 수 있었던 것은 오히려 그 때문입니다. 보통 전제국가가 생기면, 군주 아래 만민이 복종하게 됩니다. 하지만 그것에는 한계가 있지요. 주변부로 가면 아무도 말을 안 들으니까요. 따라서 세계제국이라고는 해도 규모가 작습니다.

하지만 몽골제국은 많은 세계제국을 통합하여 거대해졌습니다. 그것이 어째서 가능했느냐 하면, 각각의 제국의 왕인 자들이 부족 안에서 서로 동등한 지위에 있었고, 선거로 황제(칸)를 뽑도록 되어 있었기 때문입니다. 칸이 죽으면 다음 칸을 뽑기 위해 세계 각지에서 수장이 모여듭니다. 광대한 제국이니까 소집한 모두가 모이는 데 1년 정도는 걸렸다고 합니다. 그 선거에서는, '나는 중국의 황제다'라고 해도 아무도 상대해주지 않습니다. 그 사람의 인덕이나 위신 같은 것만 문제 삼았지요.

씨족사회와 호수성

오쿠이즈미 일종의 수장제군요.

가라타니 네. 그런 의미에서, 지배계급 사이에서는 씨족사회의 습관이 이어졌다고 생각합니다. 일방적인 복종이라는 건 있을 수 없습니다. 수장이 영 아닌 사람이라면 잘리고요.

오쿠이즈미 그 점이 중요하지요. 이 책에서 제가 이론적으로 가장 중요하다고 생각한 것은 씨족사회 시스템의 등장을 높이 평가한 점입니다. 이제까지 저는, 씨족사회라는 게 물론 혈연 픽션에 의힌 이차적 형성물이기는 하지만, 어떻게 표현하면 좋을까요, 유동적인 무리의 단계에서 저절로, 라고는 할 수 없지만, 소위 원시상태와 한 흐름의 선상에 있다는 이미지를 갖고 있었습니다. 하지만 씨족 조직의 형성에서 그 이전과 확실한 단절이 있었고, 게다가 그것이 국가와 계급사회에 대항하여 오히려 그것들을 억제하는 시스템으로서 인류사 속에 등장했습니다. 이런 게 인류의 운명을 바꾸었다고 평가하시는 것입니다.

가라타니 제가 '정주혁명'이라고 부르고 싶은 것은 오히려 그런 면입니다.

오쿠이즈미 정주 시점에, 계급화와 국가형성으로 향하는 힘에 대항하여 호수성의 원리가 수립되었다는 말씀이시지요?

가라타니 예를 들어 씨족사회 이전의 수렵채집 유동민 사이에는 코뮤니즘이 있었다고들 합니다. 사냥으로 잡은 것과 채집한 것들을 평등하게 나눴으니까요. 하지만 그 평등성은 유동성에서 나오는 것입니다. 바로 이동하니까 모두에게 나눠버립니다. 유동성이란 자유라는 의미인데, 이러한 의미에서 자유와 평등은 분리할 수 없습니다. 자유야말로 평등을 만드는 것입니다. 하지만 코뮤니즘이라고 하면 자유(유동성)가 아니라 분배에 의한 평등이라는 면만을 보는 사람이 많습니다.

예를 들면 스파르타에는 그러한 코뮤니즘이 있었습니다. 물론 그것은 타 민족(메세니아인)을 노예로 삼음으로써 성립됨과 동시에, 그들의 반란을 제압하기 위해 군국주의적 코뮤니즘이 필요했던 것입니다. 플라톤의 공산주의도 자유 없는 평등입니다. 그는 아테네보다 스파르타가 바람직하다고 생각했습니다. 이러한 타입의 공산주의적 견해가 지금도 남아있습니다. 하지만 제가 교환양식A의 고차원적 회복이라고 말할 때, 그것은 평등의 회복보다도 오히려 그 결과로서 평등을 초래하는 자유의 회복이라는 의미입니다. 그리스의 예를 들자면 이소노미아라는 원리입니다. 지금으로 치면 어소시에이셔니즘이고요.

마르크스주의의 경우 원시공산사회가 계급사회가 되어 마지막에 코뮤니즘이 실현된다는 변증법적 전개로 생각되고 있습니다. 그 경우 사람들은 일반적으로 원시공산사회를 평등이라는 측면에서만 봅니다. 하지만 적어도 마르크스는 그렇게 생각하지 않았습니다. 그는 러시아의 농업공동체(미르)에 공산주의가 남아있다, 따라서 이대로 공산주의사회가 될 수 있다, 라는 아나키스트의 견해에 찬성하지 않았습니다. 그러한 공동체에는 평등성은 있어도 독립성이 없기 때문입니다. 그에 반해 마르크스는 씨족사회를 높이 평가했습니다. 그리고 고대 그리스 사회의 특질이 무엇보다도 자유·독립을 우위에 두는 씨족사회적 전통이 농후하게 남아있던 것에서 생긴 거라고 생각했습니다. 즉, 그에게 코뮤니즘은 자유＝유동성의 (고차원적인) 회복이었다고 생각합니다. 제가 교환양식D라고 부르는 것은 그러한 것입니다. 그것을 코뮤니즘이라고 부르든, 어소시에이셔니즘이라고 부르든, 뭐라고 하건 상관없습니다. 중요한 것은 그것이 교환양식D라는 것입니다.

시마다　지금, 현실에서 우리가 직면해있는 세계는 미국이든 중국이든 러시아든 EU든, 정주권력의 제국적 발상입니다.

몽골 제국의 경우 예로부터 거기에 정주하고 있었던 사람들에게는 자치랄까요, 이제까지의 생활을 어느 정도 약속하면서 떠납니다. 몽골의 이동성에 의해 정주를 보장받은 사람들이 있었다는 것입니다. 알렉산더 대왕도 마찬가지입니다. 그들은 국가를 넘어서 오로지 전쟁과 평화의 수출을 위해 애씁니다. 그 군대는 알렉산더의 친구와 용병들로, 마케도니아로 돌아가고 싶어 했지만, 대왕은 마치 고향에서 도망치듯 진군을 계속합니다. 만약에 정복을 계속해나갈 경우 끊임없이 무력에 의한 컨트롤이 필요해져서, 그것에는 비용이 너무 많이 드니까 일단 전쟁을 하고 난 뒤에 증여로서, 평화와 자치를 보장해 나갑니다. 20세기 이후의 도상국 지원이나, 군사개입 같은 것도 그것을 하는 쪽에서 보면 증여이기는 하지만, 원한을 사는 걸 보면 역시 약탈일까요?

가라타니　좀 전에 말했듯이 몽골 제국은 여러 세계제국을 통치했는데, 그것을 통치한 원리는 교환양식B, 즉 복종과 안도, 수탈과 재분배가 아니라, 교환양식A, 다시 말해 부족적인 호수원리입니다. 그 부분이 재미있고, 앞으로도 참고가 될 것입니다. 무력만으로는 일정 범위 이상의 제국을 이룩할 수 없습니다.

예를 들어 몽골제국이 멸망한 뒤, 각지에 근세제국이 생겼습니다. 즉, 중국과 터키, 이슬람, 러시아 모두 제국으로 재편되었습니다. 이것들은 기껏해야 지역적인 세계제국에 지나지 않습니다. 몽골제국과는 레벨이 다르지요. 물론 제가 몽골 같은 세계제국을 바람직하다고 생각하는 건 아닙니다. (웃음) 단, 호수성에 기초한 세계시스템이 몽골제국에 존재했다는 점은, 앞으로도 참고가 될 것이라 생각합니다.

원부原父살해

오쿠이즈미 씨족사회의 호수성 시스템은 어째서 나왔는가 하는 문제 말인데요, 가라타니 씨는 그 부분에서 프로이트를 쓰셨습니다.

가라타니 『토템과 터부』지요. 프로이트는 씨족사회의 형제동맹적인 시스템을 '원부살해'로 설명하려 했습니다. 저는 그것을 재평가한 것입니다.

오쿠이즈미 그 부분이 제가 책을 읽으면서 가장 이해하기 힘들었던 부분입니다. 우선 첫째로, 어째서, 라고 물을 필요가 있는가 하는 점입니다. 역사적으로 그랬으니, 그랬다고밖에 말할 수 없다고 생각하면 왜 안 될까요? 호수 시스템이 역사 속에서 성립한 근거에 대해 어째서 궁금해 할 필요가 있는지요?

가라타니 씨족사회시스템은 단순히 역사적으로 있었으니까 있었다고 하는 것으로는 일이 해결되지 않습니다. 왜냐하면 그것은 그 이후의 역사로, 또한 현재까지도 이어지고 있는 문제이기 때문입니다. 프로이트는 『토템과 터부』를 쓸 무렵에 이미 이후 『모세와 일신교』에서 논할 주제를 생각하고 있었습니다. 교환양식으로 말하자면 『토템과 터부』는 양식A의 출현을, 『모세와 일신교』는 양식A의 고차원적 회복인 양식D의 출현을 논하고 있습니다. 따라서 그것들은 깊은 관련이 있는 것입니다. 그러한 의미에서 씨족사회의 호수적 시스템의 기원을 해명하는 것이 가장 중요하다는 것입니다.

하지만 제가 그런 생각을 가지게 된 것은 비교적 최근의 일입니다. 예를 들어 마르셀 모스는 미개사회 일반에서 호수성을 발견했습니다.[2] 저도 그러한 생각에 동의했었지만 최근 들어서 호수성의 시스템이 유동민의 단계에는 없었다고 생각하게 된 것입니다. 유동민은 수렵채집한 것을 공동기탁하여 평등하게 분배하지만, 호수적인 시스템 때문에 그렇게 하는 게 아닙니다. 유동적이니까 자연히 그렇게 하는 것입니다. 하지만 정주한 뒤에 공동기탁·재분배를 하기에는 일정한 사회적 강제·금제禁制가 필요해집니다. 그렇다고는 해도 다 같이 의논하여 그런 시스템으로 만들고자 하는 게 아닙니다. 씨족사회의 시스템은 그들에게 있어 '강박적'인 것입니다.

프로이트는 그것을 '원부살해'로 설명하려고 했습니다. 그가 '원부'를 생각한 것은 다윈과 당시 인류학자의 의견에 기초한 것이었습니다. 현재 인류학자는 그러한 것을 인정하지 않습니다. 따라서 프로이트의 견해도 배척합니다. 하지만 저는 프로이트의 견해가 중요하다고 생각합니다. 물론 유동민 단계에 '원부' 같은 건 없었습니다. 원부의 이미지는 국가사회에서 출현한 가부장적 주권자에 기초하고 있습니다. 하지만 이렇게 생각하면 좋지 않을까요? '원부살해'는, '원부' 같은 존재, 즉 국가의 출현을 죽이는 것이라고요. 정주하는 사회에서는 부의 축적과 함께 권력의 집중이 시작됩니다. 그로 인해 불가피하게 국가가 생겨납니다. 이것을 막는 것이 호수성의 시스템입니다. 그렇다면 호수성의 시스템은 '원부살해'의 반

2. 마르셀 모스, 『증여론』, 이상률 옮김, 한길사, 2002.

복을 의미합니다.

다른 관점에서 보면 씨족사회의 금제禁制는 정주가 이루어지면서 유동단계에 있었던 것이 억압되고, 그것이 '억압된 것의 회귀'로서 강박적으로 재귀한 것이라고 할 수 있습니다. 프로이트의 이론은 이 시스템의 '강박성'을 설명하는 것입니다.

시마다　식욕이나 성욕처럼, 혁명욕이라는 것이 인간의 본능에 프로그램 되어 있는가, '원부살해'나 '신 살해'에 해당하는 혁명이란, '죽음 충동'처럼 인간의 행동 안에 프로그램 되어있지 않은가, 라는 말씀이신가요?

가라타니　프로그램과는 다릅니다. 제가 최근에 깨달은 것은, 소위 미개사회에 계급과 국가의 맹아가 많이 있다는 것입니다. 예를 들면 인류학자 알랭 떼스타는 미국 서해안에서 어업을 하기 위해 정주했던 씨족사회에 대한 고찰을 했는데[3], 거기에는 계급이 있고 노예제도 있습니다. 하지만 그것이 국가가 되지 않은 것은 어째서일까요? 평등성이 유지되고 있었던 것은 어째서일까요?

제 생각에, 그것은 그들 사이에 '유동성'이 어떤 방식으로 회복되어 있었기 때문입니다. 예를 들어 부와 권력을 독점하는 수장이 싫으면 나갈 수 있습니다. 따라서 수장은 관대하게 부를 분배해야만 합니다. 유동성이 평등을 초래한 것입니다. 유동성이 중요하다는 것을 깨달은 것은 최근의 일입니다. 불평등이 생기면 평등을 요구하여 혁명이 일어난다는 이미지가 있겠지요. 하지만 애초에 그런 곳으로부터 나가서 다른 곳으로 이동하면 되는 것입니다. 좀 전에도 말했듯이, 그리스, 아니 이오니아의 폴리스는 그러한 끊임

3. 알랭 떼스타, 『불평등의 기원』(이상목 옮김, 학연문화사, 2006) 참고.

없는 식민植民에 의해 성립되었습니다. 식민 그 자체가 불평등해지는 것을 막고 있었던 것입니다.

아질과 유동성

가라타니   그리고 유동성에 관해서 말하자면 '아질(Asyl: 은신처, 피난처)'이라는 제도도 그것과 관계가 있습니다. 그 덕분에 고정된 지배관계에서 벗어날 수 있습니다. 일본으로 말하자면 가케코미데라⁴ 같은 것이지요. 예를 들어 에도 시대 여자들은 남편의 승인서(이혼장)가 없으면 이혼할 수 없었습니다. 가케코미데라로 가면 이혼할 수 있었습니다. 실제로 가케코미데라에 갈 필요는 없습니다. 간다고 말하면 됩니다. 남편 입장에서는 아내가 가케코미데라에 가버리는 게 치욕스러운 일이기 때문에 이혼장을 쓰지 않을 수가 없습니다. 즉, 에도 시대의 가부장적인 제도 속에도 숨통이 트일 만한 데가 있었습니다. 그 덕분에 이동, 관계의 변용이 가능했지요.

그것이 아질입니다. 그것은 국가사회로의 이행과 함께 세계 각지에 생겼습니다. 고대 그리스에는 노예의 아질이 있었습니다. 그곳으로 도망가도 노예가 노예 신분에서 벗어나는 건 아닙니다. 다만, 주인을 바꿀 수가 있습니다. 노예가 거기로 도망치는 것은, 주인 입장에서는 치욕입니다. 그래서 노예의 처우가 개선되었습니다. 또한 노예의 해방으로 이어졌다는 얘기도 있습니다. 이처럼 '아질'

· ·

4. 駆け込み寺. 에도 시대에 기혼녀가 들어가서 일시적으로 머물면 이혼이 가능했던 절.

은, 딱히 휴머니스트나 인권활동가가 만든 게 아닙니다. 이것도 억압된 유동성(호수성)의 회귀로 볼 수 있다고 생각합니다. 그것은 일종의 '강박적'인 것입니다. 따라서 어떤 국가권력도 아질을 폐기할 수 없었습니다.

시마다　　그렇게 생각하면 재미있는 것은, 중국인의 행동, 혹은 한족漢族의 유동성입니다. 물론 베이징에 강력한 관료제와 권력이 군림하고 있으니, 누구나 지배당하는 것에 대해 불안을 안고 있다고 생각합니다. 가난한 사람은 어쩔 수 없지만, 어느 정도 돈을 가지게 되면 그 행동이 갑자기 유동성을 띠게 되는 것입니다.

중국의 자본가들은 유대 상인들과 마찬가지로 굉장히 유연하게 움직였습니다. 우선 자신의 자산을 권력에 수탈당하지 않기 위한 투자를 철저하게 했습니다. 그들의 해외 투자 방식을 보면, 대체 무슨 생각을 했던 것인지 알 수가 없습니다. 이건 돈이 된다, 돈이 안 된다는 식으로 생각한 게 아니지 않았나 싶어요. 오히려 완벽하게 자신들이 도망갈 수 있는 시스템을 만든 것입니다. 전 세계에 차이나타운을 만들면서, 혹은 관리에게 뇌물을 먹이면서 저항세력에게도 자금을 댑니다. 그렇게 자산을 빼돌리는 방식이 철저했습니다.

가라타니　　맞아요. 보통 마르크스주의에서는 농업공동체가 씨족사회에서 왔다고 봅니다. 마르크스는 인도의 펀자브 지방에 남아 있던 공동체의 예를 들면서 그것이 예로부터 이어져 왔다고 생각했습니다. 하지만 그것은 오히려 예외입니다. 예를 들어 중국의 공동체는 그런 게 아닙니다. 고대적인 공동체는 벌써 옛날에 무너졌지요.

오쿠이즈미　원래 있던 씨족 시스템은 무너졌다는 말씀이시지요?

가라타니   중국에는 일본의 향촌 같은 지연적 공동체가 없습니다. 그곳에서 농촌공동체는 국가와 가산家産관료 하에 조직된 행정단위에 지나지 않습니다. 이것은 태평양전쟁 이전 일본의 마르크스주의에 기초한 중국연구자들(히라노 요시타로平野義太郞 등)이 놓친 점입니다. 중국의 농민대중은 국가적인 행정단위에 반해 그것과는 다른 공동체를 만들었습니다. 그것은 친족적·가족적인 공동체입니다. 이건 일본인들이 생각하는 가족과는 다릅니다. 거대한 네트워크로 넓은 지역에 걸쳐 퍼져 있습니다. 그 밖에도 판幇이라는 마피아 같은 조직도 있습니다. 또, 객가客家[5]도 말 그대로, 본질적으로는 국가에 속해 있지 않습니다. 그래서 화교 중에 많지요.

따라서 공동체라고는 해도 고대부터 계속 이어져 내려온 게 아니라, 국가에 의해 조직되기도 하고, 그것에 대항하여 형성되기도 합니다. 이것은 생산양식의 관점에서 보면 이해할 수 없습니다. 하지만 교환양식으로 보면 양식A가 다양한 차원에서 존속하여 기능하고 있는 것을 알 수 있습니다.

새로운 세계시스템

시마다   전쟁상태라는 것이 인간의 자연상태이며, 어느 정도 전쟁을 반복한 후에 평화라는 발상이 나옵니다. 그것을 칸트의 말

••
5. 객가어를 쓰는 한족漢族의 한 지류로, 역사상 전란을 피하기 위해 중원에서 남으로 이동, 정주를 반복했다. 원주민의 박해도 많이 받았지만, 전통문화와 고유어인 객가어를 간직하고 있다. 현재는 중국 각지와 대만, 동남아 등에 산다.

을 빌려 '자연의 간지'라고 말씀하셨습니다. 전 세계가 변동하는 원동력은, 역시 자연의 법칙이라는 말씀이십니까?

가라타니　시마다 씨가 하신 말씀을 설명하자면, 칸트는 홉스와 마찬가지로 자연상태의 인간이 전쟁상태에 있다고 생각했습니다. 따라서 평화상태는 자연에 있는 게 아니라, 어떤 형태로 창설되어야만 합니다. 인류사는 그런 방향으로 나아가고 있습니다. 하지만 인간에게 반사회성이 있는 이상, 평화상태는 간단히 창설될 수 없습니다. 하지만 역설적으로 반사회성의 결과로서의 전쟁이야말로, 결과적으로는 평화상태를 가져올 것입니다. 그처럼 세계사는 '자연'에 의해 프로그램 되어 있습니다. 칸트는 그렇게 말했지요.

하지만 저는 그런 '자연' 개념을 쓰고 싶지 않습니다. 단, 홉스가 말한 '자연상태'라면 자연이라는 말을 써도 좋다고 생각합니다. 자연상태라기보다는, 그냥 '전쟁상태'라고 하는 편이 좋지만요. 그 경우 홉스는 전쟁상태를 벗어나 평화상태를 창설하기 위하여 국가를 설립할 수밖에 없다고 생각했지만, 그 생각은 분명한 잘못이었습니다. 예를 들면, 씨족사회에는 평화상태가 있었습니다. 이로쿼이 족의 부족연합체가 일례입니다. 이것은 홉스가 말하는 '사회계약'이 아니라 증여의 호수성에 의한 '사회계약'에 기초하고 있었습니다. 이로 인해 부족연합체 같은 큰 조직이 생겼습니다. 저는 그것을 '세계시스템'으로 간주합니다.

세계시스템은 그 이후, 세계＝제국, 더 나아가 세계＝경제(근대세계시스템)로 변용되었습니다. 현재 우리는 근대세계시스템(자본＝네이션＝국가) 속에 있는 것입니다. 그렇다면 그것을 뛰어넘는 세계시스템은 어떤 것일까요? 그 힌트는 칸트가 말하는 '세계공화국'에 있습니다. 단, 지금까지 생각해온 것처럼 생각하는 한, 그것은 소용없는 것이 됩니다.

이를테면 홉스는 국가 내에서는 평화상태가 실현되지만 국가
간에는 '자연상태'에 그친다고 말했습니다. 그렇다면, 국가 사이에
도 리바이어던 같은 것이 가능하다면, 평화상태가 가능해질까요?
홉스는 그렇게 생각하지 않았습니다. 그리고 그 생각은 옳다고 생
각합니다. 아무리 세계국가 같은 것이 생기더라도 반드시 그에 대
항하는 세력이 나옵니다. 홉스적 원리, 혹은 교환양식B의 확대로는,
어떤 세계국가, 세계정부도 자연상태를 극복할 수 없는 것입니다.

칸트가 말하는 '세계공화국'에 대해서도, 그런 생각으로는 강력
한 세계정부가 되고 만다는 비판이 있습니다. 하지만 그것은 오해
입니다. 칸트는 오히려 그것을 의식하고 있었습니다. 따라서 칸트
가 생각하는 '세계공화국'은 홉스적 원리의 연장이 아니라 그것과
는 매우 이질적인 것이었을 터입니다. 저는 그렇게 생각하고 있었
는데, 이번 책을 쓸 때까지 그 구체적인 이미지를 알 수가 없었습니
다.

지금은 이렇게 생각합니다. 아마도 새로운 세계시스템은, 부족연
합체처럼 호수적인 원리에 의거한 사회계약에 의해 형성될 것입니
다. 그런 의미에서 교환양식A의 고차원적 회복으로 새로운 세계시
스템이 출현할 것이고요.

시마다　신화에는 전쟁에 관련된 신화의 비중이 압도적으로
많고, 평화에 관한 신화 같은 건 10퍼센트도 안 된다고 합니다.
즉, 정말 고대사회에서도 전쟁이라는 건 항상적으로 계속되고 있었
습니다.

가라타니　단, 항상적으로 있었던 것처럼 보여도 실제로는 전쟁
을 의외로 별로 안 했습니다. 잉카제국의 성립 과정을 조사하면서

놀란 것은, 그 거대한 대제국을 만드는 과정에서 실제로 전쟁이 거의 없었다는 것입니다.

오쿠이즈미 특히 제국의 형성기에는 별로 없지요.

가라타니 몽골 제국도, 전쟁으로만 성립된 게 아닙니다. 몽골에 의한 정복은 거의 모든 곳에서 환영받았습니다. 그로 인해 평화와 국제적 교역이 가능해지니까요. 저는 고교시절 세계사 지도를 보면서 느꼈던 이상한 기분을, 지금도 기억합니다. 어떤 페이지에 제국의 그림이 나와 있었습니다. 하지만 다음 페이지에는 다른 제국이 생겨있고요. 이런 대제국이, 딱히 큰 군사력도 없는 시대에 어떻게 하룻밤 새 생긴 걸까요? 그것은, 지금 말한 이유 때문입니다.

사상가의 출현

오쿠이즈미 또 하나, 말의 문제에 대해 여쭙고 싶습니다.

"호수성의 원리를 단절시키는 '눈에는 눈'이라는 법은 자연스럽게 생겨난 것이 아니다. 그것을 제창한 사상가가 있다고 생각해야 한다."(『세계사의 구조』 128쪽)라는 부분이, 제게는 무척 인상적이었습니다. 그 밖에도 유대교 예언자가 말의 힘으로 신의 관념을 쇄신한 점도 강조되어 있지요. 사회구성체가 바뀌어가는 국면, 그 국면에서 말을 가진 인간이 무언가를 이루었다는 것이 결정적인 의미를 지닌다고 생각하시는 것 같은데요.

가라타니 고대의 보편적인 종교와 사상을 생각할 때 중요한 것은 말과 문자의 문제입니다. 문자는 언제나 국가권력과 연결되어 있습니다. 신관이든 관료든, 문자를 가짐으로써 지식을 독점하는 권력이었으니까요. 문자로 인해 시대와 공동체를 넘어, 지식이 전달됩니다. 유목민이 국가를 정복해도 국가를 계속적으로 통치하기 위해서는 문자를 가진 관료와 제사장에 의존할 수밖에 없습니다. 역으로 말하면, 국가에 저항하는 사상은, 문자에 숙달된 계층에서 나왔다고 할 수 있습니다.

동시에, 그런 사상가는 문자＝권력을 부정하려고 했습니다. 그 전형적인 예는 제사계급을 부정하는 유대교 예언자인데, 부처와 노자도 그렇습니다. 다시 말하자면, 고대에 최초의 사상가는 문자를 가진 제사장과 관료 계층에서 나왔는데, 그 자체를 거부함으로써 사상가가 된 것입니다. 그리스와 중국에서는 철학자와 제자백가 같은 사람들이 나왔습니다. 그들은 각지를 돌며 사상, 지식, 기술을 상품으로 팔았습니다. 물론 이것은 상품교환이 광범위하게 성립된 시대에만 가능한 일입니다. 따라서 사상가의 출현에 있어 상품교환, 즉 양식C의 차원이 중요합니다.

저는 이번 책을 쓰면서 그리스와 중국뿐만 아니라 어디든, 고대 국가가 형성된 시점에는 사상가 같은 존재가 있었던 것이 아닌가 하는 생각을 했습니다. 그것을 생각하기 위해 수메르에 대해서도 많은 연구를 했습니다. '눈에는 눈'은 바빌로니아의 「함무라비법전」에 나오는데, 아마 이것은 수메르 시대부터 있었던 관념일 것입니다. 이것은 보복전쟁을 금지하는 것으로, 현대로 치면 죄형법정주의를 의미합니다. 이러한 제도가 자연발생적으로 나왔다고 볼 수는 없습니다. 어떤 사상가가 있어서, 그렇게 주장한 거라고 생각합니다. 예를 들면 중국에서는 법가가 법에 의한 지배를 제창했는데, 이것을 채용한 진나라가 강국이 되어 후에 진시황제에 이르렀습니다. 즉, 단순히 무력이 있다고 해서 제국을 이룩할 수는 없습니다.

수메르도 마찬가지라고 생각합니다. 그것은 수많은 도시국가의 항쟁을 통해 형성되었습니다. 그래서 거기에는 그리스와 중국에서 있었던 일 같은 게 먼저 일어나지 않았을까 하고 생각했습니다. 수메르에 관해서는 서사시가 유명하지만, 거기에 사상가가 있었다는 기록이나 연구는 없습니다. 하지만 아시리아, 바빌로니아 등 메소포타미아의 모든 국가들은 수메르에서 생긴 사상과 제도에 기초하고 있습니다. 함무라비법전 또한 그 원형은 수메르에 있습니다. 수메르가 멸망한 후에도 수메르어는 유럽의 라틴어처럼 기능했습니다. 그렇다면 수메르에도 '제자백가'가 있었던 것 아닐까요? 물론 실증할 수는 없지만 말입니다.

신용과 자본주의

시마다　　지중해 지역처럼 아주 좁은 면적 안에 다양한 문화와 언어가 난립하고 있는 곳에서는 번역이라는 것이 유동성을 확보하는 어음 같은 것이었습니다. 르네상스 이전에는 아랍지역이 문명의 중심에 있었는데, 그들은 이를테면 십자군의 원정 같은 형태로, 당시 최첨단 학문을 접할 수 있었습니다. 그것을 또다시 유럽에 있는 자기 출신지에 가져가서, 자신들의 언어로 번역함으로써 르네상스를 준비했습니다.

또한 화폐의 문제도 언어에서 파생된 것 아닙니까? 화폐라는 건 역사적으로 여러 형태를 취해왔지만 결국은 신용에 기초한다는 의미에서는 종교와 경제, 연애 등도 전부 신용을 베이스로 하는 것입니다. 말이 신용을 대신하는 일이 생겼을 때, 고대 그리스는 신탁이라는 것을 통해서 어느 정도 사회적 신용이나 정치라는 것의 권위를 높였겠지만, 더불어 국가와 권력이 경제활동을 장악하면서 어음 같은 것, 이것을 권력자의 보증서나 권력자의 말 같은 것으로 대신하게 되어, 그것이 영역 내의 경제활동 자체를 활발하게 하고, 교환이라는 행위를 침투시켰습니다.

가라타니　신용이라는 것은 상품교환에서 나중에 돈을 지불한다는 약속으로 상품을 얻는 것입니다. 신용은 상품교환양식C에서 나오는 것처럼 보이지만, 실은 양식A입니다. 예를 들어 외상으로 물건을 사는 것은 신용에 의거한 것입니다. 이 경우 돈을 지불하지 않으면 어떻게 될까요? 경찰에게 잡혀가는 일은 없겠지만, 공동체 안에서 신뢰를 잃게 됩니다.

자본주의적인 거래에서도 마찬가지입니다. 서로의 신용이 중요한 것입니다. 예를 들면 자주 중소기업의 경영자가 고리대금을 빌려 도산을 미루려 합니다. 빨리 도산해버리는 편이 좋은데 말이지요. 그것은 이제까지 신세를 진 거래처에 폐를 끼치는 것을 조금이라도 늦추려 하기 때문이라고 생각합니다. 그래서 상품교환이라고는 해도 실제로는 교환양식A에 의거하는 부분이 큽니다.

예를 들면 은행권(banknote)은 원래 은행이 발행하는 어음입니다. 즉, 외상과 마찬가지로 메모(노트) 같은 것입니다. 그것이 통화로서 유통되고 있습니다. 그런 의미에서 자본제 경제는 교환양식C뿐만 아니라 교환양식A를 필요로 합니다. 물론 그것은 국가(교환양식B)를 필요로 합니다. 예를 들어 매매계약이 이행되지 않으면, 국가권력이 출동합니다. 또한 자본은 취득한 이익과 재화에 상응하는 국세를 지불하는데, 그것은 그 사유권을 법적으로 확보하기 위한 것입니다. 자본제 경제는 분명 교환양식C에 의거하는 것이지만 이처럼 다른 교환양식이 작동함으로써 성립하는 것입니다.

오쿠이즈미 다시 말해 근대로 치면 마르크스가 분석한 상품교환 시스템이라는 것이 하부구조라는 말씀이시죠? 그 위에 국가나 문화가 얹혀 있는 듯한 이미지였지만, 그건 잘못된 생각이고요. 말하자면, 마르크스가 분석한 경제시스템에도 환상성이 있다는 얘기가 됩니다. 따라서 이번 책에서는, 국가에는 국가의 환상성이 있지만 역으로 국가를 지탱하는 교환양식이 있다는 지적을 하셨습니다. 그것은 자본제를 지탱하는 하부구조와, 말하자면 비슷한 성질의 것이라는 사고방식입니다.

가라타니 그렇습니다. 초기의 마르크스는 화폐를 종교로 보았기 때문에 종교비판을 그대로 화폐비판으로 가져갔습니다. 그 이후에 그는 그러한 견해를 버렸던 것 같습니다. 하지만 『자본론』에는 그런 시점이 있습니다. 그는 자본(자기증식하는 화폐)의 신비를 해명하려고 했으니까요. 『자본론』은 신용에 의해 만들어진 자본제 경제의 거대한 체계를 파악하는 것입니다. 이것은 『자본론』을 제3권까지 읽지 않으면 모릅니다. 대개의 사람들은 1권만 보고 생각하지요. 알튀세르 같은 마르크스주의자도 마찬가지입니다.

금융공황이 일어나, 마르크스에 대한 재평가가 이루어졌다고들 하지만, 마르크스주의자도 우노 고조를 제외한 많은 이들은 그런 것을 생각하지 않았습니다. 그들은 자본주의를 '상품교환'의 관점에서 보지 않습니다. 그래서 '노동력상품'의 중요성도 모릅니다. 공황에 대해서도 모르고요. 그럼에도 불구하고, 누가 보아도 명백한 것은 마르크스가 『자본론』 제1권의 서두를 상품교환에 대한 고찰부터 시작하고 있다는 것입니다. '생산양식' 같은 것에서 시작하지 않았습니다.

세계통화

시마다　예를 들어, 국가. 권력이 말하는 신용도 결국은 말이며, 굉장히 형이상학적이고 위에서 믿으라고 명령하고 있을 뿐이잖아요? 현실적인 문제를 예로 들자면, 지금의 경제를 봐도 엔과 달러와 국채 같은 뮤제도 국가는 그 가치가 내려가지 않을 거라며 자기 말을 믿으라고 하지만, 그런 말을 지금 믿는 사람은 한명도 없어요.

가라타니　그건 그렇지요.

시마다　그때, 그 신용은 어떻게 될까요? 원래 신용을 나타내는 라틴어의 '크레이드'는 의미가 바뀌어 '담보'라는 물리적 의미, 뉘앙스를 가졌다는데, 그러면 무엇이 담보가 되느냐 하면, 현행 경제 시스템, 신용제도 안에서는 담보가 될 물건조차 없는 상태입니다. 따라서 이제까지의 시장원리주의나 신자유주의 같은 최근의 경제시스템이 무너진 뒤에, 그때 세계공화국의 화폐는 어떤 것이 될까요? 달러나 유로, 엔에 금리가 붙어서 그 이자로 돈을 버는 금융시스템이 만연한 교환 방법이라면 종래대로 C의 패턴을 계속 반복하게 되고 맙니다. 금리가 붙지 않고, 쓰지 않으면 가치가 하락하는 분배화폐 같은 것은 이제까지 시도는 있었지만, 세계통화가 된 적은 없고, 국가로부터 통화위조라는 둥, 탈세라는 둥 하는 비난을 받고 좌절되었습니다.

그런 의미에서, 교환양식D를 세계로 퍼뜨려갈 때 화폐의 이미지는, 구체적으로 어떤 것인지요?

가라타니　그건 '악화惡貨'(시마다 마사히코의 소설, 2010년) 아닌가요? (웃음)

시마다　앞으로는 달러도 유로도 아니고 인민원元도 아닌, 새로운 세계통화가 나올까요? 뭐라 불릴지는 모르지만 그것이 각국의 자원, 인구, 식량자급률, 생산력, 특허 등에 따라 분배된다고 하면 일본은 상당한 타격을 받아 몰락할 것입니다.

가라타니　아마 금뿐만 아니라 금을 포함하는 복수의 상품(석유, 곡물 등)의 조합이 세계 통화가 되겠지요. 국가 간에는 그 자체가 사용가치를 가지는 화폐, 상품＝화폐가 아니면 통용되지 않습니다. 저는 『세계사의 구조』에서도 그것을 강조했는데, 대내적인 화폐와 대외적인 화폐는 다릅니다. 대외적으로는 화폐 그 자체가 상품 같은 게 아니면 통용되지 않습니다. 예를 들면 유목민에게는 양이 화폐였습니다. 그들은 금(골드)조차 받지 않았습니다.

한편, 대내적으로는 종잇조각(노트)이라도 괜찮습니다. 어음(노트)이 통화로 쓰이고 유통되었습니다. 그래서 다양한 은행권(뱅크노트)이 유통되었습니다. 영국에서 잉글랜드은행이 중앙은행으로 된 것은 1840년대로, 그 전에는 수많은 은행권이 있었습니다. 따라서 국내에서 통용되는 통화는 어차피 지역통화입니다. 그것은 대외적으로는 통용되지 않습니다. 하지만 대외적으로 통용되지 않으면 점점 대내적으로도 통용되지 않게 됩니다. 그것을 유통시키는 힘은 국가에 없습니다. 국가가 아무리 노력해도 안 됩니다. 그 증거로, 소련 말기에 루블은 통화로 기능하지 않았고 말보로가 통화였습니다.

시마다　그렇죠. 팬티스타킹 같은 것도요.

오쿠이즈미　전쟁 중에 독일에서는 커피가 통화였지요.

가라타니 국가권력이 아무리 강력한 곳이라도, 그것은 교환양식C 및 A에서 나오는 신용을 만들어낼 수 없습니다. 화폐는 대외적으로는, 상품을 기반으로 합니다. 그러므로 화폐의 기반을 상품에서 찾은 마르크스가 옳았던 것입니다.

헌법 제9조를 실행한다

가라타니 『세계사의 구조』에 쓴 얘기는, 『트랜스크리틱』에 어느 정도 썼던 것입니다. 칸트와 마르크스뿐만 아니라 교환양식이라는 관점도 말이죠. 하지만 『세계사의 구조』는 『트랜스크리틱』에 대한 제 나름대로의 반성으로 쓴 것입니다. 『트랜스크리틱』에서 결국, 사회구성체를 하나로 생각하고 있었던 점에 대해 말입니다. 말하자면 한 나라만 가지고 생각하고 있었습니다.

물론 그것은 저뿐만이 아닙니다. 마르크스주의자건, 아나키스트건, 국가를 지양하는 운동을 일국만의 문제로 생각했습니다. 하지만 국가의 본질은 내부만 가지고 생각해서는 보이지 않습니다. 왜냐하면 국가는 근본적으로 다른 국가와의 관계 속에 존재하기 때문입니다. 가령 한 나라에서 국가를 지양한다고 하더라도, 다른 국가가 있는 한 그것은 불가능합니다. 다른 국가가 간섭해오면 그것을 방어해야만 합니다. 그러면 강대한 국가가 됩니다. 따라서 일국만이 국가를 지양하는 것은 있을 수 없는 일입니다. 마르크스는 『독일이데올로기』에서 사회주의혁명은 '세계동시혁명' 이외에는 있을 수 없다고 쓰고 있습니다. 하지만 이것을, 마르크스를 포함한 사람들이, 정말로 진지하게 생각했을까요? 그렇지 않았을 것입니다.

저도 생각하지 않고 있었습니다. 소련이 무너진 1991년 이후에는 어디가 중심이랄 것도 없이 각국, 각지의 대항운동이 자연히 국제적으로 이어질 것이라고 생각하고 있었습니다. 90년대에 데리다가 '새로운 인터내셔널'을 제창하고, 네그리와 하트가 '다중의 반란'을 말했는데, 저도 비슷한 전망을 가지고 있었습니다.

하지만 그러한 생각을 비판적으로 바라보게 된 계기가 되는 일이, 바로 『트랜스크리틱』을 간행한 시점에 일어났습니다. 9·11사건인데요, 그 얘기는 다른 데서도 했으니 생략하겠습니다. 제가 그 이후에 생각하게 된 것은 사회구성체를 일국 단위로만 생각하는 것이 아닌, 사회구성체 다수의 관계를 통해 보는 '세계시스템'입니다. 그때까지는 호수적 교환양식이라고 해도 한 사회 내부만 가지고 생각했습니다. 하지만, 예를 들어 씨족사회도 다수의 씨족, 부족, 부족연합 같은 '세계시스템'으로서 존재합니다. 또한 교환양식D도, 하나의 사회만 가지고 생각하고 있었습니다. 하지만 지금은, 그것을 '세계시스템'으로 생각합니다.

코뮤니즘이라고 하면, 모두 한 나라의 이미지로 생각해버립니다. 하지만 애초에 한 나라만이 국가와 자본을 지양하는 것은 불가능합니다. 코뮤니즘은 '세계시스템'으로만 가능합니다. '세계공화국'이라는 세계시스템은 교환양식D로 조직되는 세계입니다.

오쿠이즈미 미래에 일어날지도 모를, 세계동시혁명의 이미지를 좀 더 구체적으로 말씀해주십시오.

가라타니 새로운 세계시스템을 형성하는 '세계동시혁명'은, 이제까지 생각되어온 '세계혁명'과는 근본적으로 다릅니다. 그것은 증여의 호수성에 의한 사회계약이니까요. 저는 앞으로 세계 전쟁이 일어날 것이라고 생각하는데, 그것을 막는 것이 오히려 '세계동시

혁명'이라고 생각합니다. 그리고 그 저지는, 오로지 증여에 의해서
만 가능합니다. 예를 들면 저는 국가가 전쟁을 방기하는 것이 최대
의 증여라고 생각합니다. 그것은 한 나라에서 시작해도 좋습니다.
하지만 그것은 '세계동시혁명'의 기동력이 될 것입니다.

현재 세계 각지에서 과거의 세계제국을 기초로 한 슈퍼국가가
생기고 있습니다. 유럽연합, 러시아, 중국, 인도, 이슬람권. 미국은
더 이상 헤게모니 국가가 아닙니다. 다음 헤게모니를 둘러싼 항쟁
이 시작된 것입니다. 그러한 의미에서 우리는 '제국주의' 시대에
있습니다. 자본의 축적도 세계적으로 정체상태에 빠져있으니, 반드
시 전쟁이 일어나게 될 것이라고 생각합니다. 지금은 그렇게 보이
지 않지만, 여론 같은 것은 하룻밤사이에 바꿀 수 있습니다. 그것은
9·11 이전과 이후의 미국을 보면 알 수 있습니다.

제가 증여로서의 전쟁방기를 생각한 것은, 책에는 그 얘기를
쓰지 않았지만, 물론 일본의 경험 때문입니다. 특히 9·11 이후에
그런 생각을 했습니다. 일본은 이라크전쟁에 파병을 했습니다. 그
것으로 일본의 존재를 보여주려 했겠지만, 전혀 그렇게 되지 않았
습니다. 앞으로 일본이 경제적·정치적으로 도약하는 일은 전혀
일어날 것 같지 않습니다. 아무리 애를 써도 힘들겠지요. 단, 일본이
압도적인 '힘'을 가질 방법은 딱 하나 있습니다. 그것은 헌법9조를
실행하는 것입니다. 전쟁방기, 군비를 방기하면 위험하지 않느냐고
하는 사람이 많습니다. 하지만 방기하지 않아도, 위험하기는 마찬
가지입니다. 어차피 일본이 군사적으로 강력해지는 일이 있을 리
없고, 그렇게 해서 위신과 명예를 얻을 수는 없습니다. 하지만, 전쟁
방기를 실행한다면 정치적으로는 강력한 발언력을 가지게 될 것입
니다. 만약에 그렇게 되기를 바란다면 말이죠.

'증여의 힘'은 매우 강력합니다. 무력보다 강합니다. 예를 들어 미시마 유키오[6]에 대해 여러 가지 의견이 있습니다. 하지만 그 누구도 미시마를 무시할 수 없는 것은 그가 자결을 했기 때문입니다. 즉, 그의 목숨을 증여했습니다. 증여받은 쪽은 난처합니다. 미시마에 대해 이런저런 생각을 하지 않을 수 없습니다. 소크라테스도 그렇고, 시저도 그렇습니다. 그와 마찬가지로, 국가가 전쟁을 방기하는 것은 어떤 의미에서는 자살이니, 그것은 무력과 경제력이 가질 수 없는 임팩트를 지닙니다.

시마다 그 말씀을 들으니, 고대 그리스의 영웅상이나 신화에 나오는 영웅상 같은 게 떠오르는군요. 영웅이란 전쟁 과정 중에 당연히 나오는 것이지만, 적을 더 많이 죽인 사람이 영웅이 아니라, 오히려 자기가 죽음으로써 그 전쟁이 끝난, 자기희생 정신을 발휘하는 것이 영웅의 조건입니다. 그러니까 근대, 혹은 야스쿠니에 묻힌 제2차 세계대전의 군신軍神 같은 이미지와는 전혀 다르지요.

오쿠이즈미 우리가 잘 아는 예를 들자면, 그 전형은 예수 크리스트입니다. 신의 거대한 증여라는 식으로 받아들여지고 있지요.

가라타니 그 전에 『토템과 터부』가 있습니다.

오쿠이즈미 모세의 살해도 증여라는 게 프로이트의 생각이라는 말씀이시죠?

가라타니 교토학파는, 특히 '세계사의 철학'을 말한 다카야마 이와오[7] 같은 철학자는, 일본의 세계사적 사명을 철학적으로 설명

---

6. 三島 由紀夫(1925~1970). 소설가이자 극작가, 평론가. 전후 일본 문학을 대표하는 작가로, 대표작으로 『가면의 고백』(1949), 『금각사』(1956) 등이 있다. 민병대인 '방패의 모임'을 결성하여 우익활동을 하던 중 할복 자살한 것으로 유명하다.

하려 했습니다. 그는 전후에도 그 생각을 바꾸지 않았습니다. 어떤 방식으로든 읽을 수 있게끔 추상적으로 썼으니까요. 한편, '세계최종전쟁'에서의 일본의 승리를 주장한 육군참모 이시와라 간지[8]는, 전후에 그것을 부정하여 일본의 비무장, 절대적 평화주의를 제창했습니다. 이것이 그의 최종 결론입니다. 저는 이 사람이 더 훌륭하다고 생각합니다.

일본인은 전후에 헌법9조를 가지게 되었습니다. 이것은 칸트의 이념에 기초한 것입니다. 이런 헌법은 어디에도 없어요. 다른 나라에서 이런 것을 만들기 위해서는 혁명이 필요합니다. 하지만 일본에는 이미 있습니다. 그러니까, 그냥 실행하면 되는 것입니다. 그것 이외에, 앞으로의 희망은 없습니다.

시마다　자위대의 통사권을 유엔에 넘겨주면, 국가로서는 군대를 가지지 않고, 일미안보조약도 끝나며, 오키나와 같은 데서 미군을 완전히 배제하게 됩니다.

가라타니　군비방기는 물론 한 번에 할 게 아니라, 단계적으로 하면 됩니다. 중요한 것은, 이념을 명확히 공표하는 것입니다. 그러면 예를 들어, 일본은 머지않아 유엔의 상임이사국이 될 것입니다. 이번 민주당 대표선거에서 떨어진 오자와 이치로小澤一郎는 그런

• •

7. 高山岩男(1905~1993). 니시다 기타로, 다나베 하지메 등 교토학파의 전성기 때 교토대에서 철학을 공부한 철학자. 전쟁은 '대동아공영권'의 최대 이상이며 '근대의 초극'을 위해 불가피한 일이라는 관점에서 『세계사의 철학』(1942)을 저술했다.

8. 石原莞爾(1889~1949). 육군 군인으로 만주사변을 성공시키는 데 주도적인 역할을 했다. 군사사상가로도 유명하며, 저서 『세계최종전론』(1942)을 통해 전쟁이 진화하여 절대평화가 도래한다고 주장했다.

일을 어느 정도 하려고 했지요.

시마다　　그 사람은 9·11 이후에도 일관되게 유엔을 중시하는 입장이었으니까요. 이라크전쟁에 거액의 전쟁비용을 제공한 것도 그 사람이지만요.

가라타니　　하지만 군비를 방기한 나라가 힘을 가지는 체제가 되면, 유엔 자체가 변하니까요. 즉, 유엔도 칸트가 구상했던 것에 가까워질 거라고 생각합니다.

예언자의 말

오쿠이즈미　제가 말의 문제에 너무 집착하는 거 아닌가 싶지만, 가라타니 씨가 이 책에 쓰신 것과 지금 말씀하신 것은 일종의 예언자적 말이라고 생각할 수 있겠지요. 즉, 증여의 힘을 한 번 더 재생시켜야 한다는 말은, 일종의 예언 같은 느낌이 있는 것 같습니다. 예언자적인 말이라는 건 의식하고 있으신지요?

가라타니　　저는 예언자는 아니라고 생각합니다. 그저, 인식을 말하고 싶은 것이지요.

오쿠이즈미　하지만 구약성서의 예언자들도 결국 이스라엘은 멸망할 것이라는 현실을 강하게 인식하고, 그저 그것을 말한 것입니다.

가라타니　　뭐 그렇지만, 저는 글쎄요. (웃음) 단, 이번 책을 쓰면서 저는 제가 생각한 네 개의 교환양식이 진리가 아닌가 하는 생각을 했습니다. 소세키의 『꿈 열흘 밤』에, 운케이의 조각 얘기가 나옵니다. 그것은 운케이가 조각한 것이 아니라 원래 나무속에 묻혀 있었던 것을 꺼냈을 뿐임을 깨달았다는 꿈 말입니다. 그런 느낌이 2년 전 쯤부터 있었습니다. '세계사의 구조'는 제가 구성한 게 아니라, 원래 그렇게 되어 있는 거 아닌가 하는 생각이요.

오쿠이즈미 그게 프로이트가 말하는 '억압된 것의 강박적 회귀'라는 것일까요? 다시 말해, 일부러 찾거나 원하는 것과는 관계없이, 어쩔 수 없이 나오는 것 말입니다.

씨족사회의 양의성

오쿠이즈미 제가 20년 정도 전에, 『탐구Ⅱ』가 나왔을 때 가라타니 씨를 인터뷰 했는데, 가라타니 씨가 말씀하시는 교통의 문제가 사회경제사의 문제와 연결되는 게 아니냐는 질문을 했더니 "전혀 그렇지 않다."라고 답하셨습니다. (웃음) 하지만, 이번 『세계사의 구조』에서는 사회경제사를 상당히 많이 반영하고 계신데요.

가라타니 죄송합니다. (웃음) 1980년대의 저는 추상적이었으니까요. 단, 추상적인 수준에서 교통(교환)에 대해 생각하고 있기는 했습니다. 예를 들어 저는 '트랜스크리틱'이라는 말을 만들었는데, 그것은 transcendental(초월론적)한 비판과, transversal(횡단적)한 비판을 종합한 것입니다. 즉, 이동이 근저에 있는 비판(비평)입니다. 하나의 나라, 하나의 체계, 한 사람의 의식에는 비판이 없습니다. 데카르트의 '코기토'도, 단순한 자기의식이 아니라 여러 체계 사이에 있음으로 인해 나온 것입니다. 그런 생각을 계속 해왔지만, 그래도 추상적이었지요. 또한 『트랜스크리틱』조차, 이제 와서 생각해보면 추상적이었습니다. 그것은 좀 전에 말했듯, 제가 하나의 사회구성체 범위 내에서만 생각하고 있었다는 것입니다. 체계와 체계 사이, 체계의 외부라고 하면서, 결국 체계 내부로만 생각하고 있었습니다.

이번 책에서 처음으로 '세계시스템'을 생각하게 되었습니다. 그렇다고는 해도, 이것은 월러스틴이 말하는 것과는 다릅니다. 그는 처음부터, 말하자면 '밖에서'만 보고 있습니다. '안에서' 본 적이 없지요. 한편, 앞서 언급한 오쓰카 히사오는 오로지 '안에서'만 보았습니다. 그는 산업자본주의의 생성을 한 사회(영국)만 가지고 생각하려 했습니다. 외국과의 관계를 사상捨象하고 말이죠. 하지만 그러한 비판으로는 설명할 수 없습니다. 역시 내적인 계기가 중요합니다. 따라서 밖에서 봄과 동시에 안에서 보지 않으면 안 됩니다. 아니, 그렇다기보다, 안에서 본 것과 밖에서 본 것의 시차視差로 볼 필요가 있습니다. 그것이 제가 말하는 '트랜스크리틱'입니다.

오쿠이즈미 오쓰카 히사오는, 내재적 운동으로서 역사를 파악하여, 그것을 농업공동체의 계기繼起적인 구조변화로 보려 했습니다.

또 한 가지, 경제사와 관련하여 제가 조금 생각한 것은, '정주혁명' 시기의 '집' 형성 문제입니다. 씨족제란 결국 형제맹약의 형태를 취하는데, 그것은 하우스게마인데(집 공동체)에 원형을 두고 있습니다. 한편 하우스게마인데에는 가부장제의 원리도 있지요. 즉 이것이 부역과 보호의 지배관계의 원점이 되어, 아시아적인 가산관료국가에까지 이어집니다. 즉, '집'이라는 공동체 안에 가부장제라는 세로축(교환양식B)과 동시에, 형제의 평등성이라는 수평축(교환양식A)이 둘 다 이미 내포되어 있었다는 것입니다.

가라타니 정주혁명에는 두 가지 의미가 있다고 생각합니다. 정주＝고정화라는 면과, 반대로 그것에 대항하는 면이요. 예를 들어 그리스 사회에는 씨족사회가 남아있었다고들 합니다. 그것은 두 가지 의미에서 그렇습니다. 하나는 문벌의 지배, 가부장적 지배에 있어 우리는 유서 깊은 집안이라는 식의 씨족사회 전통이 남아 있습니다. 다른 한편으로 그것에 대항하는 이소노미아의 원리, 즉 자유・평등의 원리는 씨족사회에 있었던 유동성, 호수성, 독립성에 기초한 것입니다. 하지만 이것은 아테네가 아니라 이오니아의 식민 도시에서 생겨났습니다. 이 두 측면을 보지 않으면 안 됩니다. 아테네의 민주화란, 말하자면 씨족사회적인 전통을 씨족사회적인 전통으로 타도하는 것입니다.

오쿠이즈미 그러니까 '정주혁명' 때 있었던 '집'의 형성은 이미 교환양식A의 계기와 B의 계기를 내포하고 있었으며, 결국 그것이 원점이 되어 역사적으로 전개되어간 것이라는 말씀이시죠?

가라타니 그렇습니다. 정주혁명, 즉 씨족사회의 양의성이 지금도 작용하고 있지요. 예를 들면 씨족사회에서 중시된 것은 명예입니다. 재산이 있어도 그것을 더 축적하려 하면 비웃음을 삽니다. 그렇게 되면 살 수가 없어서, 구두쇠로 보이지 않도록 통 크게 굽니다. 씨족사회에서는 형벌이 딱히 필요 없었다고 합니다. 넌 틀렸다, 나가버려라, 라는 말을 들으면 죽을 수밖에 없었던 것이지요.

오쿠이즈미 보통은 자살을 한다고, 마리노프스키가 썼지요.

가라타니 호르몬 이상으로 죽어버린다는 것 같아요.

시마다 분에 못 이겨 죽는 것이지요.

가라타니 그러니까, 구태여 물리적으로 죽일 필요가 없습니다. 명예나 위신, 그런 감정은 결코 의미가 없는 것이 아니었다고 생각합니다. 그와 관련하여 말하자면, 현재 국제사회는 명예나 위신 같은 차원을 중시하게 됐습니다. 재해가 일어났는데 바로 구조에 나서지 않는 나라는 몹쓸 나라라는 말을 듣지요. 이런 변화는 좀 재미있어요.

시마다　마이크로소프트의 빌 게이츠나 미국의 큰 부자가 전 세계의 부호들에게 기부를 권유하고 있습니다. 하지만 그것은 증여라기보다 재분배라는 생각이 듭니다. 명예를 위한 것이네 어쩌네 하면서 결국은 압도적인 자산을 가지고 있는 자가 자기 좋을 대로 재분배를 합니다. 증여와 호수를 가장하는 자본주의의 위선에 사람들은 박수를 보내고 있지요.

가라타니　좀 전에 군사의 증여 이야기도 했는데, 물론 저는 물건의 증여는 필요하다고 봅니다. 전쟁의 원인이 남북 차에 있는 것은 틀림없으니까요. 이제까지 있었던 발전도상국에 대한 원조는 증여(A)가 아닙니다. 상대에게 자기 나라의 물건을 사게끔 하려고 하는 경우가 많습니다. 그것은 준 물건을 회수하는 것이니까, 교환 양식으로 말하자면 C입니다. 이런 종류의 원조는 재분배 혹은 케인즈주의적 정책을 국제적 레벨에서 하는 것일 뿐입니다. 격차는 결코 해소되지 않습니다. 진정한 증여는 선진국이 지적소유권으로서 독점적으로 소유하고 있는 기술·지식을 무상으로 주는 것입니다.

스타일에 관하여

오쿠이즈미　마지막으로 가라타니 씨의 스타일 문제에 대해서 얘기하고 싶습니다. 이번에는 꽹장히 체계적이에요. 제 개인적인 인상으로는 가라타니 씨는 글을 쓰실 때만 생각을 하시는 게 아닌가 싶어요. 평소에 만났을 때는 생각이 있다는 느낌이 별로 안 들고,

거의 한신타이거즈 얘기밖에 안 하시잖아요. (웃음) 다시 말해 가라타니 씨는 쓴다는 지점에서의 사건성이랄까, 문자를 쓰는 집중력 속에서 무언가가 분명해지고, 세계를 발견해가는 식의 집필을 옛날부터 해 오신 게 아닐까 싶습니다. 이것은 말하자면 문학적인 집필 방식입니다. 하지만 이번 『세계사의 구조』에 관해서는, 중요한 것을 거듭 확인해 나가는 스타일이나, 일단 도식화해보는 발상이 전면적으로 나와 있어서, 문학적인 집필 방식과 사고법을 서서히 버리게 되신 게 아닌가 하는 추측을 했는데, 어떠십니까?

가라타니　그건 그렇습니다. 단, 일상의 태도랄까, 습관은 변함이 없지만요. (웃음) 『세계사의 구조』를 썼을 때, 이전보다 더 성실하게 생각한 건 없습니다. 오히려 실제로는 매일 아침에 일어났을 때 아이디어가 확 떠오릅니다. 그날은 그걸 쓰면 됩니다. 항상 그렇지는 않지만, 종종 그런 상태가 됩니다. 밤에는 아무것도 안 합니다. 책을 읽으면 안 됩니다. 그래서 타이거즈 시합을 보거나 한국 드라마를 봅니다. (웃음)

오쿠이즈미　옛날부터 그러셨습니까?

가라타니　옛날에는 그렇지 않았습니다. 더 단거리 스프린터처럼 작업했달까요. 밤낮없이. 『세계사의 구조』는 장기적인 작업이라서, 서둘러도 소용이 없었어요.

오쿠이즈미　자는 동안 여러 정보가 정리되어, 또다시 아이디어가 떠오르는 것이겠지요.

가라타니　서두르지 않고 천천히 했습니다.

오쿠이즈미　자료는 꽤 많이 읽으셨습니까?

가라타니　네. 저로서는 지금까지 한 적이 없는 공부를 했습니다. 베버도 전부 읽었고요. 그래서 오쿠이즈미 씨한테 칭찬을 받았

지요.(웃음)

자살과 예언

시마다 좀 전에, 증여로서의 자살이라는 말씀을 하셨습니다.
소위 '영원평화'라는 것과 자살의 문제가 깊은 관련이 있는 것 같은
느낌이 듭니다. 예를 들어 싸우지 않고 죽는 것은 수치라고 생각하
는 국가나 민족의 입장에서 본다면 전쟁을 포기하는 행위가 국가의
자살행위나 다름없지만, 단지 그것은 증여의 자살이라고 말할 수
있는 것입니다. 원래 이 나라에는 이상하게 자살이 많습니다. 그것
과 실현되지 않는 헌법9조가 무슨 관계가 있는지는, 일종의 정신분
석을 하지 않으면 모릅니다. 헌법9조는 물론 전후에 규정된 것인데,
일본이 미국이나 중국, 러시아와 마찬가지로, 패권국가를 목표로
하더라도 그것이 잘 안 될, 역사적 이유를 끌어안고 있는 게 아닌가
싶습니다. 그 인류학적 근거는 일본열도의 DNA의 다양성에 있습
니다. 대륙이라면 민족정화로 DNA조차 남지 않고 멸망했을 민족
이, 일본열도까지 도망 오면 공존공생할 수 있었습니다. 말하자면
제국으로부터 도망쳐 올 수 있는 곳으로서 기능해왔기 때문이라고
생각할 수도 있습니다. 헌법9조는 칸트적 이성의 산물인데, 일본에
는 원래 전쟁으로부터의 도피, 전쟁의 방기에 역사적 뿌리가 있지
않나 싶습니다. 『세계사의 구조』에서는 '아주변'이라 말씀하신 지
리상의 특성과도 깊은 관련이 있는 것 같고요.

가라타니 그건 분명합니다.

시마다 아무리 미국이나 중국의 패권주의의 영향을 받은 우

익 녀석들이 있다 해도, 일본은 보통의 패권국가가 되고 싶어도 될 수 없다는, 어떤 의미에서는 한계, 어떤 의미에서는 가능성이 있어서, 그것이 이를테면 연간 3만 명의 자살자라는 형태로 나타나는 것 아닐까 싶습니다. 프로이트가 말하는 '죽음 충동'에 이성적인 능동성이 수반된다면, 전쟁방기로 이어질지도 모릅니다. 미리 자기희생을 택하는 쪽이 '자연의 간지'를 선취하게 됩니다. 미래에 주권국가 간에서 일어날 수 있는 세계전쟁에 휘말리지 않을 방법이 있다면, 그렇게 하는 것이 제일 이득입니다.

가라타니   그렇습니다. 좀 전에 말한 이시와라 간지 같은 사람이 그런 생각을 했겠지요. 일본이 최종적으로 패권국가가 된다는 꿈이 완전히 깨졌을 때, 전쟁의 영구방기를 제창했습니다.

시마다   역시 그의 자의식 속에는 전전戰前과 전후 사이에 자기를 과감히 부정하는 프로세스가 있었을 것입니다. 말하자면, 사상적 자살.

가라타니   네, 있었을 거라고 생각합니다.

시마다   그런 말씀을 가라타니 씨가 하시는 것도 이해가 갑니다. 가라타니 씨 자신도, 사상적으로는 계속 자살을 해왔으니까요. 물론 스스로의 사상을 자발적으로 부정하고, 갱신해나간다는 의미지만요.

오쿠이즈미   전쟁 말기에 일본에 예언자가 나타납니다. 그처럼 심하게 지는 일은 보통 좀처럼 없는 일이며, 실은 신국神國이라서 질 리가 없습니다. 신께서 뒤에 붙어계시니까요. 그것을 끝까지 믿고 있었던 사람이 많았고, 그런데도 진다는 것에 대하여, 예언자적인 활동이 있어서 질만 했다고 생각하는 사람도 있었습니다. 오히려 이 패배야말로 신의 의지라는 식으로 말입니다. 일본이 멸망한다,

혹은 지금 얘기로 치면, 일본은 비非무장화해야 한다, 그 편이 낫다는 식으로, 그것이 진정한 신의 의지라고 말이지요. 이시와라 간지가 만약에 예언자적이라고 한다면, 그런 의미에서 그렇다고 생각합니다.

가라타니　비무장화나 그런 얘기는 아니지만, 전후에 오리구치 시노부[9]는 일본의 신이 졌다는 것을 문제 삼았습니다. 그리고 신도神道를 개혁하여 일신교로 확립하려 했습니다. 지면 버려지는 신은 버리자는 것입니다. 그가 베버를 읽었을 리는 없지만, 유대교의 기원에 관한 문제를 알고 있었던 것 같습니다. 또한, 오리구치는 신도의 일신교화를 말하면서 자신은 단순히 이론적일 뿐이며 이것이 실현되기 위해서는 종교적인 카리스마를 가진 인격이 나오는 것을 기다리는 수밖에 없다고 말했습니다. 뭐, 그 기분은 압니다. 제가 하는 말도, 그냥 이론적인 것이니까요. 이것을 실행할 수 있는 사람은 행동력이 있는, 카리스마가 있는 사람입니다.

－2010년 9월 8일 수록

---

9. 折口信夫(1887~1953). 민속학자이자 국문학자, 국어학자. 야나기타 구니오와 쌍벽을 이루는 근대의 민속학자로, 일본문학과 고전예능 등을 민속학적 관점에서 분석했다.

유동遊動의 자유가 평등을 초래한다

오사와 마사치
가루베 다다시
시마다 히로미
다카자와 슈지
가라타니 고진

국가의 틀을 뛰어넘는다

가라타니 좀 전에 오사와 씨와 가루베 씨가, "오늘 나가이케 강의는 9·11 기념이지요?"라고 하셨습니다. 저는 그런 생각이 없었기 때문에 놀랐습니다. 가령 그런 생각이 있었다고 해도, 그것은 의도적으로 실현할 수 없는 일입니다. 이 나가이케 강의는 부정기적으로 하고 있는데, 매번 반드시 토요일에 합니다. 9·11이 토요일일 확률은 낮습니다. 따라서 이건 단순한 우연입니다.

하지만 『세계사의 구조』라는 책은 9·11 동시다발테러와 관계가 없지는 않습니다. 이 사건은 마침 『트랜스크리틱』이 간행된 시점에 일어났습니다. 또한, 제가 NAM을 시작한 무렵에 일어났습니다. 그리고 이 사건은 여러 가지 의미에서 『세계사의 구조』를 쓰는 계기가 되었습니다. 그것에 대해서는 가루베 씨와의 대담과 오사와 씨와의 좌담회에서 이미 얘기했으니, 오늘은 생략하겠습니다.

제 인사는 이쯤으로 하고, 이제 여러분의 발언을 듣겠습니다.

가루베 오늘 강의는 9·11에 맞추어 날을 잡았다고 생각하고 왔기 때문에, 가라타니 씨께 전혀 그럴 의도가 없었다는 사실을 알고서 충격을 받았습니다. (웃음) 이 두꺼운 『세계사의 구조』라는 책에 대해 제 나름대로 어떤 부분을 주목하며 읽었는지, 우선 그 얘기부터 하겠습니다.

『트랜스크리틱』과 비교하면 이 책에서는 '국가'의 존재감이 굉장히 커졌습니다. 주석만 대강 보아도 칼 슈미트와 토마스 홉스 등, 보통 국가에 관한 이론의 고전으로 언급되는 사상가들의 저작을 종종 인용하면서 논의를 전개하고 있다는 것을 알 수 있습니다.

가라타니 씨께서 이제까지 쓰신 작품들은 그렇지 않았는데 말이지요.

하지만 이것은 국가주의자로 전향했다는 것을 의미하는 게 아닙니다. 그 점이 이 책의 큰 특징이라는 생각으로 읽었습니다. '세계공화국으로'라는 제목이 붙은 마지막 장에서는 칸트가 『영원한 평화를 위하여』에서 제기한, '제 국가연방'의 구상을 적극적으로 재평가합니다. 즉, 칸트가 세계평화의 궁극적인 목표로 내걸었던 '세계공화국'은 가라타니 씨에 따르면, 국가의 틀이 모두 소멸된 이상향입니다. 하지만 지금 시대에 '현실적으로 가능한 구상'으로서, 우선 착수해야 하는 일은 그것과 다른 '제 국가연방'이라고 하면서 이론을 2단으로 전개했다는 것이 칸트의 재미있는 점입니다. 이러한 '제 국가연방'은, 현대의 국제연합을 더욱 강고하게 만든 것과도 같은 '국가' 간의 연합체라고, 일단은 생각해도 될 것입니다.

다만, 일단은 '제 국가연방'이라고 번역된 '국가'는, 칸트의 원문에서는 Staat가 아니라 Volk입니다. 영어로 말하자면 네이션입니다. 스테이트, Staat가 지배기구만을 가리키는 것과 대조적으로, 네이션, Volk는 원래 사람의 집단을 의미하는 말이라고 합니다. 만약에 그러한 함의가 있다고 한다면, '제 국가연방'이란 국가의 지배기구로서의 정부가 다른 나라의 정부와 외교관계를 맺는 것이 아닙니다. 오히려 국가 하의 시민사회에서 활동하는 사람들이 국경을 넘어 새로운 관계를 맺어가는 것. '연방'도, 칸트의 원문으로 말하자면 Bund, 즉 '연계'입니다. 그런 식으로 '제 국가연방'을 재평가할 수도 있다고 생각했습니다.

같은 마지막 장 '세계공화국으로'에는, 칸트가 생각한 것이 "루소적인 시민혁명이었다."라는 가라타니 씨의 평가가 있습니다.

(『세계사의 구조』418쪽) 서문의 말미에도 칸트가 지향했던 것은 "시민혁명의 세계동시적 실현이다."라고 쓰셨습니다. '시민혁명'이라는 말은 일본에서밖에 쓰지 않는 학술용어로, 마르크스주의에서 말하는 부르주아혁명을 달리 표현한 것인데, 이 경우는 재산소유자의 이해관계를 반영한다는 식으로 의미를 한정하지 않아도 되겠지요. 이 '시민혁명'이라는 말의 의미를 고려하여 생각한다면, 한명 한명의 인간이 국가의 국민으로서뿐만 아니라, 동시에 지구시민으로서의 시점을 가지고 질서에 관계해 나갑니다. 그런 구상도, 이 책으로부터 이끌어낼 수 있지 않을까요.

집요하게 회귀하는 원시 코뮤니즘

오사와 『문학계』의 좌담회와 중복되지 않는 이야기를 하고자 합니다. 우선 개괄적인 인상으로 드는 생각은, 가라타니 씨가 이 책을 쓴 다음, 무엇을 할지 궁금하게 하는 책인 것은 분명하다는 것입니다. 즉, 모든 것이 적혀 있습니다. 『세계사의 구조』라는 타이틀은 다른 식으로 말하자면 '세계사의 형식'이지요. 따라서 역사를 형식으로 보는 점이 특징입니다. 역사란 보통은 사건이니까, 내용밖에 없습니다. 그래서 형식이나 구조는 보통 역사와 대립하는 것으로 생각되어집니다. 예를 들어 예전에 레비-스트로스는 『야생의 사고』에서 『변증법적 이성비판』의 사르트르를 비판했는데, 그때 '역사 / 구조'라는 다이코토미(이분론)에 기초하여 그런 비판을 했습니다. 따라서 『세계사의 구조』란 어떤 의미에서 모순을 끌어안고 있는 기묘한 제목이라고 할 수도 있습니다.

그럼에도 불구하고, 이 책이 시도한 것은 역사를 구태여 형식과 구조의 관점에서 보는 것입니다. 그러면 가능한 미래도 이 안에 포함되어버리기 때문에 이제 가라타니 씨가 하실 일은 세계의 귀추를 지켜보는 것밖에 없지 않을까요? 이렇게까지 포괄적인 작업은 지금, 세계에서도 그 예가 없는 시도입니다. 정말 중요한 작업이라고 생각합니다.

예를 들어 2000년에 네그리와 하트의 『제국』(일역은 이문사以文社, 2003년)이 나왔는데, 이것은 마르크스주의 관련 책으로서는 최근 몇 십 년 동안 나온 것들 중 가장 널리 읽힌 책인 것 같습니다. 어째서 이 책이 그렇게 많이 읽혔느냐 하면, 포괄적이었기 때문입니다. 원래 마르크스주의의 특징은 포괄적이라는 데 있었지만, 20세기 후반, 특히 1970년대 이후 마르크스주의는 세계를 이해하기 위한 마스터키로서의 역할을 잃어버렸습니다. 즉, 20세기 후반의 마르크스주의와 관련된 거의 모든 작업은 개개의 논점을 묻는 것이었습니다. 생산양식의 변화 중 극히 일부분만을 문제 삼는 등, 마르크스의 텍스트 독해 또한 부분적인 것이 많았습니다. 하지만 『제국』은 근대시스템에 대한 전체적인 전망을 제시했고, 그것이 성공을 거뒀습니다. 그에 비해 『세계사의 구조』는 더욱 큽니다. 근대에 그치지 않고 역사 전체를 커버하며, 가능한 미래에 대해서도 일종의 전망을 암시하는 구성입니다. 그야말로 모든 것이 다 담겨 있습니다. 그래서 이런 작업을 한 뒤에, 사상가는 무엇을 할지……. 제가 아는 한, 마르크스가 전형적입니다만, 대개 위대한 사상가들은 어떤 예정된 작업을 마치기 전에 죽고 맙니다. 대부분의 사상가들은, 예고는 하지만 그걸 못 하고 죽습니다. 그것을 가라타니 씨는 해버렸습니다. 다시 말해, 가라타니 씨는 사후 세계를 살고 있습니다. 그런 점에 큰 흥미를 느낍니다.

하나 문제제기를 하자면, 이 책에서는 '교환양식'이 네 가지로 유형화되어 있습니다. 자유인가 비자유(구속)인가, 평등한가 불평등한가라는 두 개의 축을 포개어 분류한 네 개의 교환양식 A(호수성), B(약탈와 재분배), C(상품교환), D(X)입니다. 중요한 것은 그냥 분류만 되어 있는 것이 아니라 그 사이에 다이나믹한 관계를 설정하고 있다는 점입니다. 따라서 세계사라는 움직임을 기술하는 기본적인 틀로 사용할 수 있는 것입니다. 이 네 가지 중에 가장 중요한 것이, 교환양식D입니다. D는 역사 속에 항상 있지만, D가 지배적인 사회는 존재한 적이 없습니다. 다른 세 가지는 세계사 속에서 순서대로 사회구성체의 주역이 되어 왔지만, D만은 현실의 세계사 속에서 주역이 된 적이 없습니다. 하지만 본서에서는 D가 지배적인 것이 되는 사회형태를 지향하고 있으며, 가루베 씨가 말씀하신 칸트의 논의와 관련지어가며 그런 이야기를 쓰셨습니다.

네 가지 교환양식의 관계라는 것은 교환양식A가 B, C에 의한 억압을 거친 뒤에 D로 회귀하는 것입니다. D는 A와 같은 것이 아니며, B와 C를 경유함으로써 달라지지만, 그럼에도 A의 회귀입니다. 그렇다면 당연히 A란 무엇인지, 집요하게 회귀해오는 A란 무엇인지에 대해 관심이 쏠립니다. 실은 여기까지는 가라타니 씨가 이전에도 쓰신 적이 있는 얘기인데, 『세계사의 구조』에는 이 A에 관한 새로운 논점이 들어가 있습니다. 사실 처음의 A도 무언가의 회귀라는 것이지요. 즉 A가, 원시적인 상태 이후부터 존재한다고 쓰여 있지는 않습니다. A가 성립하는 프로세스가 본서의 제1부에 쓰여 있습니다. A에 앞서 유동적인 수렵채집민이 가지고 있는 '공동기탁', 달리 표현하자면 공유랄까요, 원시 코뮤니즘이 있었습니다. 그것이 정주화가 진행되어 씨족사회가 되자 호수성으로 회귀합니다. 그것이 교환양식A입니다. 이것이 또다시 C를 경유한 뒤, D로서 고차원적으로 회귀합니다. 즉, '원시적인 코뮤니즘 → A → D', 이렇게 이중으로 회귀하는 구조입니다.

좀 전에 가루베 씨가 본서의 특징으로 '국가'의 존재감이 크다는 점을 드셨습니다. 국가에 대한 언급이 여러 번 있는 것은 분명합니다. 이 책이 어째서 국가에 주목하는가 하면, 국가를 가로막는 메커니즘이 인간 안에 있기 때문이지요. 국가는 역사 속에서 여러 번 만들어지는데, 숙명적으로 국가가 된다기보다는 인간사회 속에서, 국가로 향하는 벡터를 억제한달까, 가로막는 것이 있다는 점을 주목하셨습니다. 국가는 필연적 산물이 아니라고 말이지요. 그것을 가로막는 것이 교환양식A와 D이며, A와 D의 뿌리에 있는 것, 그것은 원래 인간이 가진 기본적인, 산문적인 표현을 쓰자면 공동기탁이며, 다소 낭만적인 말로 표현하자면 코뮤니즘입니다. 그것의 2중 회귀로서 D가 존재합니다.

이 책이 지닌 무척 흥미로운 점은, 현대의 복잡한 사회를 논하는 부분에서도 원시적인 지점에서부터 문제를 파고든다는 것입니다. 예를 들어 현대의 제 국가연방을 생각할 때, 씨족사회의 호수성과의 비교로 생각합니다. 그러한 논법이 성립하는 것은 A가 회귀한 양식으로서 D가 있다는 인식이 있기 때문입니다.

그러면 이 회귀가 집요하게 반복되는 필연성, 그것을 어떻게 생각할지의 문제가 중요해집니다. 가라타니 씨는 프로이트를 인용하면서 프로이트의 '억압된 것의 회귀'라는 논리를 환골탈태하여, 가라타니 씨의 방식으로 전개하셨는데, 만약 원시 코뮤니즘이 인간 사회에 이렇게까지 철저하게 회귀한다면, 그 기본적인 의미랄까,

논리적 필연성은 어디에 있는지를 확인하고 싶습니다. 그것을 생각하면, 우리가 앞으로 무엇을 하면 좋을지가 보이겠지요. 그런 문제를 제기하고 싶습니다.

종교와 법

시마다　가라타니 씨를 실제로 처음 만난 것은 올해(2010년) 5월입니다. 그때 갑자기 장례식 이야기를 하게 되어서, 어머니가 돌아가셨을 때 장례식에 생각 이상으로 돈이 많이 들었는데, 누님의 고집에 결국 져줬다는 식의 이야기를 들으며, 가라타니 씨도 장례식 문제에 관해서는 난감할 때가 있구나, 하고 생각하며 어쩐지 자신감이 생겼는데요. (웃음) 『세계사의 구조』는 특히 전반부가 어려웠지만, 후반부로 가면서 이건 혁명을 권유하는 책이라는 생각이 들었습니다. 세계동시혁명 같은 건 옛날에 유행한 적이 있었지만, 새삼 이제 와서 그것이 중요한 문제로 다뤄지는 것의 의미를 생각하니 더욱 흥미롭게 여겨졌습니다.

이 책에는 종교에 대한 논의도 있는데, 제가 생각하는 현대 종교 문제의 기점은 1978년~79년의 이란·이슬람혁명입니다. 이것은 법학자인 호메이니를 지도자로 하는 이슬람교 시아파가 세속의 팔레비 왕조를 대신하여 권력을 탈취한 사건으로, '법학자의 통치론'을 내세우며 이슬람법의 '샤리아'에 기초한 사회체제 구축을 목표로 한 혁명입니다. 그 이전 시대에는 종교라고 해도 낡은 시대의 유물이라는 이미지가 강했고, 종교학 분야에서도 오로지 세속화만이 테마인 상태였습니다. 하지만 이란·이슬람혁명 이후, 이슬람

원리주의 같은 흐름이 생겨났고 다른 종교에서도 그에 호응하는 식으로 원리주의가 생겼습니다. 그러한 흐름 속에서 옴진리교 사건도 있었고요. 옴진리교에는 불교의 교의적 측면을 강조하는 불교 원리주의적 경향이 있어서, 이제까지의 불교와는 다른 불교를 만든다는 식의 성격이 있었던 것 같습니다. 그러한 종교적 원리주의 경향이 세계적으로 강해졌고, 그것이 큰 영향력을 가지게 됐습니다. 경제 측면에서도 시장원리주의가 석권했지만, 이 시장원리주의라는 말도 종교적 원리주의의 영향으로 나온 말임은 분명하며, 무척 깊은 연관이 있습니다. 즉, 현대에서도 사실 종교의 힘은 여전히 강력하며, 그로부터 벗어나는 것은 아마도 힘들 것입니다. 그러한 문맥 속에『세계사의 구조』라는 책도 존재하며, 이 종교라는, 어떤 의미에서는 상당히 까다로운 문제에 어떻게 대처해나갈지를 생각해야만 할 것입니다.

그때 생각할 필요가 있는 것이 종교의 '법'이라는 측면입니다. 종교학은 크리스트교 권에서 생겨난 적도 있고, 늘 크리스트교를 베이스로 생각하게 되는 면이 있습니다. 즉, 성聖과 속俗이라는 이분법으로 세계를 봅니다. 하지만 이슬람교와 유대교, 혹은 일본의 신도 등은 성과 속의 이원론적 사고방식으로는 이해할 수 없습니다. 오히려 그것을 밀접하고 불가분한 일체로 파악하는 경향이 강합니다. 성스러운 세계와 세속적인 세계가 따로따로 독립적으로 있는 것이 아닙니다. 그곳에서는 법이 중요하며, 유대교라면 하라하라고 하는 유대법이 있고, 이슬람교에는 샤리아라는 이슬람법이 있으며, 이것이 종교적인 부분을 포함한 모든 사회생활을 제어하고 있습니다. 그것이 성과 속을 분리하여 카이사르의 것은 카이사르에게, 라는 식으로 생각하는 크리스트교와는 근본적으로 다릅니다. 구체적으로 말하자면, 크리스트교에서는 성직자가 세속을 벗어나 출가하는 것이 있습니다. 불교에도 있지요. 하지만 출가라는 사고방식은 이슬람교와 유대교에는 없습니다. 따라서 좀 전에 말한 이란의 이슬람혁명이 성과 속의 이분법에 대한 하나의 안티테제이며, 그러한 의미에서 종교적 혁명이었다고 할 수 있습니다.

일본에서는 불교와 크리스트교가 더 친근하기 때문에 종교의 법에 대해 주목하는 게 쉽지 않은데, 그러한 '법'이 전혀 없느냐 하면, 그렇지 않다고 생각합니다. 불교법, 혹은 신법 같은 명시적인 것은 아니지만, 종교를 둘러싼 권력구조가 없느냐 하면, 절대 그렇지 않습니다. 예를 들어 가라타니 씨가 난감해하셨던 장례식을 생각하면, 의외로 이런 관혼상제 부분에서는 권력관계가 중요하다는 것을 알 수 있습니다. 장례식에서는 이미 없는 죽은 이를 가상의 중심에 놓은 권력관계가 작용하며, 아마도 누님은 죽은 이를 위해서 장례식을 화려하게 치렀고, 가라타니 씨는 그것에 대해 위화감을 느꼈을 것입니다. 일본에서 혁명을 일으킨다면, 이게 세계동시혁명으로는 연결되지 않겠지만(웃음), 관혼상제 부분부터 어떻게 해야 한다고 생각합니다. 『장례식은, 필요 없다』라는 책도 썼는데, 그런 관점에서 『세계사의 구조』를 읽고 싶습니다.

시차視差에 의한 관계성의 발견

다카자와 그 세계동시혁명에 대해서 얘기하고 싶은데요, 『세계사의 구조』에서 우선 확인해야 하는 점은 최종적으로 냉전종결 후, 실제로는 벌써 옛날에 사어死語가 되어 있었던 '혁명'이라는 말을 사상적으로, 혹은 역사적으로 부활시킨 점이라고 할 수 있습니다. 특히 '세계동시혁명'이라는 말을 접하는 것은 1970년대 이래 처음인 것 같기도 합니다. 물론 당시의 그것은 가라타니 씨가 말씀하신 것과는 전혀 다른 문맥에서 쓰이고 있었습니다. 즉 스탈린 류의 일국혁명이냐, 그게 아니면 트로츠키 류의 세계동시혁명이냐라는 단순한 이항 도식이지요. 게다가 후자는, 분명 폭력혁명을 전제로 하는 것이었습니다. 세계동시혁명을 칸트의 '영원평화' 이념과 연결 지어 비폭력, 평화혁명으로 말한 사람은 가라타니 씨가 처음일 것입니다.

하지만 국가의 지양을 생각했던 마르크스로 돌아간다면, 그러한 러시아혁명 후의 혼란 따위는 무의미하다고 하셨는데요. 사실 이것은 굉장히 획기적인 논점입니다. 가라타니 씨는 이에 대해 이 책이 간행되고 나서 하신 인터뷰와 좌담회에서, 헌법 제9조를 증여로서의 비폭력(군비방기)의 방식으로 행사하라고 말씀하셨습니다. 오해하면 안 되는 것은, 그 세계'동시'라는 것의 위상입니다. 본서의 마지막장에는, "점진적이며 세계동시혁명적인 혁명운동"이라는 말도 쓰셨는데, 군비의 방기를 의미하는 '증여에 의한 영원평화'를 즉시, 그리고 일거에 이룬다는 의미와 '세계공화국'으로의 접근, 이 이중성을 어떻게 받아들일지가 중요한 포인트라고 생각합니다. 그 점을 가볍게 넘겨서는 안 됩니다.

지금 여러분의 말씀을 들으면서, 다시금 이 책이 9·11이라는 사태의 영향을 받아 쓰였다는 점, 게다가 '세계전쟁'의 위기에 대한 절박감 속에서, 비로소 세계동시혁명인가 일국혁명인가, 혹은 폭력혁명인가 평화혁명인가 라는 역사적 이항대립을 넘어선 사정射程을 획득했다는 것을 절실히 느꼈습니다. 단, 여기에는 그런 내용이 없지만, '혁명'이라고 할 경우 의회제 민주주의와의 관계를 어떻게 정리할 것인지의 문제는 피할 수 없을 것입니다. 예를 들어 유엔에서 헌법9조의 실행을 선언한다고 해도, 운동으로서의 어소시에이션이 국가의 폭력에 노출되었을 경우 어떻게 대응할 것인지의 문제, 협동조합과 의회와의 관계 등, 앞으로 이 책을 단서로 생각해 나가야 하는 구체적인 문제가 많을 것 같습니다. 『세계사의 구조』는, 그렇게 쓰여 있지 않은 내용을 독자가 보충하여 구체적인 운동으로 연결 지어 나가기를 촉구하는 책이니까요.

그리고 오사와 씨가 지적하신 역사의 형식화에 관해서 말씀드리고 싶은데요, 생산양식이 아닌 교환양식을 도입함으로써 그것이 가능해진다는 게 중요합니다. 이것은 가루베 씨가 말씀하신 칸트의 '국가'가, '스테이트'(대외적인 의미를 가지는 형태개념)가 아니며, '네이션', 즉 내적인 성격개념이었다는 문제와도 관련이 있습니다. 단 교환양식의 관점에서 보는 이상, 그것은 상부구조로서의 국가(환상의 공동체)로는 환원할 수 없다는 문제가 걸려있지요.

또 한 가지, 『트랜스크리틱』에서는 칸트와 마르크스 사이의 시차(parallax view)를 분명하게 논했습니다. 칸트에서 마르크스를 읽고, 반대로 마르크스의 관점에서 칸트를 다시 읽는다는 것. 이 시차의 획득으로 헤겔에서 마르크스로, 라는 문제구성을 절단하는 사고가 생겨났는데, 이 시차는 60년대부터 일관된 것 아니었습니까? 가라타니 씨의 문예평론가로서의 출발은, 나쓰메 소세키론 「'의지'와 '자연' ── 소세키 시론」이었는데, 이 제목 자체가 시차적 관계성의 발견에 의한 패러다임의 변경이라는 인상을 강하게 줍니다. 자연의 관점에서 의식을 보고, 또한 역으로 의식의 측면에서 자연을 보는 것. 소세키의 텍스트에 입각하여 말하자면, '논리론적인 위상'(타자 = 대상으로서의 나)과, '실존적인 위상'(대상화할 수 없는 '나')이 역접하는 관계입니다. 그것들은 단순한 모순관계가 아니라, 어느 한쪽으로 환원할 수 없는 이중성으로서 존재합니다.

이러한 방법, 가능성의 중심을, 어떤 시차를 가지고 발견한다는 것. 그것은 문예비평과는 완전히 동떨어진 이 『세계사의 구조』의 근저에도 있어서, 이를테면 칸트와 프로이트의 관계 발견 또한 그런 시차를 포함하고 있습니다. 그 얘기를 하자면 2003년의 논고 「죽음과 내셔널리즘 ─ 칸트와 프로이트」[1]로 거슬러 올라가는데, 『세계사의 구조』에서는 칸트가 말한 인간의 '반사회적 사회성'이라는 본성, 이것이 전쟁을 초래하기 때문에 제 국가연방을 구상해야만 한다는, '자연의 간지'에 대해서 말씀하신 부분입니다. 이것과 프로이트의 초자아 생성, '반이성적인 이성'이 내면화된 것으로서, 바깥으로 향하는 공격성('죽음 충동')이 내향한다는 이해가 잘 대응되어 있습니다. 프로이트가 접한 전쟁신경증의 증상을 '억압된 것의 회귀'라고 한다면, 칸트의 '영원평화'란 공격성의 발로(전쟁)가 공격성을 억제하는 힘으로 바뀌는 '제 국가연방에서 국가의 지양으로'라는 논리전개가 어우러져, 매우 설득력이 있습니다. 오사와 씨는 앞으로 가라타니 씨가 어디로 갈지 궁금하다고 말씀하셨는데, 어쨌든 『세계사의 구조』는 독자들에게도, 이것을 읽은 자기들이 앞으로 어디로 갈지에 대하여 생각하게 해주는 책인 것 같습니다.

• •

1. 가라타니 고진, 『네이션과 미학』(조영일 옮김, 도서출판 b, 2009)에 수록.

영원평화의 창설에 의한 국가의 지양

가라타니   여러 말씀 감사드립니다. 들으면서 생각한 것, 확실히 해두고 싶은 점이 몇 가지 있었습니다. 그중 하나는 '세계동시혁명'입니다.

이에 대해 사람들이 우선 떠올리는 것은, 옛날에 적군파가 말했던 '세계혁명'이나, 지금으로 말하면 네그리 = 하트가 말하는 '다중'의 세계적 반란 같은 이미지일 것입니다. 하지만 제가 생각하는 것은 오히려 유엔 같은 것입니다. 보통 세계혁명이라고 하면, 각국에서 일어난 혁명이 연쇄적으로 확대되어 세계적으로 퍼지는 것처럼 생각됩니다. 하지만 저는 이제까지의 역사적 경험에 비추어 볼 때, 그에 대해 의구심을 느낍니다.

예를 들어 한 나라에서 혁명이 있으면, 다른 국가가 반드시 간섭을 합니다. 그 혁명이 국가를 지양하는 것일 경우에는 더욱 그렇습니다. 그렇게 되면 혁명을 지켜내기 위해서는 더욱 강력한 국가를 건설해야만 합니다. 국가의 지양을 목표로 한 것인데, 그 반대가 되고 말지요. 러시아혁명이 그 전형적인 예입니다. 제가 말하는 '세계동시혁명'은 국가가 다른 국가와의 관계 속에 존재한다, 따라서 국가의 지양은 국가 간의 적대 상태를 지양하지 않고서는 있을 수 없다, 라는 인식에 기초한 것입니다. 그래서 국가의 지양은 한 나라만으로는 불가능하며, 칸트가 말하는 의미의 '영원평화'를 창설함으로써 비로소 가능해집니다.

제 생각에, 그것은 교환양식B와 C에 근거한 세계시스템(근대세계시스템)을 대신할 새로운 세계시스템의 창출입니다. 현재의 유엔은 교환양식B와 C에 근거한 것입니다. 그래서 미국처럼 군사적 실력을 지닌 국가가 배후에 있습니다. 미국은 자기가 필요할 때면 유엔을 이용하며, 자기가 불리해지면 유엔을 부정합니다. 하지만 이미 유엔이 있다는 건 어떤 의미에서는 인류사에 있어 커다란, 불가역적인 달성입니다. 그것은 '인터내셔널 커뮤니티'를 강화하고 있습니다. 모든 국가는 이미 자기 마음대로 움직일 수 없는 것입니다. 단 앞으로, 한 걸음 더 비약할 필요가 있습니다. 어떻게 하면 그 한 걸음이 가능할까요? 그것을 '세계동시혁명'의 문제로 생각하려고 한 것입니다. 그런데 그 한 걸음은, 한 나라의 혁명으로도 가능합니다. 그것은 전쟁의 방기(증여)로 시작되니까요.

또 하나 강조해두고 싶은 것은, 보편종교와 세계종교의 구별입니다. 제가 정의하는 보편종교는 교환양식D를 실현하는 것을 가리킵니다. 그것이 세계적이라거나, 규모가 크다거나 하는 것은 관계가 없습니다.

작아도 보편적이기만 하면 보편종교입니다. 한편 세계종교는 세계제국이 보편종교를 채용함으로써 생긴 것입니다. 크리스트교는 말할 것도 없고 불교, 이슬람교도 그렇게 해서 세계종교가 된 것입니다. 하지만 세계로 퍼진다고 해서 보편종교가 되는 것이 아닙니다. 그 반대로, 보편종교성을 잃습니다. 그것은 국가의 통치수단이 되어버리기 때문입니다. 그것은 교환양식D이기는커녕, B(국가)와 A(공동체)를 보강하는 장치가 됩니다. 그렇다고는 해도, 세계종교에도 보편종교의 요소가 포함되어 있어서, 이따금 그런 면이 드러납니다. 그것을 놓쳐서는 안 됩니다.

또한 시마다 씨가 불교와 이슬람교의 '법'에 대해 말씀하셨는데, 크리스트교에도 '법'이 있습니다. 교회법이요. 중세유럽에서 교회법은 강력한 존재였다고 생각합니다. 예를 들면 약자의 보호, 형벌의 인도人道화, 사투私闘의 금지, 평화의 확보 등으로 세속법에 영향을 주었습니다. 보편종교를 스스로의 근거로 삼는 국가는 어떤 국가든, 오히려 보편종교가 제시하는 '법'을 받아들임으로써 자기규제를 받게 되는 것입니다.

모세의 신

다카자와 시마다 씨께 질문 하나 드려도 될까요?『세계사의 구조』에 보편종교에 대해 논한 제2부 제4장에 '모세의 신'에 대한 기술이 있습니다. 오사와 씨, 오카자키 씨와의 대담에서 가라타니 씨가 다시 언급하신 것처럼(본서 57~58페이지), 모세에게 이끌려 이집트를 떠나 가나안 땅에 건국된 고대 이스라엘(헤브라이) 왕국은, 이스라엘과 유다라는 남북의 두 개 왕국으로 분열됩니다. 둘 다 또다시 멸망하는데, 가라타니 씨의 말씀에 의하면 그 유다 왕국의 멸망 때 바빌론 포로가 있어서, 그것을 계기로 '모세의 신'에 대한 신앙이 강해졌습니다. 즉 역사적으로 국가의 멸망을 경험한 사람들에게 버려지지 않고 오히려 다시 선택된 신이 모세의 신이었지요. 그리고 그때 신과 인간 사이의 호수적 관계가 절단되고, 주술이 부정되었다고 합니다. 교환양식A를 부정하는 측면이지요. 하지만 한편으로는 또 모세의 신은 국가에 의한 약탈과 재분배에도 비판적이라서, '사막으로 돌아가라', 즉 정주농경민의 심성을 부정하여 유목민으로서의 역사적 기억을 환기합니다. 이것은 역으로 A(호수성)의 회복을 촉구하는 것이며, 그것이 보편종교로서의 조건이 되기도 하는데, 그런 부분을 종교학적으로 해석하면 어떻습니까?

시마다　　모세의 경우 중요한 포인트는 십계명입니다. 제1계에서 '주님이 유일신이라는 것'을 말합니다. 일신교의 탄생이지요. 일신교란 인간이 유일한 신을 신앙하지 않으면 안 된다는 관계성이 중요하다고, 신이 일방적으로 메시지를 내린 것입니다. 다음으로 우상숭배의 금지라는 것을, 제2계에서 말합니다. 여기에 '물건'으로서의 우상이 나옵니다. 이 우상을 어떻게 취급할지가, 종교에서는 굉장히 중요한 부분입니다. 물건의 개입으로 신과 인간과 물건의 삼자 견제 관계가 성립하여, 신과 인간의 관계만이 중요한 게 아니라는 식이 되고 맙니다. 유대교는 우상숭배를 금지하는 것에 관하여 비교적 열심입니다. 그 이후에 나온 크리스트교는 우상숭배에 관해서는 꽤나 느슨해서, 삼위일체론 같은 것이 나오게 되는 하나의 배경이 되었습니다. 실제로 크리스트교 미술이 크게 발달했고, 또 한편에서는 성자의 유골 등등을 숭배하는 성물숭배가 생겨나서 물건인 뼈가 신앙의 대상이 되어 하나의 힘을 가지게 됩니다. 그때 신이 물건에 밀려 점점 쇠퇴하게 됩니다. 물건이 있어서 신이 힘을 잃어가는 구조지요. 이슬람교의 경우, 물건을 철저히 배제합니다. 그래서 유대교 이상으로 우상숭배를 금지하여 신과 인간과의 관계성을 제외한 것을 모두 철저히 배제해왔습니다. 도중에 완화하기도 했지만, 기본적으로는 그렇습니다. 하지만 불교의 경우는 한 번도 우상숭배를 금지한 적이 없습니다. 오히려 물건 투성이인데, 그것은 굉장히 특수한 형태입니다. 또한 신도에서는 우상숭배를 금지하지는 않지만 실제로 신의 모습을 나타내지 않음으로써 물건의 개재를 막습니다.

이처럼 우상숭배를 어떻게 하는가에 따라서 종교의 형태가 크게 달라집니다. 그래서 인간과 신과 물건이라는 셋의 관계를 어떻게 생각하는지가 중요합니다. 물건은 무겁지요. 좀 전에 장례식 얘기도 했지만, 장례식 때 쓰는 물건 중에 가장 무거운 것은 인간의 **뼈**입니다. 실제로 **뼈**에 얽매여, 그로 말미암아 사회관계가 규정되는 부분이 있습니다. 만약에 **뼈**가 없다면 묘를 만들 필요도 없고, 현재 일본의 가정 사회·제도 또한 크게 달라질 가능성도 있습니다.

다카자와　제가 여쭙고 싶었던 건 그런 얘기가 아니라, 마땅히 버려져야 할 신이, 역사적인 패배를 경험한 민족에 의해 오히려 선택받은 백성의 보편종교로 변용해가는 프로세스에 대한 고찰, 특히 그것을 교환양식에 기초하여 세계사적인 관점에서 재고하는 방법에 대한 종교학적 답변입니다.

가라타니　종교학에서는 보통 저 같은 관점을 취하지 않을 것입니다. 종교를 교환양식과 관련지어 설명하다니, 그런 생각은 아무도 안 하지요. 하지만 저는 종교를 교환양식으로 설명할 수 있다고 생각합니다. 종교의 초기 형태는 주술인데, 이것은 아니마 혹은 신에 대한 증여-답례라는 교환관계입니다. 이것은 기초적인 것으로, 보편종교 이후에도 남아 있습니다.

예를 들어 신께 기도하거나, 신불에 참배하며 돈을 바치거나, 제물을 바칩니다. 그러면 보답이 있기 때문입니다. 보답이 없다면 그 신을 믿는 것을 그만두고 다른 신으로 갈아탑니다. 계속해서 새로운 건강법을 시도하는 사람들이 있지요. 효과가 없으면 바로 다른 건강법으로 갈아탑니다. 그것과 마찬가지입니다. 일본에는 끊임없이 종교를 바꾸는 사람들이 많습니다. 그것은 신과의 관계가 호수관계이기 때문입니다.

역사적으로 보면 패배한 나라의 신은 버려졌습니다. 보통 그렇습니다. 신이 아무리 초월적인 존재이더라도, 아무런 답례를 주지 않으면 인간에게서 버려집니다. 하지만 국가가 멸망했는데도 그 신이 버려지기는커녕 오히려 그것을 인간의 책임으로 돌리는, 기괴한 사건이 일어났습니다. 그것이 유대교의 기원이지요. 유대교, 즉 모세의 신에 대한 신앙은 '유대왕국'이 멸망한 뒤에 시작되었습니다. 정확히 말하자면 '바빌론의 포로'가 된 사람들 사이에 퍼졌습니다. 모세의 신은 주술의 부정, 호수적 관계의 부정으로서 나온 것입니다.

또 하나의 계기는 그들이 바빌론에서 오로지 상업에 종사했다는 것입니다. 팔레스티나에 있었던 유대인들은 농사를 지었습니다. 그래서 신도 농경신의 성격을 띠게 됩니다. 우상숭배가 됩니다. 하지만 상업에 종사하면 어떤 의미에서는 유동민, 유목민의 전통이 회복됩니다. 그러한 사람들에게, 모세의 신이 회귀한 것입니다.

오사와 시마다 씨의 말씀을 교환양식론적으로 해석하면, 우상숭배라는 것은 원시적인 호수성에 기반을 둔 것이지요. 가라타니 씨가 말씀하신 대로, 제물을 바치면 무언가 좋은 일이 생길 것이라고 기대하며, 사실은 신이 아닌 것에게까지 제물을 바치는 것이 우상숭배입니다. 아니 엄밀히 말하자면, 호수적인 관계의 상대로 상정되는 대상은 진짜 신이 아니라 우상이라고 간주하는 사고방식이, 우상숭배의 금지라는 규정입니다. 좁은 의미에서의 일신교는 그러한 원시적인 호수성을 일단 단절함으로써 성립됩니다.

바빌론포로기에 유대교가 실질적으로 성립했다는 말씀은, 옳다고 생각합니다. 마치 유대교가 그 이전부터 있었던 것처럼 말하는 것은, 역사 날조라고 말한다면 그건 좀 과장된 표현일지 모르지만, 전통의 발명에 가까운 점이 있습니다. 유대교가 오늘날 알려진 것처럼 완성된 것은, 틀림없이 바빌론포로기입니다.

유대인들은 연전연패를 한 사람들입니다. 그래도 다윗과 솔로몬 때 일시적으로 이스라엘 왕국이 번영하는데, 그것도 이분되고 맙니다. 게다가 북쪽은 일찌감치 멸망합니다. 북쪽이 멸망했어도 남쪽이 남았으니 열심히 살면 된다고 생각하던 차에, 남쪽도 멸망해버립니다. 그 결과가 바빌론의 포로지요. 야훼를 믿고 있었는데 연전연패를 당하여, 끝내 바빌론포로라는 최악의 상태에까지 이르렀습니다. 상식적으로 생각하면, 신으로부터 돌아온 것이 아무것도 없었다는 이야기입니다. 호수성에 기초한다면, 그런 신은 버려지는 것이 마땅합니다.

하지만 그래도 신앙을 유지하는 형식을 취했을 때 유대교라는 일신교가 성립합니다. 그 궁극적인 표현은, 유대교에 입각하여 말하자면 「욥기」입니다. 욥은 신앙이 무척 독실한 인물인데, 신에게 재산도 빼앗기고, 가족도 빼앗기고, 마지막에는 심한 피부병에 걸리고 맙니다. 그는 계속해서 참담한 상황을 맞습니다. 그때 친구가 찾아와서, 네가 이렇게 계속 혼쭐이 나는 것은 무언가 나쁜 짓을 한 것에 대한 응보인 게 틀림없다며 욥을 비판합니다. 이 비판은 호수성의 논리에 입각한 것입니다. 그에 대해 욥은, 자기는 그런 죄를 지은 적이 없다고 반론합니다. 여기에서 대단한 점은, 욥이 그런 상황에서도 전혀 신앙을 버리지 않는다는 점입니다. 즉, 욥의 신앙은 호수성과는 다른 논리에 기초하고 있습니다. 욥은, 유대교의 성격이 극단적으로 표현된 인물입니다.

결국 호수성이 성립하지 않는데 신앙이 계속되었을 때 일신교가 나타납니다. 가라타니 씨의 생각으로 말하자면, 잃어버린 호수성 (A)은 다른 형태로, 일종의 보편종교로서, 더욱 추상화된 교의敎義 같은 형태로— 즉 D로— 돌아옵니다. 하지만 역설적이게도 보편종교 —— 보편종교랄까, 그 한 형태로서의 일신교 —— 가 성립했을 때, 일단 호수성과는 굉장히 명확한 단절이 있습니다. 호수성 안에 매몰되어 있으면 그것은 주술일 뿐이니까요. 주술은 협의의 종교 이전의 것으로, 적어도 그것은 보편종교가 될 수는 없습니다. 그것은 특정 공동체를 위한 것밖에 안 됩니다. 생각해보면 교환양식B조차도 수탈과 안전 사이의 교환이라는 의미에서는 광의의 호수성 논리를 잇는 것입니다. 보편종교로서의 일신교가 성립되었을 때, 진정한 의미에서 호수성으로부터의 이탈이 일어납니다. 여기에 가라타니 씨의 이론을 섞어 말하자면, 호수성(A)을 (D로) 진정한 의미에서 회귀시키기 위해서는, 오히려 호수성 논리와의 단절이 필요했다는 역설이 있었다는 얘기가 됩니다.

다카자와 그렇지요. 일단 그것을 끊어내고서 상상적으로 재귀한 것이 교환양식D일 것입니다. 단 일본의 경우, 직접적인 농경생산의 의례儀禮와 떼어낼 수 없는 천황이라는 게 있습니다. 근세 이래, 그러한 토속적 전통 안에 크리스트교가 들어오자 어떻게 되었을까요? 원시적인 호수성을 절단하지 못한 채, 예를 들면 마리아신앙이 모자신앙의 기반 위에 수용되어, 일신교로 변용하게 됩니다. 게다가 그것이 공동체적인 커뮤니티를 형성하고, 비교秘教의 성격을 더해갔습니다. 보편종교의 특색은 오곡풍요를 기원하는 자연숭배, 대지大地의 직접생산성과는 상관없는 것이며, 그래서 상품교환C를 경유한 A(호수성)의 회복이 일어납니다. 하지만 지금 설명한 일본의 경우는 C를 경유하지 않는 호수성에 기초한 코뮤니즘에 가까운 부분이 있습니다. 오리구치 시노부(釋迢空[2])가 쓴 '신神, 지고 말았네'

• •
2. 오리구치 시노부(본서 197페이지의 각주9 참조)의 필명. 오리구치 시노

라는 시는, 패전이 결국 일신교가 보편종교에 패배했다는 의미임을
받아들인 것이며, 일본의 신들(반드시 천황에 한정된 것만은 아닌)
과 인간과의 호수적 관계의 종언을 선언한 현대의 노래였겠지요.
그런 일이 있고 난 이후가 '전후'이며 역사적으로 이윽고 표면적으
로 '자유', '평등'을 내세우는 민주사회가 도래하게 됩니다.

코뮤니즘을 가능하게 하는 유동성

가라타니   교환양식D는 자유롭고 평등한 형태입니다. 현재 사
람들은 자유와 평등은 늘 대립하는 것으로— 자유를 말하면 평등에
대한 규제가 되며, 평등을 말하면 자유에 대한 규제가 된다— 라는
식으로 생각하는 것 같습니다. 하지만 원래, 자유는 평등과 떼려야
뗄 수 없는 것입니다.

예를 들어 수렵채집 유동민의 경우 획득한 것을 공동기탁하는(평
등하게 분배하는) 시스템이 있습니다. 이것은 그들이 유동적이므로
자연히 이루어집니다. 유동적인 생활에서는 축적하는 것이 불가능
합니다. 따라서 다 같이 소비합니다. 그렇기 때문에 빈부의 격차는
발생하지 않습니다. 또한 유동민의 밴드는 소규모로— 대부분
25~50명 정도의 소집단인데, — 유동성이 높고, 언제든 나갈 수
있으며, 부부도 비교적 쉬이 헤어집니다. 그래서 친족조직이 발달
하지 않는 것입니다. 주술도 발달하지 않습니다. 따라서 유동민의
단계에는 자유가 평등을 초래한다고 할 수 있습니다.

• •

부는 민속학자이면서도 하이쿠 시인으로 활약했다.

하지만 정주하면 달라집니다. 축적이 생겨나면 아무래도 빈부의 차가 생길 수밖에 없고, 수장의 권력도 커집니다. 그것을 억제하는 시스템이 호수성이라고 생각합니다. 그것이 교환양식A입니다. 이것은 유동민의 공동기탁과는 달리 증여의 의무 같은, 규칙에 의한 강제를 수반합니다. 이러한 호수에 의해 평등화가 이루어집니다. 따라서 씨족사회를 평등주의적인 것으로 볼 수 있습니다. 하지만 교환양식A에 의해 무엇이 회복되는가 하면, 평등이라기보다도 우선 유동성(자유) 아닐까요? 오히려 그것이 평등을 초래하는 것 아닐까요? 『세계사의 구조』에서는 그 점이 명확하지 않았기 때문에, 여기에서 강조해두고 싶습니다.

씨족사회에도 유동성이 회복되어 있었습니다. 예를 들어 루이스 H. 모건의 『고대사회』에도 그런 내용이 있는데, 씨족적 집단은 인구가 늘어나면 식민에 의해 나뉘게 됩니다. 그 경우 이전의 씨족과 관련은 있지만, 독립적으로 자치를 하는 씨족이 됩니다. 그리스의 폴리스도 이러한 식민으로 각지에 생긴 것입니다. 원래의 씨족에서 독립한 것입니다. 자율적인 폴리스는 그렇게 형성된 것입니다. 식민＝유동성이 없으면 그리스의 특성은 생기지 않았을 것입니다. 그리스에는 데모크라시(다수자지배)와 구별되는 이소노미아(무지배)라는 관념이 있습니다. 그것은 유동성의 회복에 의한 평등의 실현이라고 생각합니다.

실제로 유동하는 게 아니더라도, 고정된 관계로부터 이탈하는 것은 유동성입니다. 그런 점에서 아질이 중요합니다. 거기에 들어가면 종래의 관계로부터 이탈할 수 있습니다. 일본으로 치자면 가케코미데라 같은 것인데, 이것은 씨족사회에서 국가사회로 이행하는 단계에서 각지에 생겼습니다. 고대 그리스에도 노예의 가케코미데라 같은 것이 있었습니다.

아질로 도망친 사람을 어째서 국가가 지배할 수 없을까? 헨슬러[3]는 이것을 미개인의 심리로 설명했습니다. 그것은 말하자면 애니미즘으로 설명했다는 것입니다. 아질이라는 장소로 들어간 사람에게는 아니마가 붙습니다. 그래서 손을 쓸 수가 없었다는 것입니다. 하지만 이것을 교환양식A로 설명할 수 있습니다. 말하자면 아질은 씨족사회가 국가사회로 바뀐 시점에, 유동성이 '억압된 것의 회귀'로서 돌아온 것이라고 할 수 있습니다.

이 경우 중요한 것은 평등이 아닌 유동성 = 자유입니다. 자유가 있으니까 평등이 생기게 됩니다. 코뮤니즘을 평등의 면에서만 보면 스파르타처럼, 혹은 플라톤의 '국가'처럼 됩니다. 즉, 국가 주도로 부를 평등하게 재분배하는 체제가 됩니다. 하지만 유동민사회의 코뮤니즘은 그런 게 아닙니다. 평등은 유동성에 의해 확보되고 있었던 것입니다.

좀 전에 얘기한 식민도시의 사례로 돌아가서 말하자면, 불평등이 생기면 사람은 그 폴리스에서 나가버립니다. 그러면 그 폴리스는 몹쓸 곳이라는 얘기가 되지요. 이오니아의 이소노미아는 이러한 이동성에 의해 성립되어 있었습니다. 한편, 아테네의 데모크라시는 외국에서의 이민을 받아들이지 않는 배외주의에 기초한 것이었습니다. 아테네만 보면 이소노미아를 이해할 수 없을 것입니다. 물론, 자유가 중요한가 평등이 중요한가 하는 얘기가 아닙니다. 둘 다

---

3. Ortwin Henssler, 『비호권의 형식들과 게르만인들에 있어 그 보급』 *Formen des Asylrechts und ihre Verbreitung bei den Germanen*(1954, V. Klostermann).

중요합니다. 단, 평등은 자유를 통해서 실현되는 것이 아니라면 의미가 없습니다. 교환양식D는 그것을 의미하는 것입니다.

오사와　　지금 말씀은 『세계사의 구조』에는 없는데, 신선하고 재미있네요. 자유와 평등, 혹은 이동성(mobility)과 공동기탁(pool-ing)은 서로 발목을 잡고 있는 관계와도 같아서, 상호의존적이라는 지적이십니다. 평범하게 생각하면, 그 둘은 반대 방향을 향하고 있습니다. 이동성이라는 것은 자유입니다. 즉, 자유란 여차하면 도망간다는 의미지요. 이것은 사회의 관점에서 보면, 말하자면 확산하는 힘, 원심력입니다. 그에 반해 평등, 공동기탁이란 응집하는 구심적인 것입니다. 이 둘은 그 자체로서 표면적으로 보면, 정반대 방향을 향하고 있습니다. 하지만 인간의 사회에서는 전혀 다른 방향의 벡터가 서로 발목을 잡아당긴다고 상쇄되어 사라지는 게 아니라, 반대로 상호의존관계라는 것이 특징인 것 같습니다.

예를 들어 저는 인간 이전의 영장류 사회에 흥미를 갖고 있습니다만, 침팬지는 수십 마리가 하나의 집단── 공동체라고 말할 수 있는── 을 형성하고 있으며, 모빌리티는 상당히 높습니다. 즉 끊임없이 이동합니다. 이동하는 이유는 아마도, 인간의 경우와 마찬가지로 하찮은 다툼을 피하기 위해서입니다. 자원은 유한하니까, 자꾸 이동해갑니다. 하지만 유동적인 수렵채집민의 경우와 달리 공동기탁은 거의 없습니다. 말하자면 침팬지의 사회에는 코뮤니즘이 전혀 없는 것입니다.

하지만 이 인간 특유의 이동성과 세트인 원시코뮤니즘은, 생각해보면 조금 이상한 시스템입니다. 인간에게 정주가 아 프리오리하지 않은 것은 분명합니다. 침팬지가 그렇듯, 인간의 집단도 오히려 돌아다니는 편이 더 좋습니다. 실제로 인류 역사 전체에 비추어

보면, 그러한 이동성이 있었던 시기가 그렇지 않았던 시기보다 훨씬 더 깁니다. 심지어 모두 이동하고 있으니, 식량을 획득한 자는 그 자리에서 먹어도 상관없다고 할 수 있습니다. 실제로 침팬지의 경우에는 그렇게 합니다. 하지만 인간 집단의 경우에는 각 개인이 획득한 식량을 그 자리에서 먹어버리지 않고, 그것을 일단 가지고 돌아와서 다 함께 나누어 먹습니다. 특히 수렵하는 자는 — 아마도 남자였을 것 같은데, — 집단의 주축에서 상당히 떨어진 곳까지 나가서 사냥을 했을 테니, 일부러 가지고 돌아오지 않아도 혼자 독차지하거나 사냥에 직접 관여한 소수자들끼리 독점하는 일이 쉽게 가능했을 터입니다. 하지만 그렇게 하지 않고 사냥감을 가지고 돌아와 다 같이 나누었던 것으로 보입니다. 이것이 공동기탁입니다. 가라타니 씨의 생각에 입각하여 말하자면 이러한 경향이 후에, 교환양식A로 나타납니다. 즉, 인간의 근저에 코뮤니즘으로 향해가는 불가사의한 충동 같은 것이 있습니다. 그러한 충동이, 아주 기본적인 충동으로서 역사에 위력을 발휘하여 A로 회귀하고, 더불어 D로 회귀하는 것이라고 생각합니다.

또한, 이 인간 사회의 특징으로서 이동성과 코뮤니즘이 서로 손을 잡는다는 것을 다양한 방면에 응용할 수 있습니다. 좀 전에 말씀 드린 대로, 코뮤니즘은 집단을 응집시키는 구심력에, 이동성은 집단을 바깥으로 퍼지게 하는 원심력에 대응시킨다고 합시다. 이 두 벡터를, 보편종교 안에 있는, 법을 구성하는 벡터와 법으로부터 이탈하려 하는 벡터에 대응시킬 수 있을지도 모릅니다.

좀 전에 시마다 씨께서 말씀하셨듯이 유대교, 이슬람교는 말하자면 법입니다. 보편종교는, 법으로 향하는 벡터를 가지고 있습니다. 하지만 보편종교에는 법으로부터 이탈하는 벡터도 있는데, 그 전형이 크리스트교입니다. 크리스트교는 유대교의 율법을 파기하는 구조입니다. 법이란 그것을 준수하는지 아닌지에 따라 동료와 외부를 구별하여 연대시킬 수 있으니, 예를 들어 유대교와 이슬람교의 음식 금기에 따르는가 따르지 않는가에 따라 함께 식사할 수 있는 동료와 그렇지 않은 자를 구별하게 되니까, 집단을 내적으로 응집시키는 구심력에 해당됩니다. 이러한 법을 폐기하는 것은 역으로 원심력에 해당됩니다. 보편종교 안에 있는 두 가지 벡터, 즉 법으로 향하는 벡터와 법으로부터 벗어나는 벡터는 원초적인 공동기탁(구심력)과 이동성(원심력)의 '억압된 것의 회귀'일지도 모릅니다. 공동기탁과 이동성은 역사 안에서 복잡하게 엮이면서 몇 번이고 회귀를 거듭하고 있을지도 모릅니다. 이러한 관점에서, 『세계사의 구조』를 다시 읽어보는 것도 재미있을 것 같습니다.

루소의 사회계약론

가라타니　가루베 씨가 말씀하신 국가 이야기를 하겠습니다. 저는 이번 책에서 국가를 중시했습니다. 하지만 그것은 경제적 차원에 비해 정치적 차원을 중시한다는 얘기가 아닙니다. 제가 말하고 싶은 것은 정치적 차원이 상부구조 같은 것이 아니라, 경제적 구조에 뿌리를 두고 있다는 것입니다. 실제로 홉스가 명확히 한 것은 국가가 교환에 기초하고 있다는 것입니다. 복종하는 대신 안녕을 얻는 교환. 홉스는, 국가가 '공포에 기초한 계약'이라고 말합니다. 공포에 기초하고 있더라도 계약은 계약입니다. 하지만 이것과는 다른 계약, 증여에 기초한 사회계약이 있습니다. 부족연합이 그

일례입니다. 이것은 교환양식A에 기초한 것입니다.

이것을 힌트 삼아 국가의 지양이라는 문제를 생각해보면 됩니다. 홉스처럼 생각하면 국가의 지양, 자연상태의 폐기는 결코 있을 수 없습니다. 하지만 그것은 불가능하지 않습니다. 그것은 교환양식D에 기초한 세계시스템에서 가능합니다. 그리고 저는 칸트가 말하는 '세계공화국'이 그런 것이라고 생각합니다. 어쨌든 경제적, 정치적, 종교적이라는 구별이 아니라, 교환양식의 구별부터 생각하는 것이 중요하다고 생각합니다.

가루베 인간에게 고유의 유동성이, 근대국가가 성립한 후에도 여전히 남아있다는 이야기와 관련해서 말하자면, 홉스가 『리바이어던』에서 전개하는 논의에는 재미있는 측면이 있습니다. 사회계약을 통해 국가가 성립했다는 그 설명은 개개인이 자신의 권리를 주권자에게 맡긴다는 것으로, 절대군주정의 정당화로도 이어져 평판이 안 좋습니다.

하지만 언제나 주권자의 명령에 따르지 않으면 안 되는가 하면, 그렇지는 않고 **빠져나갈** 길이 있습니다. 애초에 개인은 자신의 생명과 신체의 보전을 목적으로 계약을 맺고 정부를 만든 것인데, 예를 들어 병사가 되어 죽을 게 뻔한 전쟁터로 나가라고 정부가 (딱히 위기가 닥친 것도 아닌데) 명령하면 어떻게 할까요? 정부에 적극적으로 저항할 권리에 대해서는, 좀 전에 얘기한 권리의 전면양도라는 전제와 모순되는 것이므로 홉스는 인정하지 않지만, 명령을 거절하고 도망가는 것은 가능하다고 말합니다. 강고한 국가주권의 논리를 만들어 놓고, 한편으로는 정 안 되면 도망가면 된다는 얘기가 나옵니다.

이것을 루소의 『사회계약론』 논의와 비교해보면 재미있습니다.

루소는 사람들이 내적 양심에 귀를 기울이면 진정한 공동의 이익이 명백해져서, 그것에 기초하여 사회계약을 맺고 국가를 만든다고 말합니다. 따라서 그곳에서의 전체의 결정은 개개인의 진정한 이익과 일치하는 것이며, 그 명령을 배반하고 도망가는 것은 허용되지 않습니다. 서양 고대의 데모크라시를 염두에 두면서 무척 견고한 공동체의 상을 그립니다. 이에 반해 홉스의 이론의 경우에는 국가의 조직이 아무리 강고해보여도 한편에는 반드시, 인간의 이동성이 계속 남아있습니다.

일본사회의 예를 들지면, 일전에 아미노 요시히코가 『무연無緣 · 공계公界 · 락樂』에서 전국시대의 다이묘와 도쿠가와 정권의 강고한 질서 하에도 엔키리데라[4] 등의 아질(피난소) 내부에는 중세 이래의 '자유' 공간이 살아 있어, 그것이 이동하는 예능민의 세계와 연결되어 있었다고 말했습니다. 이에 대해서는 아미노가 제시한 사료에서 '공계公界'라고 쓰고 있는 개개의 사례가, 어디까지나 다이묘의 직할령을 가리키며, 다이묘가 다른 권력의 개입을 배제했다는 의미에 지나지 않는다는 아라키 모리아키[5]의 비판이 있습니다. 아마 사료 해석 측면에서는, 이 비판이 맞을 것입니다.

하지만 그러한 권력의 직할령으로서 고립된 장소가 아질로 기능하지 않았나 하는 지적 그 자체는, 그런 비판으로 완전히 부정할 수는 없을 것입니다. 사료상의 근거는 약하다고 해도, 그러한 아미

· ·

4. 緣切り寺. 에도 시대에 이혼하고자 도망쳐 나온 여성을 보호했던 절.
5. 安良城盛昭(1927~1993). 역사학자. 마르크스주의 사학의 영향을 받아, 고대 율령제를 '아시아적 상대적 농노제', 중세 장원제를 '가부장제적 노예제', 근세 막번제를 '농노제'라 하며 자신의 연구가 사회구성체를 연구하는 '사회구성사'라고 주장했다.

노 요시히코 씨의 역사 이해에도 '억압된 것'으로서의 인간의 이동성이 매우 강고해 보이는 국가 질서 안에도 존속하고 있어서, 그것이 언젠가 회귀한다는 생각과 비슷한 부분이 있는 것 같습니다.

가라타니　지금 말씀하신 루소 이야기는 중요합니다. 프루동이 루소를 비판한 것은, 바로 그 때문입니다. 프루동은 루소와 함께 보급한 어소시에이션이라는 관념에도 반대했습니다. 루소의 어소시에이션은 일단 가입하면 탈퇴할 수 없는 조직입니다. 그래서 프루동은 어소시에이션이라는 말을 안 쓰고 '페더레이션'이라는 말을 쓰기 시작했습니다. 저도 그것을 따라 쓰고 싶은데, 페더레이션이라는 말은 어소시에이션보다 더 심한 오해를 부릅니다. 미국도 페더레이션(연방주의)이니까요. 그래서 어소시에이션이 더 낫습니다.

프루동은 페더레이션이라고 말할 때 자유롭게 탈퇴할 수 있다는 것에 중점을 두는데, 그것이 꼭 실제로 관둔다는 의미는 아닙니다. '관둘 수 있다'는 것만으로 그 조직의 성질이 달라집니다. 관두지 않아도 괜찮습니다. '관둘 수 있지만, 관두지 않는다'라는 것에는, 호수성 원리가 있다고 생각합니다. 즉, 유동성이 호수적 관계의 기반에 있다는 것입니다.

예를 들어 봉건제는 지배계급의 레벨에서는 주군과 신하의 충성 관계에 기초하는 것입니다. 이것은 아시아적 전제국가에 있는 군주에 대한 신하의 복종과는 다릅니다. 봉건적인 관계는 쌍무적(호수적인) 인격적 관계입니다. 어느 한쪽이 동의하지 않으면 해소됩니다. 복종은 하지만 사실은 동격이라는 의식이 있는 것입니다. 또한, 신하는 주군에게 복종하지만 그것은 주군 개인에 대한 것이며, 국가에 대한 복종이 아닙니다.

봉건제에는 '신하의 신하는 신하가 아니다'라는 말이 있습니다.

이것은 일본 야쿠자의 예를 봐도 쉽게 알 수 있습니다. 예를 들면 야마구치파에는 두목이 있는데, 이 두목과 충성관계에 있는 사람은 직속 동생들뿐입니다. 그들 자신도 두목으로서 부하들을 데리고 있습니다. 조직원들은 각각 자신의 직접적인 형님에게 충성하지만, '야마구치파'라는 조직 혹은 그 두목에 대한 충성관계는 없습니다. 따라서 자신의 형님이 야마구치파에서 나오면, 자기도 나와 버립니다.

이러한 호수적인 관계에서는 집권적인 체제를 구축하거나 관료적 체제를 만들기가 힘듭니다. 도쿠가와 막부는 그렇게 하려고 했지만 불가능했습니다. 사무라이는 결국 관료가 될 수 없었습니다. 또한 다이묘도 막부에 복종하지 않았습니다. 쇼군에 대하여 충성을 맹세하지만, 사실은 동격이라는 의식이 있어요.

중국, 조선, 일본

다카자와   그래서 노구치 다케히코[6]의 말처럼, 에도의 "돌아가며 역할을 맡는 가문 관료제"(『주신구라忠臣藏』)가 시스템화 되는 것이겠지요. 막부는 권력 중추만으로는 국가업무를 처리할 수 없기 때문에 모든 번들이 부담하는 '과역課役'으로 뒷받침합니다. 전국시대의 종언으로 약탈과 재분배가 기능하지 않게 된 결과가 도쿠가와 가家와 모든 번 제후들의 상호 의존체제일 것입니다.

• •

6. 野口武彦(1937~). 문예평론가. 『미시마 유키오의 세계』 등 근대문학 평론과 더불어 『주신구라』와 같은 근세의 역사와 문학을 다룬 평론으로 유명하다.

오사와　　그래서 이양선黑船이 왔을 때 쇼군이 너무 강하지 않다는 것을 알게 되자, 2세기 반 이상이나 계속되어온 도쿠가와 막번 체제가 하룻밤 새 무너져버립니다. 원래는 동격인데, 쇼군의 실력이 제일 크다는 이유로 따르고 있었던 것입니다. 직접적인 실력, 물질적 폭력 면에서 실력이 없다면 쇼군을 따를 이유가 없습니다.

이동성이라는 것은 무척 중요하지만, 근대적 주권이 생기고 나서 도망치기가 어려워졌습니다. 지상에서 주권이 미치지 않는 공백 부분이, 이론상으로는 없어져버렸기 때문입니다.

이동성, 탈출가능성이라는 의미로서의 자유가 평등성을 가능케 한다는, 오늘 가라타니 씨의 논점을 방증하는 응용문제가, 어째서 북한은 계속 민주화되지 않은 상태로 있는가, 라는 의문이라고 생각합니다. 1989년 동유럽에서는 사회주의체제가 붕괴하여 냉전이 끝났는데도 동아시아에서는 어째서 북한이 아직 남아있을까요? 저는 동독에서는 그 이전에 사람들이 다양한 비합법적 방법으로 출국할 수 있었다는 것이 중요하다고 생각합니다. 동독 당국은 물론 일반 국민들의 출국을 엄격하게 제한하고 있었습니다. 하지만 그러한 제한을 깨고 비합법적인 출국과 망명이 가능했습니다. 어째서 가능했느냐 하면, 주변국, 특히 독일이 그러한 출국자, 망명자들을 적극적으로 받아들이고 지원했기 때문입니다. 그래서 동독으로부터 탈출할 가능성, 이동성이 미리 확보되어 있었습니다. 더불어 1989년 11월에 베를린 장벽이 무너져 최종적으로 이동의 자유가 주어집니다. 따라서 이동할 수 있다는 것이 정말 중요합니다. 여차하면 도망갈 수 있으니까 민주화, 평등화가 실현된 것입니다. 한편 현재의 북한은 출국하기가 굉장히 어렵습니다. 38도선은 휴전선이니까 그쪽으로 도망칠 수도 없고, 북쪽도, 중국이 북한 정부를 지원하고 있기 때문에 그쪽으로는 거의 빠져나갈 수 없습니다. 즉, 동독과 동유럽의 경우와는 달리, 주변국들이 북한 국민의 이동성을 높일 수 있는 지원을 해주고 있지 않습니다. 어떤 형태로든 도망칠 가능성이라는 것을 확보해두는 것이, 혁명적인 운동에서는 매우 중요합니다. 하지만 근대적인 주권개념이 생기고 나서는, 좀처럼 이동을 할 수가 없어졌습니다. 망명이나 난민 이외의 방법은 없으니까요.

가라타니 북한에 관해서는 근대 이전 조선왕조의 전통이 남아 있다는 면도 볼 필요가 있는 것 같습니다. 『세계사의 구조』에서 저는 비트포겔에 의거하여 제국의 중핵, 주변, 아주변이라는 공간적 차이를 중시했습니다. 동아시아로 말하자면 중국의 제국과 그 주변부에 위치한 조선반도, 그리고 아주변부의 섬나라 일본은 각기 다릅니다. 예를 들어 조선반도에서는 중국화가 진전됐습니다. 10세기, 고려왕조 무렵에는 관료제가 정착되어 과거제가 시행되었습니다. 이후, 문관이 우대되었지요. 하지만 일본에서는 결국 그것이 불가능했습니다. 도쿠가와 막부는 꽤 중앙집권적이고 절대주의에 가까웠는데, 그래도 관료제와 상비군 같은 체제를 만들 수 없었습니다. 전사戰士 우위의 문화가 계속되었지요.

마르크스주의자는 이러한 차이를 보지 않고 중국과 일본, 조선 모두를 '봉건적'이라고 규정해왔습니다. '생산양식'이라는 관점으로만 봐왔기 때문이지요. 따라서 그러한 마르크스주의자가 북한 같은 체제를 낳았고, 지금도 마르크스주의자는 북한 체제를 제대로 비판하지 못하고 있는 것입니다.

프롤레타리아와 노예

가루베　　좀 전에 가라타니 씨께서 말씀하신 고대 그리스의 아질에서 노예가 자기 주인을 새로이 고를 수 있었던 것은 노예가 자기 자신을 상품으로 팔고 있기 때문일 것입니다. 자신의 신체 자체를 파는 것이 노예에게는 허용되며, 주인과의 관계는 그 매매를 둘러싼 계약관계입니다. 그래서 지금의 주인과 잘 지낼 수 없다면 계약을 해지하고 새로운 주인을 찾아도 됩니다. 단, 노예는 반드시 누군가를 주인으로 삼아야만 하기 때문에, 그런 점에서는 어디까지나 고대인이 생각하는 '자연'에 기초한 신분의 차가 전제되어 있는데요.

가라타니　　노예는 지금도 있다고 생각합니다. 간사이 지방에서 인기 있는 만화 중에 『미나미의 제왕』이라는 게 있습니다. 고리대금업자 이야기인데, 빚을 갚지 않으면 마사지 업소에 팔아넘겨지거나, 장기를 팔아야 하거나, 감금당한 채 일을 하게 됩니다. 이런 것들은 모두 채무노예입니다. 이러한 노예는 전 세계에 있을 거라고 생각합니다.

하지만, 프롤레타리아는 채무노예로 전락할 가능성은 있어도 노예는 아닙니다. 그러면 프롤레타리아와 노예는 어떻게 다를까요? 보통 사람들은, 프롤레타리아가 노동력상품을 팔 때는 자기 의지로 그렇게 하지만 노예에게는 그런 자유가 없다는 식으로 설명합니다. 하지만 그것만으로는 불충분합니다. 제 생각에 프롤레타리아는 단순히 노동력을 팔 뿐만 아니라 그것으로 획득한 임금을 가지고 자기들이 생산한 것을 되삽니다. 산업자본의 축적(자기증식)은 그것으로 인해 가능해집니다. 하지만 노예는 소비자가 되지는 않습니다. 산업자본주의는 어디까지나 소비자로서 자기가 생산한 것을 되사는 임금노동자의 존재에 의존하고 있습니다. 하지만 그것은 말단에 채무노예적인 존재가 있는 것과 모순되는 게 아닙니다. 그것 또한 필요한 것입니다.

오사와　　이론적으로 노동력이라는 것은 자기가 주체성을 가지고 파는 것입니다. 단, 그런 주장이 의미를 지니기 위해서는, 노동자가 노동력상품 이외의 자신의 역할을, 시장 어디에선가 유지하지 않으면 안 됩니다. 그것이 소비자가 된다는 것, 소비자도 될 수 있다는 것을 의미하지요. 즉, 노동력으로 환원할 수 없는 X를 가지는 것이 여기에 담보되어 있는 것입니다. 노예는 주인을 위해 상품을 살지도 모르지만, 자신을 위해서 사지는 않습니다. 만일 노동자도 시장에 노동력상품으로써만 등장한다면, 노예와 마찬가지일 것입니다.

가라타니　　프롤레타리아는 총체적으로 보면 자기가 만든 것을 자기가 되사는 사람들입니다. 근대 이전에는 대다수의 사람들이 농촌에서 자급자족했고, 돈을 쓰지 않았습니다. 물물교환이 가능했으니까요. 따라서 산업자본주의가 성립하기 위해서는, 우선 생산수단(토지)을 가지지 않은 사람들이 나와야만 합니다. 그렇다고 해도, 그들은 단순한 빈곤자가 아니라 타인을 위해 노동을 해서 임금을 받고 생활물자를 사는 사람들입니다. 산업자본주의의 발전이란 그러한 사람들의 증가를 의미합니다. 일본에서 그런 프롤레타리아가 늘어난 것은 1955년 이후 고도성장기입니다. 그 후 한국, 타이완, 그리고 지금은 중국, 인도에서도 그런 일이 일어나고 있습니다.

자본주의경제에서는 교환양식C(상품교환)가 지배적인 것이 됩니다. 하지만 다른 교환양식이 남습니다. 같은 자본주의경제라고는 해도 C의 농도에 차이가 있는 것입니다. 태평양전쟁 이전의 일본은 물론 자본주의국가였지만, 인구의 과반수가 농민이었습니다. 그 얘기는 즉, 화폐경제가 침투해도 과반수의 사람들이 자급자족 내지 호수적인 교환에 의거하여 살았다는 것입니다. 그러니까 정치적 이데올로기적인 의식 면에서, 천황제나 신화처럼 공동체적인 성격이 강한 것은 당연한 일입니다.

그렇다면 고도성장 이후의 일본은 어떨까요? 확실히, 농민인구는 줄고 산업프롤레타리아가 늘었지만, 60년대의 일본기업은 노동자를 종신고용하는 방식으로 공동체화 되었습니다. 그것이 자본-임금노동이라는 계급관계보다도 오히려 더 강한 작용을 했습니다. 호수적인 의식이 작용한 것이지요. 하지만 자본주의경제가 더 깊숙이 침투하자, 즉 교환양식C가 침투하자 그것도 해체되게 됩니다. 종신고용을 제한하고 파견사원을 씁니다. 일본에서 그러한 경향이 현저해진 것은 오히려 2000년 이후입니다. 그게 신자유주의라고 불리고 있는데, 단순한 정책의 문제가 아닙니다. 교환양식C가 심화된 것입니다.

산업자본주의 사회에서는 상품교환의 양식이 공동체와 가족의 심부로 침투합니다. 또한 장기에서 아이에 이르기까지, 모든 것이 상품화됩니다. 예를 들면 시마다 씨가 말씀하신 장례식도 그렇습니다. 저희 할아버지 때는 장례식을 집에서 했습니다. 장의사 같은 건 없었고, 많은 동네 사람들이 도와주러 왔지요. 즉, 장례식은 공동체의 의례였습니다. 지금은 장례식 산업이 발달해있습니다. 그것은 온갖 분야에 상품교환이 침투해있다는 말이지요. 이것은 앞으로 더욱 심해질 것입니다. 그렇게 되면 인간은 미치지 않을까 싶지만, 정신병도 달라졌습니다. 옛날처럼 고전적인 병이 아닙니다. 교환양식C가 침투함과 동시에 병까지 바뀌어 버렸어요.

시마다　　종교의 영역에서도, 미치는 것과 마찬가지로 '신들림'이라는 개념이 없어지고 있습니다. 옛날에는 선조의 영혼 같은 것이 갑자기 찾아와서 몸부림치는 일도 있었지만, 지금은 그런 현상이 일어나기 힘들어졌습니다. 정신과 의사인 가야마 리카香山リカ 씨에 의하면, 환자에게도 빙의라는 증상이 없어졌다더군요. 그 대신 다중인격이 되었다고 합니다. 빙의는 어떤 의미에서 이 사회와 다른 질서의 것이었습니다. 하지만 통합실조증統合失調症으로서의 다중인격은 그냥 사회의 틀 안에서 엇나갈 뿐, 실조는 하지만 통합된 틀 안으로 들어가 버립니다. 병은 원래 사회적인 관계를 짊어지는 것인데, 그런 부분이 없이 단순히 병이라는 카테고리 속으로 넣어집니다. 그러한 방식으로 우리는, 지금의 사회 안에서 도망갈 자유를 모든 영역에서 잃어버리고 있는 것 같은 느낌이 듭니다.

그러니까, 백 세 노인이 행방불명이 되었다고 하면 국가는 더 많은 관리를 해야겠다는 방향으로 나아가버립니다. 하지만 상관없지 않습니까? 어디에서 죽든. 국가의 관리에서 벗어난 곳에서 살아도 괜찮잖아요. 그런 논의는 나오지 않습니다. 아미노 씨 시절의 '무연無緣'이라는 말에는 좋은 이미지가 있었습니다. 모두가 시골에서 나와 도시로 온 시대에는, 무연을 추구하며 온 것이었습니다. 시골의 연緣 같은 건 싫다고 하면서 말이지요. 하지만 지금은 '무연사회'라는 말에 마이너스의 이미지밖에 없고, 30대인 사람들까지도 아무도 모르게 혼자 죽지 않을까 싶어서, 앞으로 일어날 일들을 생각하며 암담해 합니다. 산다는 것이 모든 의미에서 이 사회 시스템 속에 포괄되어, 자유를 잃어버리게 된 것 같습니다.

오사와　　자본주의 사회라는 게, 교환양식C가 사회 전반에 스며들어 지배적인 것이 되어가는 사회라는 것에는 공감하지만, '(A 의)억압된 것의 회귀'로서의 D와의 관계로 생각할 때, C는 단순히 몹쓸 것으로만 생각할 것은 아니라고 봅니다. 즉, A는 B와 C를 거쳐 왔으니까 D가 될 수 있다는 점을 생각할 필요가 있습니다. 구체적으로 말하자면, 노동자가 노동력은 자기가 자유로이 다룰 수 있는 하나의 상품에 지나지 않는다고 말할 수 있다는 게 굉장히 크다는 것입니다. 그것이 있었던 덕분에 여러 가지 권리를 획득하여, 어소시에이션에 한 걸음 한 걸음 다가가고 있는 것은 명백합니다. C는 결과만 놓고 보면 몹쓸 것일지도 모르지만, 세계공화국에 상당한 공헌을 한다고 생각합니다.

자본 = 네이션 = 국가를 넘어서는 제4의 극

가라타니　세 개의 교환양식과 그것을 보충하는 또 하나의 교환 양식을 생각한 것은 1990년대 말이었는데, 처음에는 그것이 이렇게 중요한 것이 되리라고는 거의 생각하지 않았습니다. 하지만 점점 확신을 가지게 되었지요.

미국에 조운 콥젝[7]이라는 라캉학파 비평가가 있습니다. 재작년에 그녀의 부름을 받고 강연을 하러 갔는데, 가기 전에 라캉에 대한 공부를 조금 했습니다. 그때, 제가 의외로 라캉의 영향을 받았다는

7. Joan Copjec. 미국의 사상가이자 저술가. 저서로 『나의 욕망을 읽어라』, 『여자가 없다고 상상해 봐』 등이 있으며, 국내에 소개된 글로는 「성과 이성의 안락사」(슬라보예 지젝 외, 『성관계는 없다』, 김소연 외 편역, 도서출판 b, 2005 수록)가 있다.

것을 깨달았습니다. 예를 들어 제가 자본제＝네이션＝스테이트의 연결고리를 '보로메오의 매듭'이라고 한 것은, 라캉이 말한 현실계・상징계・상상계의 '보로메오의 매듭'에서 힌트를 얻은 것인데, 그때 라캉이 이 세 개의 결합이 잘 이루어지지 않을 때 '증상'이 그것을 보충한다고 생각했다는 사실을 몰랐습니다. 그것은 제가 말하는 교환양식D에 상당하는 것입니다. 하지만 교환양식D를 생각했을 때, 라캉에 대해서는 전혀 생각하지 않았었습니다.

그러니까 제가 교환양식A・B・C와, 그것들을 뛰어넘는 것으로서의 교환양식D를 생각한 것은 라캉과는 관계없는 일입니다. 어떤 의미에서 이런 발상은 저의 고유한 것입니다. 그 점에 대해서는 꽤 오래 전에 아사다 아키라 씨의 지적이 있었습니다.*

실제로 생각해봤더니, 라캉의 이론은 제 이론과 맞지 않더라고요. 라캉 식으로 말하자면 공동체, 자본, 국가가 세 개의 '보로메오의 매듭'이며 네이션은 네 번째 것으로 어떤 증상이 됩니다. 그리고 이것은 헤겔과 같은 견해입니다. 헤겔에게 네이션은 공동체, 시민사회, 국가의 모순을 뛰어넘는 이성적인 것으로 나타나는데, 마르크스는 그것을 유물론적으로 전도하려고 했습니다. 그때 네이션과 국가를 상부구조로 치부해버렸어요. 그에 반해 저는 교환양식이라는 관점을 취함으로써 자본, 네이션, 국가를 복합적인 구조로 파악하려고 한 것입니다. 그리고 그것들을 '보로메오의 매듭'으로 봄과 동시에, 네 번째로 그것들을 뛰어넘는 것으로서의 D를 생각했습니다. 그때 저는 '억압된 것의 회귀'라는 프로이트 이론을 이용한 것입니다. 따라서 라캉이 헤겔＝프로이트적이라고 한다면 저는 마르크스＝프로이트적입니다.

단, 제가 네 가지 교환양식을 생각했을 때 거기에 저 개인의 경향성을 뛰어넘은 무언가 필연적인 것이 있지 않았나 하는 생각이 듭니다. 예를 들어 그리스의 사상가 엠페도클레스[8]는 '4원소' 이야기를 한 것으로 유명합니다. 이것은 오로지 '자연철학'의 문맥에서 이해되고 있는데, 자연철학이란 동시에 사회철학입니다. 데모크리토스의 '원자론'(아토미즘)도 사회철학입니다. 예를 들어 현재의 사회철학은 아톰으로서의 개인에서 출발하고 있는데, 그런 의미에서 데모크리토스의 문맥상에 있습니다.

이에 반해 엠페도클레스는 사회형태의 변용을 4원소로 설명합니다. 그러면 4원소란, 제가 말하는 네 가지 교환양식 같은 것이라고 할 수 있지 않을까요? 일반적으로 사람들은 데모크리토스의 원자론은 엠페도클레스의 4원소론을 더 발전시켜서 나온 것으로 생각하지만, 저 같은 견해에서 보면 그 반대입니다. 이런 생각을 하면 네 가지 교환양식이라는 생각에는 무언가 필연적인 근거가 있는 것 같습니다.

더 나아가 말하자면, 엠페도클레스는 사회형태의 변화가 반복된다고 얘기했습니다. 저는 『문학계』 좌담회에서 '세계사의 구조'가 영겁회귀적일지도 모른다고 말했습니다.(본서 103페이지) 예를 들어 유동민이 정주를 한 것은 자연조건의 변화 탓입니다. 수렵채집으로는 살아갈 수 없게 되었습니다. 그리고 어업을 하게 됨과 동시에 정주했습니다. 정주하게 됨과 동시에 재배·사육이 자연히 시작되었습니다. 그와 함께 계급사회와 국가의 맹아가 싹텄습니다. 따

8. Empedoklēs. 기원전 5세기경 활동한 고대 그리스의 철학자이자 정치가, 시인, 의학자. 우주의 만물이 흙, 물, 공기, 불의 네 원소로 이루어져 있으며 이것들이 사랑과 미움의 힘으로 결합하거나 분리함으로써 만물이 생성되거나 소멸된다고 주장했다.

라서 근저에 자연조건이 있었다고 할 수 있습니다. 그렇다면, 미래에 교환양식D에 의거한 세계시스템이 생겨도 그것은 자연조건에 좌우되지 않을까요? 또한 교환양식B로 되돌아가는 것은 아닐까요? 그래서 마지막에 교환양식D의 사회가 생겨서, 그것으로 해피엔딩을 맞게 된다는 생각은 하지 않습니다. 하지만 아무리 B로 되돌아간다고 해도, 또다시 D를 지향하게 되겠지요. 그런 느낌이 듭니다.

『세계사의 구조』에서 다룬 교환은 인간과 인간 사이의 교환이며, 인간과 자연간의 교환이라는 차원은 일단 보류했습니다. 하지만 마르크스가 말했듯 인간과 자연의 교환관계는 근저적이라고 생각합니다. 제 책에 빠져있는 것은 그것에 대한 고찰입니다. 하지만 인간과 자연의 관계, 특히 테크놀로지의 발전에 주목한 사람들은 많은데, 그런 견해가 근저적이라고는 할 수 없습니다. 인간과 자연은, 인간과 인간의 관계의 매개 없이는 존재할 수 없습니다. 따라서 인간과 자연의 관계에는 인간과 인간의 교환관계에서 유래하는, 국가·자본·네이션·종교 등등이 반드시 부수되는데, '인간과 자연'에서 출발하는 사람들은 오히려 그것들을 무시하기 위해 그렇게 하며, 조금도 근저적이지 않습니다.

다카자와 분명 오사와 씨 일행과의 대담에는 호수성(교환양식 A) 자체가 '억압된 것의 회귀'이며 '세계사의 구조'가 C에서 D로의 교환양식의 이행으로 완결되는 것이 아니라 영겁회귀적일지도 모른다는 순환성이 시사되어 있습니다. 교환양식의 그러한 재귀성에 대하여 제가 지금 생각하는 것은, 상품교환C를 지배적인 양식으로 삼는 자본제사회의 소유의식을 어떻게 극복하는가 하는 문제입니다. 즉, '세계공화국'에 이르기 위해 부르주아적 소유의식에 이렇게나 물든 현대인이 과연 그것을 초극하여 마르크스가 말하는 소위 생산수단의 '공동점유'(Gemeinbestiz = possession in common)를 기초로 하는 '개체적 소유의 재건'에까지 이를 수 있을까 하는 난제입니다. 전쟁기 일본의 내셔널리즘은 이 교환양식C를 부정(자본주의비판)하여 A의 호수성적 공동체(소유)를 되돌리려 했습니다. 그래서 결과적으로 천황제와 농본(공동체)주의가 연결된 것입니다.

마르크스는, 가라타니 씨의 개념에서 말하는 교환양식A의 단계에 해당하는 공동(체)소유의 '부정(= 사적소유)의 부정'으로서의 '개체적 소유의 재건'이라는 말을 쓰는데, 이 문제는 『세계사의 구조』에서도 언급된 히로니시 모토노부의 『자본론의 오역』을 텍스트로 다뤘던 2009년 제5회 나가이케 강의에서도 얘기했습니다. 히로니시의 책은 60년대 중반 무렵 나온 것으로, 당시의 마르크스주의 연구에서는 고도자본주의의 발전단계를 계승하는 사회주의라는 우파 성격의 구조개혁론으로 평가되었다고 생각합니다. 포인트는 주주들만이 연합한 사회적 자본(주식회사)이 연합생산(주주·경영자·노동자)의 공동소유가 됨으로써, 완전한 사회적 소유 = 코뮤니즘이 실현된다는 자본제시스템의 이행에 관한 논의입니다. 단, 이렇게 제도적인 문제는 개개인의 소유의식의 변혁과 떼려야 뗄 수 없는 문제라 까다롭습니다. 부르주아적 소유는 어떻게 하면 효력을 잃으며, '교환양식D'에 적합한 의식형태가 가능해질까요. 마르크스도 분업과 사적소유의 폐기 프로세스에 대해 구체적으로 말하지는 않았습니다. 아침에 사냥을 하고 낮에는 낚시를 하며 저녁에 가축을 돌보고 저녁을 먹은 뒤에는 비판을 한다는, 사회적 활동의 자유에 대한 꽤나 목가적인 이미지를 말했을(『독일 이데올로기』) 뿐입니다. 단, 그것을 굳이 부정적으로 생각할 필요는 없고, 그런 점에서 독자가 『세계사의 구조』에 보충해야 할 점은 더 많을 것입니다. 새로운 세계시스템으로서 미지의 '교환양식D =X'는 그런 의미에서도 소거할 수 없는 '초월론적 가상'(칸트)이 겠지요. 또한, 저는 그거면 된다고 생각합니다.

『세계사의 구조』와 시대인식

가루베　구태여 이 일본사회에서 앞으로 어떻게 해야 하는가라는 과제에 대해 말하자면, 국민국기는 동질적이며 질서가 일원적이니 앞으로 그것을 다원적으로 만들어가자는 주장은 별로 설득력이 없다고 생각합니다. 애당초 사람들이 국가에만 속해 있는 질서는 인간집단이 어느 정도 커지면 존재할 수 없습니다. 아무리 획일적으로 보이는 사회더라도 사람들은 가정이나 지역사회, 회사, 다양한 집단에 동시에 속해 있으며, 그러한 집단이 쌓이고 쌓여 전체의 질서가 성립되어 있습니다. 국민국가가 일원적인 것이며 다양성을 억압하고 있다는 논의는 사회구조적 측면에서 말하자면 아마도 환상에 가까울 것입니다.

하지만 지금 일본의 문제는 그렇게 다양한 집단에 속한 채 사는 생활이 하나 같이 자유로운 느낌이 들지 않는다는 것입니다. 이제까지 있어온 기업조직의 형태가 점차 무너지고 있는 상태이지만 여전히 고정된 질서인 척하고 있어서, 고용환경을 개선하자든가, 워크쉐어링을 도입하자는 제안에 대해, 그 내부에서 활발하게 논의하는 공간이 되어있지는 않습니다.

아마도 이러한, 지금 우리들이 살고 있는 집단에 대하여, 그것은 형태가 옛날부터 정해져 있는 고정된 것이 아니라 우리 자신이 조직하는 어소시에이션이라고 생각해 나가는 것, 그 자세에 기초하여 자기가 속한 어소시에이션을 조금이라도 좋은 것으로 바꾸고자 하는 노력이 중요할 것입니다. 그 영역 바깥에 무언가 새로운 운동 조직을 만들려고 하는 구상은, 의미가 없다고는 할 수 없지만 오히려 낭만주의에 빠져서 패배를 거듭하지는 않을까 걱정됩니다.

오사와　시대인식과 관련하여 말하자면, 90년대에 '역사의 종언'에 대한 논의가 활발했습니다. 이것은 사회주의가 끝나고 정치적으로는 자유민주주의, 경제적으로는 시장경제가 마지막 시스템이 되었으니 역사를 구동시키는 본질적인 대립은 이제 존재하지 않고, 논리적으로는 역사가 끝났다는 논의입니다. 제가 『불가능성의 시대』에서 말한 것은 '역사의 종언'이란 그 자체로 역사 안의 한 단계에 지나지 않으며 현재는 '역사의 종언'이라고 생각했던 시대가 끝났다는 것, '역사의 종언'이 끝났다는 것입니다. 즉, 자유민주주의적인 정치 시스템과 시장경제와의 조합이 가장 뛰어난 시스템이며 그 이상은 있을 수 없다고 생각했던 것이 '역사의 종언'인데, 어쩐지 그렇지 않은 것 같다는 느낌이 21세기에 들어섰을 즈음부터 명백해졌던 것 같습니다. 처음에 얘기한 9·11 테러는, 적어도 우리가 최고라 생각했던 자유민주주의의 정치체제가 잘 작동하지 않는 거 아닌가 하고 생각하게 되는 계기가 되었습니다. 하지만 사람들은 적어도 경제면에서는 리버테리아니즘적인 시장경제가 가장 좋다고 생각하고 있었지만, 리먼 쇼크가 일어나자 그렇지 않음을 알게 됩니다. 즉, '역사의 종언'이라고 했을 때 상정되었던 마지막 옵션이 실은 기능하지 않는다는 것이 점점 명확해지고 있습니다. 그렇다면 어떻게 하면 좋을까 라는 문제를 제기할 필요가 있습니다. 저는 그런 의미에서 이 책을 읽습니다.

처음에 시마다 씨가 지금 혁명이라는 말을 할 수 있다는 것에 대해 놀랐다는 말씀을 하셨는데, 혁명을 이야기할 수 있는 것은 『세계사의 구조』가 교환양식C와 다른 옵션으로 사회를 구축할 수 있는가 라는 문제를 제기하고 있기 때문입니다. 그것이 논리적으로 가능하며, 현실적으로도 가능할지도 모른다는 이야기를 하고 있기 때문이지요. 제 식으로 말하자면 '불가능성의 시대'의 정치적 제안, 기초적 제안으로서 『세계사의 구조』를 읽을 수 있다고 생각합니다.

다카자와　하지만 오사와 씨의 '불가능성의 시대'라는 말이 저항 없이 받아들여져서, 아아 현대는 결국 불가능성의 시대에 이르렀구나 하고, 이상하게 생각하는 사람들이 있으면 그건 곤란합니다. 그런 의미에서 저는 이 오사와 씨 방식의 전후사戰後史 시대구분도 영접회귀적인 구조를 가지고 있다고 봅니다. 일본의 역사에서는 이미 메이지 시대에 '불가능성의 시대'가 있었습니다. 그것은 딱 100년 전 대역사건에 의해 알려졌던 것 아닙니까? 예를 들어 기타무라 도코쿠라는 문학자는 대역사건 이전에 죽었는데, 그 사람이야말로 오사와 씨가 말씀하시는 '이상의 시대'에서 '허구의 시대', 그리고 '불가능성의 시대'를 홀로 통과한 존재라고 할 수 있을 것입니다.

도코쿠는 자유민권운동을 하다가 그만둔 사람인데, 그 후 크리스트교에 접근한 그는 청일전쟁 이전에 '절대평화주의' 사상에 접근합니다. 이것이 칸트의 '영원평화'구상에 기초하고 있었다는 것은, 가라타니 씨도 이전에 지적하신 바가 있습니다. 하지만 결국, 청일전쟁이 발발한 해에 그는 자살했고, 일본은 돌이킬 수 없는 '제국주의' 노선으로 줄달음쳤습니다. 조선반도를 둘러싸고 청나라, 러시아와 결정적으로 대립하게 되었는데, 그 무렵이 그야말로 러일전쟁에 이르는 『언덕 위의 구름』 시대였습니다. 다시 말해, 좀 전에 가라타니 씨 이전에 혁명의 문제가 마지막으로 제기된 것이 1970년 대였다고 말씀드렸는데, 그것은 메이지유신의 '이상'의 좌절에서 회귀한 문제였습니다. "혁명이 아니고 이동이다."(「만매慢罵」)라는 말로 기타무라 도코쿠는 그 문제를 가장 먼저 제기했고, 그것을 개의치 않는 '허구' 따위는 인정하지 않았습니다. 그러한 유신 '혁명'의 정신이 이번에는 '쇼와유신'[9]이라는 네이션의 강화로 반전되어 회귀했습니다. 전후에 코뮤니즘에 대한 대항개념은, 내셔널리즘(반공적 민족주의) 내지는 코스모폴리타니즘(세계자본주의) 이렇게 둘로 분열하는데,『세계사의 구조』에 따르면 현대는 19세기 이래의 '제국주의적' 단계라는 주기에 들어섰다는 얘기가 됩니다.

가라타니　기타무라 도코쿠 이야기는 중요합니다. 문학비평에서 도코쿠는 자유민권운동의 좌절 이후 '문학' 혹은 '내면성'의 길을 걸은 사람으로 취급합니다. 그에 반해 나카에 초민[10]은 자유민권운동의 좌절 이후 사회주의에 투신한 사람입니다. 하지만 도코쿠도 잡지『평화』를 내는 등 평화운동을 시작했습니다. 1880년대에 노골적인 제국주의에 대하여 유럽에서는 사회주의운동과 함께 칸트에 기초한 평화운동이 나왔는데, 도코쿠는 일본에서 그에 처음으로 반응한 사람이었습니다. 하지만 이것은 거의 주목받지 못했습니

* ●

9. 쇼와 초기(1925년 무렵)부터 2·26사건(1936년)에 이르기까지 일부 군인과 민간 우익, 파쇼진영이 표방한 슬로건이다. 재벌, 군벌, 관료, 정당은 국민과 천황 사이를 가로막는 장벽이며, 그들을 배제함으로써 천황 중심의 정치를 실현하고자 하는 것이 '쇼와유신'이라는 슬로건의 의미였다.

10. 中江兆民(1947~1901). 사상가이자 저술가, 정치가로 루소의 사상을 처음으로 일본에 소개한 자유민권운동의 이론적 지도자이다.

다. 저는 현재가 어떤 의미에서 청일전쟁 시기와 비슷하다고 생각하기 때문에, 도코쿠의 활동을 되돌아볼 필요가 있는 것 같습니다. 그는 바로 청일전쟁 무렵, 스물여섯에 자살했습니다.

전쟁을 저지하는 혁명

가라타니 청일전쟁 때는 우치무라 간조[11]조차 일본의 전쟁을 정당화하는 열렬한 문장(영문)을 썼습니다. 나중에 자기비판을 하여 러일전쟁 때는 완전히 반전론자로 돌아섰지만요. 아마, 청일전쟁 전에 반전을 말하는 것은 불가능했을 것입니다. 여차하면 전쟁을 저지하는 운동은 좌절되고 맙니다. 가까운 예를 들자면 이라크 전쟁 때가 그랬습니다.

제1차 세계대전에서도 '제2인터내셔널'의 사회주의자들은 모두 전쟁지지로 돌아섰습니다. 한편 레닌은 '제국주의전쟁에서 혁명으로'라고 하며, 실제로 러시아의 패전 이후 사회주의혁명을 위한 길을 갔습니다. 하지만 패전으로 인해 일어나는 혁명 따위보다, 국가의 전쟁을 저지하는 것이 훨씬 더 '혁명'적입니다. 또한 국가의 지양은 오로지 그럼으로써만 가능합니다. 러시아혁명으로 국가의 지양이 가능할 리 없습니다.

그렇다면 앞으로 어떻게 하면 좋을까요? 새로운 세계시스템은

11. 內村鑑三(1861~1930). 크리스트교 사상가이자 문학자로, 복음주의에 입각하여 활발한 시사비평 활동을 펼치며 '무교회주의'를 제창했다. 러일전쟁 당시 반전 평화운동에서 주도적인 역할을 했다.

헤게모니국가에 의해서가 아니라, 전쟁을 방기(증여)하는 혁명을 각국에서 행함으로써 가능해집니다. 저는 이에 관하여 이 책에 구체적으로 쓰지는 않았지만, 이미 여기저기에서 말했듯 일본에 대한 생각을 하고 있습니다. 즉 헌법9조를 실현하는 것, 다시 말해 군사적 주권을 증여하는 것 말입니다.

오사와　　『세계사의 구조』의 가장 마지막 부분에는 유엔을 이용한 세계동시혁명에 대해 쓰셨는데, 유엔에는 크게 나누어 세 가지 기능이 있습니다. 안전보장에 관한 부문과 경제에 관한 부문, 교육·건강·환경 등의 기타 부문이요. 책에서는 이 세 번째 부분이 중요하다는 식으로 되어 있습니다. 하지만 유엔에서 가장 중요한 부문, 유엔의 레종데트르 부문은 역시 안전보장에 관한 부문입니다. 지금 말씀하신 헌법9조는 그것과 직접적인 연관이 있습니다. 현재는 힘의 균형만으로 평화를 지키는 듯한 상태인데, 그것을 어떻게 해서 지양해 나갈지의 문제가 포인트입니다. 그때, 헌법9조를 베이스로 한 무력 방기를 결정적인 증여로 생각해 나가자는 아이디어는 흥미롭습니다.

가라타니　　세계동시혁명이라고 해도 실제로 '동시적'일 필요는 없습니다. 어딘가 한 나라에서 시작해도 상관없습니다. 한 나라가 전쟁을 방기한다는 것은 일국혁명과는 다릅니다. 그런다고 해서 외국이 공격해오거나 간섭하는 것은 불가능합니다. 그것을 정당화할 구실이 없기 때문입니다. 오히려, 전쟁을 방기한 나라에 동조하는 나라들이 연이어 나올 것입니다. 따라서 이것은 '세계동시혁명'이 되는 것입니다. 그리고 그것이 유엔 안에서 주류가 되면 유엔도 바뀝니다. 그에 따라 군사력을 베이스로 했던 이제까지의 세계체제가 없어지고, '증여'의 호수성에 기초한 세계시스템이 형성됩니다.

칸트가 말하는 '세계공화국'은 그런 것이라고 생각합니다.

한 나라가 전쟁방기를 결정하기는 어렵습니다. 그것은 거의 혁명입니다. 하지만 일본의 경우는 사정이 조금 다릅니다. 이미 헌법9조가 있기 때문입니다. 하지만 그것을 전혀 실행하고 있지 않습니다. 따라서 단순히 그것을 실행하기만 하면 됩니다. 구체적으로 말하자면 그것을 유엔총회에서 선언하면 됩니다. "많이 기다리셨습니다. 앞으로 헌법9조를 실행하겠습니다."라고요. (웃음) 이것이 세계동시혁명의 선구가 됩니다. 물론 그렇게 하기 위해서는 혁명이 필요합니다. 만약 일본이 그것을 실행하지 않으면, 아마도 다른 나라가 실행할 것입니다.

-2010년 9월 11일 수록

* 아사다 아키라는 2002년 3월 i-mode에 다음과 같은 이야기를 썼다.

1966년 「동대신문東大新聞」 5월 축제상賞에서, 25세의 청년이 쓴 「사상은 어떻게 가능한가」라는 논문이 가작으로 뽑힌다. 미시마 유키오-요시모토 다카아키-에토 준이라는 당시 가장 주목받고 있던 문학자들의 사상을 '명석明晰'-'자립'-'성숙'의 삼각관계로 잘 구조화하여 그 세 가지 극한을 종합하는 시점을 부정하면서도, 말하자면 어디에도 없는 중점 같은 곳에서 스스로의 비평 지점을 찾아내려고 하는, 놀라울 만큼 날카로운 논문이다. 36년이 지난 지금 비로소 『가라타니 고진 초기논문집』(비평공간사, 그 후 『사상은 이하以下에 가능한가』로 제목을 바꾸어 인스크리프트에서 간행)의 권두논문으로 간행된 이 처녀작은 비평가 가라타니 고진의 탄생을 보여주는 기념비이다. 실제로 그 논문에는 가라타니 고진 식 사고의 기본적인 구조가 나타나있다고 할 수 있다. 특히 3극 구조(예를 들면 칸트의 3비판에 대응하는)를 설정하고, 어디에도 없는 중점에 비평의 시점을 둔다는 전략. 특히 2001년 『트랜스크리틱』(비평공간사)을 전후로, 가라타니 고진은 그러한 네거티브한 비평에 만족하지 않고, 오히려 사회변혁을 위한 포지티브한 구상이 필요하다고 생각하게 된다. 그래서 나온 것이 자본제국민국가에 통합된 시장-공동체-국가 중 그 어느 것과도 원리를 달리 하는 어소시에이션이라는 개념이며, 자본과 국가에 대항하여 그것을 실현해 나가고자 하는 New Associationist Movement이다. 하지만 가라타니 고진이 단순한 사회운동가가 됐다고 생각한다면 그것은 큰 착각이다. 실제로 시장(교환)-공동체(증여)-국가(재분배)의 3극 구조를 설정하여 이것들 중 그 어느 것도 아닌 어소시에이션을 목표로 한다는 구도는, 「사상은 어떻게 가능한가」의 구도와 완벽히 같지 않은가? 물론 가라타니 고진은 어소시에이션을 부재의 중점에 머무르게 하는 법 없이, 지역통화 LETS 등을 가지고 구체화해 나가자고 할 것이다. 하지만 그것은 철저한 비평가로 살아감으로써 사회운동가가 되는 것이며, 비평가를 그만두는 것은 결코 아니다.

상기 지적을 읽고서 알게 된 것이 있다. 나는 옛날, 열아홉 살 무렵에 비슷한 생각을 했었다. 1960년의 안보투쟁 후, 분토(공산주의자동맹)는 세 파로 나뉘어 논쟁을 계속했다. 그리고 이듬해 3월에 해산하고 간부는 혁공동革共同으로 이행하려고 했다. 하지만 이 분파투쟁에 대하여 중립을 유지한 동경대 고마바駒場의 활동가였던 나는 그러한 이행을 거부함과 동시에 분토의 재건 또한 부정했다. 그 대신 '사회주의학생동맹'의 재건을 제창하는 「고마바 어필」을 썼다. 그것은 학생·인텔리겐치아 활동가의 자유연합을 제안하는 것이었다. 나는 그것을 다음과 같이 설명했다. 이 세 파의 논쟁에는 필연성이 있다. 즉, 세 파는 각기 마르크스의 3요소, 철학(독일), 혁명조직론(프랑스), 경제학(영국)에 입각하는 것이었기 때문이다. 하지만 논쟁의 결과 분토가 붕괴된 이상, 그것들 중 하나에 입각하여 재건하는 것은 불가능하다. 새로운 운동은 그것들이 아닌, 다른 원리에 입각하지 않으면 안 된다, 라고.

협동조합과 우노 경제학

사토 마사루
가라타니 고진

알카에다의 충격

사토　　　가라타니 씨의『세계사의 구조』는 '교환양식의 관점에서 사회구성체의 역사를 다시 봄으로써 현재의 자본＝네이션＝국가를 뛰어넘는 전망을 제시하고자 하는' 것입니다. 이 책에서는 교환양식이 A(호수), B(약탈과 재분배), C(상품교환), D(X＝A를 고차원에서 회복하는 것)의 네 가지로 유형화되어 매트릭스로 제시되어 있는데(본서 11쪽, 그림1 참조), 교환양식D를 둘러싼 문제가 중심과제라는 생각이 들었습니다. 2001년의『트랜스크리틱』에서 출발하여 2006년의『세계공화국으로』를 거쳐 본서에 이르는 과정에서, 초월적인 것에 대한 시각은 변하지 않았지만 점차 더 명확한 언어로 표현되었습니다. 저는 가라타니 씨의 저작을 읽는 사람들 중에 가장 '이상'하게 읽고 있는 사람일 것 같은데, 이러한 견해는 쓴 사람 입장에서는 어떻습니까?

가라타니　　사토 씨가 말씀하셨듯이 제가 10여 년 전에 비해 변한 것 중 하나는 종교적인 문제에 대한 관점입니다. 이제까지『세계사의 구조』를 쓰기에 이른 계기에 대한 질문을 몇 번이나 받았는데, 2001년의 9·11 사건부터 이라크 전쟁에 이르는 사태라고 대답해 왔습니다.

그때 설명한 것은 주로 두 가지입니다. 하나는 국가와 국가의 관계입니다. 그 전까지는 사회구성체를 기본적으로 일국의 틀 안에서만 생각했었고, 국가가 다른 국가와의 관계 속에서 존재한다는 면을 생각하지 않았습니다. 국가의 지양을 일국 내부만 가지고 생각하는 것에 한계를 느낀 것이 9·11이었습니다. 그와 관련해서 말하자면, 저는 그때까지 국가와 자본에 대한 대항운동의 국제적 연대가 가능하다고 생각하고 있었습니다. 예를 들어 1990년대에 네그리와 하트는 '다중의 세계적인 반란'이라는 비전을 내놓았습니다. 저는 그런 식으로 말하지는 않았지만, 저도 각국의 운동이 자연발생적으로 연결될 것이라고 낙천적으로 생각하고 있었습니다. 하지만 9·11 사건으로 알게 된 것은, 그러한 대항운동의 세계적인 연대가 불가능하다는 것입니다. 그것은 간단히 분열되고 맙니다. 예를 들어 알카에다는 전형적인 다중의 운동인데, 그 사건 이후 네그리와 하트는 그것을 무시하고 있습니다. 알카에다는 자본과 국가에 대항하는 운동이며, 심지어는 어느 국가에도 속해 있지 않습니다.

사토　　빈 라덴은 초동 단계에 반유엔이라는 입장을 명확히 선언했지요. 이것은 원리적으로 국가를 거부한다는 것입니다.

가라타니　　네. 그러한 운동이 제외된다는 것은, 세계적인 대항운동이 분열된다는 것입니다. 게다가 분열된 상태라는 것조차 깨닫지 못하고 있습니다. 따라서 저는 자본과 국가에 대한 대항운동에 관하여 근본적으로 다시 생각하고자 한 것입니다. 이제까지 이 책을 쓴 계기에 대한 질문을 받으면, 대체로 이런 이야기를 했습니다.

하지만 지금까지 말한 적은 없지만 실은 한 가지가 더 있습니다. 저는 알카에다의 행동을 보고 충격을 받았습니다. 지금 국가와 자본에 대항하는 운동을 할 수 있는 사람은 그들밖에 없지 않을까 싶었습니다. 그들로 하여금 목숨을 걸고 운동에 참가하게끔 하는 것이 무엇인가 하면, 종교입니다. 저는 그들의 방식을 지지하지 않고, 또한 이슬람교에 특별한 관심이 있지도 않습니다. 하지만 여기에는 무언가 있다는 생각이 들었습니다. 간단히 말하자면 사회주의와 내셔널리즘이 쇠퇴한 뒤에, 종교가 전면에 나왔습니다. 그건 어째서일까요? 종교, 사회운동, 내셔널리즘에는 그러한 관계구조가 있다는 것입니다.

『세계사의 구조』에서 저는 교환양식D가 우선 보편종교의 형태로 나타났다고 썼습니다. 19세기 후반 이후 그것은 사회주의운동이 되어 종교성을 잃어버리지만, 사회주의가 쇠퇴하자 그것은 다시금 종교적 운동으로 등장하게 됩니다. 현재 자본＝네이션＝국가에 정말로 대항하고자 하는 사람들은 종교 쪽 사람들밖에 없는 것 아닐까, 하는 생각이 들었습니다.

반反혁명의 입장에서

사토　　저는 종교인이라서 가라타니 씨의 지금 말씀은 정말 잘 이해합니다. 실천적인 입장에서 말하자면, 저는 시종일관 반혁명의 입장입니다. 그래서 9·11이 있은 지 딱 한 달 정도 뒤, 당시 외무성 관료였던 제가 무슨 생각을 했는가 하면, 일본에 본격적인 인텔리전스기관을 만들어야 한다는 생각을 했습니다. 이러한 세계혁명의 위협이 닥쳐왔으니 그것을 저지하기 위해서 국제 반혁명 네트워크를 만들어야 한다고 무척 진지하게 생각했고, 각국 정보기관의 장관들을 포함한 인텔리전스 전문가들과 만나 솔직한 의견을 교환했습니다. 그 당시 저는 외무성 관료의 입장에서 마르크스에 대해 생각하고, 이러한 반혁명 구상을 한 것입니다.

가라타니 씨와 제 생각의 차이는 개인사와 관련이 있는 것 같습니다. 가라타니 씨는 좌익운동을 분토(공산주의자동맹)에서 시작하셨습니다. 그래서 어떤 의미에서는 분토적인 세계관이 바탕에

깔려 있습니다. 한편 1960년 무렵에 태어난 세대는 보통, 민청民青(일본민주청년동맹)이나 신좌익인데, 제 경우는 사청동(일본사회주의청년동맹) 협회파(사키사카 이쓰로向坂逸郎 씨가 대표로 있었던 사회주의협회를 가리킴)였고, 시작이 사민社民이었습니다. 제 세대의 고교생 중에 마르크스주의를 접한 사람은 민청이나 신좌익이었습니다. 하지만 저는 처음부터 사민의 관점에서 보았으니까 처음부터 저의 사회주의관은 국가사회주의에 가까웠습니다. 『트랜스크리틱』에서 『세계사의 구조』에 이르는 가라타니 씨의 저작을 읽고 다시 느낀 것은 사람들이 떠드는 사회주의가 신좌익을 포함하여 너무 간단히 국가에 포섭되어 버린다는 것입니다. 오히려 알카에다 같은 조직이 나옴으로써, 우리는 비로소 국가가 없어도 기능하는 네트워크에 대하여 생각하지 않을 수 없게 된 것입니다.

실은 9·11이 있기 다섯 달 전에 이스라엘의 정보전문가와 만났을 때, 그 사람들이 미국 본국이나 미국 동맹국 등지에서 알카에다가 본격적인 테러를 일으킨다는 유력한 정보가 있다고 경고를 했습니다. 그때 "알카에다의 인텔리전스 능력은 EU에 가맹되어 있는 중견국을 넘어서고 있는 게 확실하다. 그런 만큼, 종래의 국민국가 모델이라는 형태로 인텔리전스를 생각하면, 완벽히 대항할 수 없다."라는 얘기를 들었습니다. 현재의 체제에 있어서, 국가를 넘어서는 형태의 위협적인 운동이 생겨나 있었습니다. 그 이전까지는, 1999년에 키르기스에서 일본인 납치사건이 있었는데, 그와 관련하여, 그해에 뉴질랜드의 오클랜드에서 옐친 대통령 시대의 푸틴 수상이 오부치 게이조小渕恵三 수상에게 키르기스 사건 주모자들의 국경을 넘어서는 네트워크가 중요하다고 지적한 적이 있었습니다.

다시 말해 9·11을 전후한 시점에 저는 가라타니 씨가 말씀하신

것에 대하여 그 이면의, 반혁명적인 입장에 서서 비슷한 수준으로
진지하게 생각하고 있었습니다. 즉, 이러한 이슬람세계 혁명의 움
직임에 대해서는, 그것을 저지해야만 합니다. 국가시스템을 유지해
야만 하는 반혁명 쪽 사람들에게는 국가에 속하지 않는 혁명적인
네트워크에 대한 민감함이 자리 잡고 있었습니다.

가라타니　　그렇지요. 그러한 민감함은 있을 것입니다.

아나키스트, 마르크스

가라타니　　분토 이야기가 나왔으니 조금 설명하자면, 분토란
1958년에 공산당에서 학생조직이 떨어져 나온 당파입니다. 1960년
의 안보투쟁에서는 전학련 주류파로 활동했고, 그 이듬해에 해산했
습니다. 저는 1960년에 대학에 입학해서 안보투쟁 중에 분토에
들어갔는데, 표면적으로 분토는 마르크스·레닌주의, 전위당주의
이지만, 1960년의 시점에는 '당'으로서 전혀 기능하지 않았고, 활동
가들의 자유연합적인 조직이었습니다. 즉, 사실상 아나키즘이었습
니다. 적어도 저는 그랬습니다. 단, 저는 일관적으로 마르크스에게
경의를 표해왔습니다. 제가 1960년 이래 생각해온 것은, 어떤 의미
에서 마르크스주의와 아나키즘을 종합하는 일이었습니다. 그것이
『트랜스크리틱』의 과제이기도 했습니다.

사토　　　　그러니까, 예를 들어 영어권 국가의 아마존 커스터머
리뷰를 보면 모두 『트랜스크리틱』을 아나키즘과 생디칼리슴의 문
맥에서 읽고 있습니다. 단순히 놓고 보면, 가라타니 씨의 주장은
제1인터내셔널로의 회귀라고 생각합니다. 다시 말해 제1인터내셔

널에는 마르크스파뿐만 아니라 프루동파도 있어서 그들이 서로 절차탁마하면서 활동하고 있었습니다. 그래서 사실 『공산당선언』도 실증적으로 보면 명백한데, 그것은 마르크스와 엥겔스의 사상이라기보다, 당시 두 사람의 주변에 있었던 사람들의 생각이 섞인 것이었습니다.

가라타니 이를테면 마르크스의 딸들은 둘 다 프루동파와 결혼했습니다. 그래서 논쟁은 했어도 사이가 꽤 좋았다고 할 수도 있다는 생각을 합니다.

『트랜스크리틱』에서 저는, 마르크스가 말하는 사회주의란 프루동으로부터 얻은 관념이라는 이야기를 썼습니다. 즉, 국가주의가 아니라 어소이에이션주의라고요. 다시 말해 그 시점에는 마르크스가 본질적으로 아나키스트라고 하면서 마르크스를 옹호하려고 한 것입니다. 하지만 2001년 이후 생각이 바뀌었습니다. 마르크스가 아나키스트가 아니라는 게 아닙니다. 그게 아니라, 아나키스트라는 것이, 바로 그의 약점이라는 것입니다.

예를 들어 그는 경제적인 계급구조가 소멸되면 국가는 자연히 소멸된다고 생각했습니다. 그것은 아나키즘의 사고방식입니다. 하지만 물론 그렇게 되지는 않습니다. 왜냐하면 국가는 다른 국가와의 관계 속에 존재하기 때문입니다. 한 나라가 국가를 부정하더라도 다른 국가가 존재하는 한, 국가는 남습니다. 국가와 네이션은 단순히 관념적인 상부구조가 아닙니다. 그것들은 각기 다른 교환양식에 뿌리를 둔 것입니다. 『트랜스크리틱』에서도 저는 세 개의 교환양식(호수, 약탈과 재분배, 상품교환)으로 사회구성체의 역사를 본다는 관점을 제기했습니다. 하지만 그것은 아직 맹아적인 상태였고, 그것을 전면적으로 전개해야 한다고 생각하게 된 것은

2001년 이후의 일입니다.

소련 붕괴와 1990년대

사토　　　그 과정 중에, 현실에 존재하는 소련 붕괴와 동유럽의
민주화는 이론상 무언가 영향을 주었습니까?

가라타니　　그런 부분은 오히려 1990년에 있었다고 생각합니다.

사토　　　제1차 이라크전쟁 말입니까?

가라타니　　네. 이라크전쟁 때 소련이 없는 세계는 이런 건가,
하고 생각했습니다.

사토　　　일단, 소련은 1991년 12월까지 존속했는데, 이라크전
쟁이 터진 시점에 동유럽의 사회주의 국가들은 붕괴했고, 소련도
국내분쟁으로 흔들렸기에, 자본주의국가들에 대하여 혁명을 일으
킬 수 있는 상황이 아니었습니다. 이라크전쟁은 소련의 영향력이
현저히 후퇴한 시기에 일어난 전쟁으로, 그야말로 소련이 없는 세
계를 처음으로 보여준 것입니다.

가라타니　　그것은 이라크 전쟁에 한정된 일이 아닙니다. 라틴아
메리카에서는 연이어 사회주의혁명이 일어났습니다. 소련이 없어
지고 쿠바도 약해지자, 미국의 압력도 줄어서 오히려 사회주의혁명
이 일어난 것입니다. 그래서 저는 1990년 이후의 풍경이 완전히
달라졌다고 생각합니다.

　　냉전시대에는 현실에 미·소의 이항대립이 있었습니다. 그리고
그것은 강고한 현실이었으며, 그 이외의 가능성은 '상상력'에 기댈
수밖에 없었습니다. 다시 말해 문학이지요. 또한 선진자본주의국에

서는 이 이항대립 중 어느 쪽을 부정하기보다, 이러한 이항대립을 구성하는 원리 그 자체를 디컨스트럭트(탈구축)하는 것이 철학적인 과제였습니다. 그것이 포스트모더니즘 논의의 핵심이었습니다. 하지만 그 이후에는, 소련이 붕괴한 1990년쯤부터 좀 전에 이야기했던 종교의 문제를 진지하게 생각하게 된 것입니다.

냉전시대에 저는 적극적인 것, 미래에 관한 것을 말하기가 싫었습니다. 그래서 '미래에 대해 말하는 것은 반동적이다'라는 마르크스의 말을 자주 인용했습니다. 하지만 1990년 이후, 저는 그러한 입장을 부정했습니다. 어느 시기에 올바르다고 해서 그것이 항상 올바르다고 생각하는 것은 잘못입니다. 그래서 『트랜스크리틱』은 '이동과 시차視差에 의한 비평'이라고 할 수 있는데, 그것은 입장의 이동을 포함하는 것입니다. 1990년대 이후, 저는 적극적인 것, 미래에 관한 것에 대해 생각하려 했습니다. 그래서 블로흐[12]를 읽었습니다.

사토   『희망의 원리』와 『크리스트교 안의 무신론』을 쓴 철학자 에른스트 블로흐 말입니까?

가라타니   그렇습니다. 그는 마르크스주의자 중에서는 드물게, 거의 종교적인 사람입니다. 그리고 2000년대에 접어들고 나서, 저는 카우츠키를 읽었습니다. 다는 아니고, 『크리스트교의 기원』[13]과

• •

12. Ernst Simon Bloch(1885~1977). 독일의 마르크스주의 철학자, 무신론자, 신학자. 유토피아 사상과 표현주의의 영향을 받아 독특한 마르크스주의 철학을 전개했다. 국내에 소개된 저서로는 『서양 중세 · 르네상스 철학 강의』(박설호 옮김, 열린책들, 2008), 『저항과 반역의 기독교』(박설호 옮김, 열린책들, 2009), 『자연법과 인간의 존엄성』(박설호 옮김, 열린책들, 2011) 등이 있다.

『중세공산주의운동』 같은 책을 말이지요. 그는 아마도 엥겔스의 권유로 이러한 작업을 했던 것 같습니다.

사토　　엥겔스도 그의 만년이었던 1894년부터 95년에 걸쳐 『원시크리스트교의 역사에 대하여』라는 논문을 썼습니다.

가라타니　　원래 초기 엥겔스의 대표적인 작업은 『독일농민전쟁』이니까요. 그는 그 농민반란을 지도한 성직자 토마스 뮌처를 칭찬했습니다. 마르크스주의라고 하면 종종 '종교는 민중의 아편이다'라는 말이 그 문맥으로부터 떨어져 나와 사람들 입에 오르내립니다. 하지만 마르크스와 엥겔스 모두 그렇게 유치한 종교비판자가 아닙니다.

사토　　특히 엥겔스의 『원시크리스트교의 역사』에서는 후스파의 종교개혁 전통을 매우 중시하여, 타보르파(후스파의 좌파로, 체코 남부의 타보르 산에 틀어박혀 재산을 공유했던 사람들)가 지상에 나타난 최초의 공산주의공동체였다는 이야기가 나옵니다.

가라타니　　카우츠키가 종교, 특히 크리스트교에 대해 말하기 시작한 것은 19세기 말의 사회주의자들이 지나치게 이념을 잃어버린 상태였기 때문이었던 것 같습니다. 당시에는 노동조합이 강했고, 의회정당도 강했습니다. 하지만 그에 반비례하여 과거에 사회주의가 가지고 있었던 이념성이 없어졌습니다. 따라서 그것을 다시 환기시키기 위해, 그는 사회주의 이전의 크리스트교 운동으로 역행한 것입니다.

사토　　카우츠키에 대해 말하자면, 다이쇼 시대(1919년)에 사카이 도시히코[14]가 『사회주의 논리학』을 번역했습니다. 그 해설

‥
13. 칼 카우츠키, 『그리스도교의 기원』, 이승무 옮김, 동연, 2011.

에서 마르크스주의에는 논리가 없다고들 하지만 그렇지 않다는 것을, 사카이 도시히코가 굉장히 강조했던 게 떠오릅니다.

블로흐는 유대인으로, 나치가 정권을 장악하자 외국으로 탈출하여 제2차 대전 종결을 미국에서 맞았습니다. 그리고 귀국할 조국으로는 독일민주공화국(동독)을 택했습니다. 그 이후 베를린장벽 건설을 계기로 서독으로 이주하지만, 그는 '망명'이라는 말을 거부했습니다. '이사'라는 말을 썼습니다. 이것 역시 '트랜스'의 발상이라고 생각합니다.

그리고 저 자신의 경험입니다만, 서는 소련이 해체되는 과정을 그 안에서 관찰했습니다. 방관적인 관찰자라기보다, 서편의 외교관으로서 소련을 무너뜨리는 방향에서 일을 했습니다. 특히 중요했던 공작은 발트3국(리투아니아, 라트비아, 에스토니아)의 독립파를 지원하는 것이었습니다. 다음으로 중요한 것은 모스크바의 이론파異論派(디시던트)를 대상으로 하는 일이었습니다. 제가 외무성의 연수생으로서 모스크바 국립대학에서 공부했을 때, 철학부의 과학적 무신론학과에 자주 찾아갔습니다. 거기에는 라트비아 출신의 러시아인인, 사샤라는 머리가 굉장히 좋은 학생이 있었습니다. 물론 이론파였습니다. 이 사샤를 통해 인맥이 넓어졌습니다.*

소련 안에서 포스트모던적인 감성이 가장 날카로운 사람들은 타르투학파의 영향을 받은 인텔리들이었습니다. 이 사람들은 에스토니아 타르투 대학의 율리 로트만 교수 그룹의 영향을 많이 받고

• •
14. 堺利彦(1871~1933). 사회주이자이자 사상가, 역사가, 소설가. 일본의 초기 사회운동(러일전쟁 시기의 반전운동)부터 시작하여 1920년대 일본공산당, 노농파, 일본무산당 등에서 활발하게 활동했다. 1904년 일본 최초로 『공산당선언』을 번역 소개한 것으로 유명하다.

있었습니다. 사실, 이 타르투 대학은 모스크바의 역사고문서 대학 (현 러시아 국립 인문대학)과 굉장히 긴밀한 관계가 있습니다. 여기에는 율리 아파나세프라는 유명한 개혁파 계열 학자가 있었는데, 이 사람이 역사고문서 대학의 학장으로 있었습니다. 페레스트로이카 시기에 그곳 학자들이 데리다, 라캉, 혹은 푸코 같은 프랑스 사상가들의 저작을 러시아어로 번역하여 수입하고 있었습니다. 또한 모스크바 대학 철학부에는 현대 부르주아사상 비판학과라는 이상한 이름의 학과가 있었습니다. 그곳에서는 서방의 현대사상을 연구했습니다. 모스크바 대학 사람들은 프랑스 현대사상과 함께 독일 프랑크푸르트학파의 아도르노, 호르크하이머, 그리고 하버마스를 소개하는 데 힘을 쏟고 있었습니다. 이상하게도 데리다, 푸코, 하버마스보다도 헝가리의 마르크스주의 철학자 게오르그 루카치와 그 영향을 받은 부다페스트학파가 경계의 대상이었습니다. 이 사람들의 사상이 갖는 기본적 틀이 스탈린주의에 가까워서, 도리어 경원의 대상이었던 것 같습니다.

블로흐도 루카치와 같은 부류로 구분되었던 것 같습니다. 원체 과학적 무신론학과의 선생들은 블로흐를 많이 읽었습니다. 이러한 사상을 공부한 모스크바의 인텔리들이 실제로 소련 해체운동을 하게 됐는데, 그때 포스트모더니즘 사상을 이용하지 않았습니다. 이 사람들이 쓴 사상은 두 가지입니다. 모스크바 중심부의 인텔리들은 18세기 식의 계몽사상, 인권사상을 썼습니다. '이런 소련 체제는 너무 비합리적이다. 인권이 침해받고 있다'라고 호소했습니다. 한편 발트3국과 아제르바이잔, 아르메니아 사람들은 민족자결권이나 19세기적인 매우 고전적인 내셔널리즘을 이용했습니다.

재미있었던 것은 인권과 계몽사상, 내셔널리즘이 사기라는 것을 알고 있는, 고도의 지적 훈련을 받은 인텔리들이 그것들을 일종의 도구로 쓰는, 이 사람들의 인스트루멘탈리즘instrumentalism적인 발상이었습니다. 제게는 그 이중구조가 굉장히 악마적이고, 몹시 매혹적인 것으로 보였습니다. 인권과 계몽의 사상과 내셔널리즘 때문에, 사람들이 재미있게 움직입니다. 사실 주도하는 인텔리들이 다른 사람들을 조작하는 것에 희열을 느끼며 취미나 농담으로 인권 투쟁과 민족독립투쟁에 종사하고 있었던 것은 아닙니다. 특히 내셔널리즘을 도구로 썼던 인텔리들은 이 게임에 정말 목숨을 걸고 참여했고, 죽기도 했습니다. 하지만 이 사람들은 지식인이라서, 냉정하고 객관적인 시선으로 자신을 볼 수 있습니다.

이런 상황을 설명할 때 가라타니 씨의 '트랜스'라는 발상이 무척 큰 도움이 됐습니다. 그런데 저는 논픽션 작가이고, 작품의 대부분은 당사자 수기입니다. 언젠가 문득 깨달았는데, 제 저서에서 진지하게 다뤄지는 테마는 2002년 이전에 경험한 일들뿐입니다. 즉, 시간이 거기에 멈춰있고 과거에 경험한 것을 어떻게 하면 스스로 납득할지의 문제가, 남은 인생의 과제라고 생각하는 것입니다. 다양한 '트랜스'를 하면서, 그런 생각을 하는 중입니다. 그런 점에서 가라타니 씨께는 무척 감사드립니다.

볼리비아, 그리고 오키나와

가라타니 저자는 자신의 책이 어떻게 읽힐지를 예측할 수 없습니다. 하지만 생각지 못한 방식으로 읽혔을 때 놀라움과 동시에 깨달음의 기쁨이 있는 법입니다.

예를 들어 『트랜스크리틱』을 썼을 때, 저는 선진국의 대항운동에 대해 생각하고 있었고, '제3세계'에 대해서는 생각하지 않았습니다. 애당초 저는 제3세계의 혁명을 높이 평가했고 게바라 티셔츠를 입는 사람들을 싫어했습니다. 선진국에서 무엇을 할 수 있을지를 고민해야만 한다고 생각했기 때문이지요. 그래서 제 책은 제3세계에서는 읽을 수 없을 것이며, 무시당할 것이라고 생각했습니다. 하지만 그렇지 않았습니다.

　최근 들어 제 책을 즐겨 읽어주는 나라는, 원래 '제3세계'라 불리던 곳들입니다. 특히 아일랜드, 볼리비아, 멕시코, 터키, 그리고 터키 안의 쿠르드족. 새삼 드는 생각은, '제3세계'는 제2세계(소련권)의 붕괴 후에는 존재하지 않는다는 것입니다. 중국과 인도는 말할 것도 없고, 다른 나라도 마찬가지입니다. 지금 아일랜드는 경제위기에 놓여 있는데, IT산업을 중심으로 영국을 앞지를 정도로 급격히 발전한 상태입니다. 또한 볼리비아는 예전에 게바라가 산속에서 죽임을 당한 나라인데, 현재는 사회주의정권이 있습니다. 그것은 게바라와는 다른 사회주의입니다. 즉, 쿠바처럼 국가적 통제에 의거한 것이 아니라, 아직 남아있는 호수적인 공동체를 활용하면서 사회주의경제를 구축한 것입니다. 그들은 그것을 '공동체사회주의'라 부릅니다. 제 방식으로 말하자면 그것은 교환양식A를 고차원에서 회복하려는 것입니다.

　지금의 볼리비아 대통령은 원주민 출신인데, 가르시아 리넬라라는 부통령이 제 책을 읽고 있습니다. 또한 루이 타피아라는 이론가가 '트랜스크리틱'이라는 개념을 쓰고 있습니다. 볼리비아는 다부족국가로 부족 간의 대립이 심합니다. 그것을 어떻게 통합하면 좋을지를 생각했을 때, 그는 그 열쇠를 '트랜스크리틱'에서 찾았습니다. 저는 "마르크스를 칸트로부터 읽고, 칸트를 마르크스로부터 읽는다."라고 썼는데, 그들은 부족 간의 상호비평을 인정하고 거기에서 새로운 것을 만들어내는 것이 '트랜스크리틱'이라고 해석했습니다. 저는 멕시코인 인류학자에게 "이러한 해석을 어떻게 생각하는가?"라는 질문을 받았을 때 놀랐는데, "괜찮지 않습니까?"라고 말했습니다. (웃음)

사토　　　그 트랜스크리티컬한 상황에 대하여, 저는 최근에 볼리비아에 관심을 가지고 있습니다. 그것은 볼리비아가, 류큐어琉球語[15]가 공동체 안에 제대로 살아있는 극히 드문 곳이기 때문입니다. 오키나와에서는 다이쇼 말기에서 쇼와 초기의 공황을 '소철 지옥'이라고 부릅니다. 그곳에서는 맹독이 있는 소철나무에서 독을 빼고 전분을 추출하여 식량으로 하지 않을 수 없었습니다. 그 정도로 심각한 불황이 오키나와를 덮쳤습니다. 그때 오키나와에서 중남미로 많은 사람들이 이민을 갔는데, 그중에서도 볼리비아 이민 생활이 가장 힘들었습니다. 따라서 볼리비아의 공동체는 오키나와 공동체 중에서 특유의 강인함이 있고, 표준 일본어를 쓰지 않으며 1910년 말의 오키나와 사투리를 계속 씁니다. 예를 들어 오시로 다쓰히로大城立裕 씨의『노로에스테 철도』(분게이슌주사, 1992년) 등은 중남미의 오키나와 이민 생활을 다룬 작품입니다. 지금도『류큐신보』와『오키나와 타임즈』에는 볼리비아의 오키나와공동체 이야기가 이따금 실리고, 볼리비아에서 오키나와의 전통 노래琉歌를 투고하는 사람도 있습니다. 지금 오키나와에는 없어진 말들이 중남미에는 꽤 많이 남아있습니다. 그 트랜스가 일어나기 시작한 것입니다.

15. '류큐'는 오키나와의 옛 지명.

요 근래 들어 몇 년 동안 그런 현상이 점점 더 많이 일어나고 있습니다.

그리고 오키나와의 신문은 지금, 예를 들어 후텐마普天間 문제[16]에 대하여, 종종 사설을 영어로 씁니다. 기사도 영어로 씁니다. 오키나와 사람에게 "도쿄를 보지 않고 워싱턴을 보고 있는 거냐?"라고 묻자, 시야가 좁다는 말을 들었습니다. "워싱턴을 보고 있다고 생각하는 건, 당신이 도쿄 사람의 입장에서 생각하기 때문이다. 워싱턴과 같은 비중으로 뉴욕을 보고 있고, 유엔을 보고 있다. 그리고 제네바의 국제인권위원회를 보고 있다."라고 말이지요. 일본의 소수파로서의 오키나와인은 현재, 러시아어로 말하자면 나로드노스치, 즉 아민족亞民族이라고, 저는 생각합니다. 아민족이란 역사가 잘만 흐르면 민족으로 발전할 가능성이 있었던 에스닉 집단을 가리킵니다. 지금은 주변의 큰 민족에 통합되어 있지만, 완전히 동화된 상태는 아닙니다. 정치정세와 국제환경이 변화하면 아민족의식은 민족의식으로 발전할 가능성이 있습니다. 오키나와인 혹은 류큐인이라는 민족이, 현재 조용히 형성되고 있습니다. 어쩌면 완전한 민족이 될지도 모르고, 아니면 일본인의 민족의식 안에 아민족으로서 포섭된 상태가 지속될지도 모릅니다. 하지만 이미 이들이, 우리 오키나와인의 주체성을 무시한 채 우리의 운명을 결정할 수 없다는 것을, 국제 사회에 대하여 영어로 호소하는 상태인 것입니다.

그래서 이러한 현실을 염두에 두며 저는 트랜스크리틱을, 약간

---

16. 1995년 오키나와에서 일어난 미군의 소녀 폭행 사건을 계기로 미군기지에 반대하는 운동과 후텐마에 위치한 기지를 반환할 것을 요구하는 운동이 일어난 것을 일컫는다. 이 문제는 아직도 해결되고 있지 않다.

장난을 치면서 다뤄보고자 합니다. 스즈키 무네오[17] 씨가 2010년 12월 초순에 수감됩니다. 스즈키 씨가 없는 사이에 신당대지新党大地의 지지자가 뿔뿔이 흩어지면 안 되니까 국회 내에서 스터디를 하기로 했습니다. 가장 첫 모임이 11월 25일이고 그 이후로도 매월 넷째 주 목요일 16시에 모여 『세계사의 구조』를 읽을 예정입니다. 스즈키 씨는 길어도 1년 반 뒤에는 돌아올 테니, 열다섯 번 정도 하면 전부 다 읽을 수 있지 않을까 싶습니다. 국회의원과 저널리스트 등의 참가자들에게 읽어보라며 나누어 주고, 이 책이 어떻게 받아들여지는지를 살펴볼 것입니다. 나가타초[18]라는 '유령의 집'에서 하는 독서회니까 꽤나 재미있을 것 같습니다. 그러면 언젠가는 민주당이나 어느 정당의 강령 안에, 혹은 정권에 『세계사의 구조』가 밀수입될지도 모릅니다.**

구조론과 고유명사

가라타니   『세계사의 구조』가 전작 『트랜스크리틱 — 칸트와 마르크스』와 다른 점이 또 한 가지 있습니다. 전작에는 칸트는 이렇다, 마르크스는 이렇다는 얘기가 적혀 있습니다. 하지만 『세계사의 구조』에는, 여전히 마르크스와 칸트의 인용은 있지만 여기에서

• •

17. 鈴木宗男(1948~). 홋카이도 출신의 정치인으로 홋카이도를 지역 기반으로 하는 당인 신당대지新党大地의 당수이다. 일본이 소유권을 주장하고 있는 남쿠릴열도의 지원사업을 둘러싼 부정입찰 의혹사건으로 이 시기 징역 2년을 선고받고 수감되었다.

18. 일본의 국회의사당과 정당본부, 총리 관저 등이 위치해 있는 곳.

는 그들이 어떻든 더 이상 아무 상관이 없습니다. 저는 '구조'를 보여주었기 때문입니다.

사회주의에 관해서도 마찬가지입니다. 사회주의 외에, 예를 들어 공산주의, 아나키즘, 어소시에이셔니즘이라는 개념이 있습니다. 어떻게 다를까요? 어떤 새로운 정의를 내리든 그저 혼란만 늘어날 뿐입니다. 그것에 대하여, 저는 교환양식D라고 부릅니다. 그것은 수학적인 구조입니다. 중요한 것은 그러한 구조이며, 그것에 부가되는 명칭이 아닙니다. 종교에 관해서도 마찬가지입니다. 크리스트교, 이슬람교, 불교가 있습니다. 그것들이 어떻게 다른지, 혹은 어느 것이 가장 보편종교다운 것인지 묻는다면 대답할 수 없습니다. 어떤 종교든 보편종교적인 면을 가지는 시기가 있고, 그렇지 않은 시기도 있기 때문입니다. 따라서 그것이 교환양식D를 가지고 있는지 아닌지를 보면 되는 것입니다. 이렇게 구조론적 관점에서 봄으로써 이제까지의 혼란이 해소되지 않습니까? 아니면, 혼란이 더 커지나? (웃음)

사토　　혼란이 더 가중되는 거 아닌가 싶습니다. 구조론적인 접근방법을 취하면 고유명사를 경시하게 되지 않습니까? 고유명사를 어떻게 처리하지요?

가라타니　　고유명사는 관계구조의 항목으로서 있을 뿐입니다.

사토　　단, 그 고유명사가 나온 순간에, 고유명사는 사람을 뒤흔드는 성격이 있지요.

가라타니　　그렇습니다. 그러니까 더더욱, 구조론적인 시점이 필요하지 않습니까? 전에 얘기 나눴을 때 사토 씨는 우익 앞에서 "다카마마하라高天原[19]란 '규제적(regulative) 이념'이다."라고 하면 이해해준다고 말했습니다. 그렇다면 다카아마하라를 교환양식D라고 해도 되는 것이지요. 그 경우 다카아마하라의 의미는 달라집니다. 단순히 다카아마하라라는 고유명사를 쓰면 우익적인 게 됩니다. 하지만 실제로 지향하는 것이 교환양식D라고 한다면, 다른 이들과도 연대할 수 있을 것입니다.

사토　그런 사고방식은 이해합니다. 그러면 거기에서 나오는 구조론적인, 굳이 말하자면 함수형식이라는 수학적인 것이 전면적으로 나옵니다. 이 또한 좀 이상한 말일지 모르지만, 이 수학적인 것은 리얼한 것일까요?

가라타니　그건 그야말로 보편논쟁 같은 이야기입니다.

사토　보편논쟁으로 끌고 가고 싶어서 이런 질문을 하는 것입니다.

가라타니　간단히 말하자면 형이상학이란 '대상이 있는 것'과 '대상의 관계가 있는 것'의 차이를 발견한 시점에 시작되었다고 할 수 있습니다. 그때, 두 개의 세계가 있는 것처럼 생각되었습니다. 대상이 존재하는 물리적인 세계와, 관계가 존재하는 이데아계.

사토　둘 다, 대상을 관찰한다는 발상에서 나온 것입니다.

가라타니　그건 그렇지만 우리는 일정 관계를 미리 파악하지 않으면, 대상을 보려 해도 그것을 볼 수 없습니다. 실험은 가설에 입각하여 행해집니다. 그게 없으면, 실제로 대상을 보아도 보이지 않습니다.

사토　하지만 역으로, 실제로 어떤 일을 보고서, 제 눈에는 전혀 나쁜 짓으로 보이지 않아도, 쿠나시르섬에 디젤발전소를 만들 때는 뒷돈을 받은 거 아닌가 하는 게, 검찰관의 심안心眼에는 보입니

----

19. 일본 신화에서 일본의 신들이 산다는 산 이름.

다.[20] 그래서 가설이란 무서운 것이지요.

가라타니   정말 그러네요. (웃음)

우노 고조와 아나키즘

사토   그건 그렇고, 또 한 가지 여쭤보고 싶은 게 있습니다. 이건 고유명사에 관한 질문인데요, 실은 가라타니 씨가 어디까지 의식하고 있는지는 모르겠지만, 가라타니 씨의 저작을 많이 읽는 학계 사람들이 별로 의식하고 있지 않는 문제인데, 저는 가라타니 씨의 사상을 보면 우노 경제학의 영향을 받았다는 것을 많이 느낍니다. 정확히 말하자면 우노 경제학이라기보다 우노 경제학을 성립시키고 있는 우노 경제 철학의 문제입니다. 사상으로서의 우노 경제학을, 가라타니 씨는 어떤 식으로 받아들이고 계십니까?

가라타니   저는 여러 가지 면에서 우노 고조의 생각에 영향을 받았습니다. 하지만 한 가지, 도저히 이해할 수 없는 부분이 있습니다. 우노 사상의 핵심은 산업자본주의경제가 '노동력상품'에 입각한다고 한 점에 있습니다. 이 상품은 특수한 것입니다. 자본이 만들 수 없습니다. 많다고 해서 줄일 수도 없고, 적다고 해서 갑자기 늘릴 수도 없습니다. 그는 이러한 상품의 특이성이 호황, 공황, 불황이라는 경기순환을 필연적으로 초래한다는 것을 밝혔습니다. 노동력상품에 기초한다는 점에 산업자본주의가 발전하는 것의 비밀이 있으며, 동시에 그 한계가 있다는 것입니다. 노동력상품에 대한

..
20. 본서 268페이지 각주17에서 말한 스즈키 무네오 사건을 말한다.

우노의 주목 방식은 독자적입니다. 많은 마르크스주의자들은 임금노동에서 계급, 빈곤, 소외 같은 문제를 봅니다. 그리고 그것을 해결하는 것이 사회주의라고 생각합니다. 예를 들어 소련에는 자본주의적 기업이 없고, 실업이 없습니다. 이것이 사회주의라는 것입니다. 그에 반해 그곳에 소외가 있고, 자유의 결여가 있다는 비판이 있습니다.

하지만 우노는 그러한 견해와는 전혀 다른 관점에서 소련을 보았습니다. 그의 생각에는, 소련에서는 자본주의가 아직 지양되지 않은 상태였습니다. 왜냐하면 노동력상품이 폐기되지 않았으니까, 라는 것입니다. 소련의 노동자는 국가공무원에 지나지 않습니다. 바꿔 말하면 국가자본에 고용된 임금노동자일 뿐입니다. 저는 그게 정말 맞는 말이라고 생각했습니다. 그러면 노동력상품을 어떻게 폐기할 수 있을 것인가? 하지만 우노 고조는 그것에 대해 아무것도 말하지 않았습니다.

우노파 학자들도 노동력상품이라는 개념을 금과옥조처럼 반복하지만, 노동력상품을 어떻게 폐기해야 할지에 대해서는 아무것도 말하지 않습니다. 하지만 그것은 우노가 말하지 않은 것과는 의미가 다릅니다. 아마도 우노파 학자는 그것을 위해 기업의 국유화나, 그게 아니면 사회민주주의적인 방식을 생각했겠지요. 우노와 달리 그들의 대다수는 사회당의 브레인이었으니까요.

그렇다면 우노는 어떻게 생각하고 있었을까요? 저는 몰랐습니다. 그것을 알겠다는 생각이 든 것은, 제가 생산자＝소비자협동조합에 대해 생각하게 되었을 때입니다. 그때 우노가 젊은 시절에 오스기 사카에와 교류했던 것을 떠올리기에 이른 것입니다.

사토　　　그건 우노 고조의 『자본론 50년』[21]이라는, 그의 제자들과 하는 토론 형태로 쓰인 회고록 상권에 나와 있지요.

가라타니 그렇습니다. 단, 그것은 청춘기의 한 삽화로 읽히게끔 쓰여 있습니다. 하지만 저는 우노와 오스키 사카에, 아니 그보다 아나키즘과의 관계는 본질적인 거라고 생각합니다. 즉, 우노는 협동조합을 생각하고 있었을 것입니다. 물론 그는 그런 얘기를 제자에게도 하지 않았습니다. 그의 제자들은 사회당과 노동조합의 브레인이 되었지만 우노는 그러지 않았습니다. 그것에 대하여, 그의 제자들 혹은 우노파 학자들은 우노가 학자로서 금욕적이었기 때문이었다고 생각했습니다. 그건 사실이지만, 애당초 우노파 학자들과는 발상이 다릅니다.

사토 저도 그렇게 생각합니다. 우노가 생각하는 사회주의는 아나키즘으로, 활동가가 되기 위해서는 권력에 의한 철저한 탄압에 저항할 수 있는 강인한 정신력과 체력이 필요하다고 생각했습니다. 우노 자신에게는 그렇게까지 해서 혁명운동에 종사할 마음이 없었기 때문에, 실천에 대해서 지나치리만치 소극적인 자세를 보였다고 생각합니다. 혁명에 대한 우노의 지나친 기대가, 비실천적 인텔리라는 자기표현에 이르렀습니다. 하지만 자기표현과 자기인식에 다 담을 수 없는 '무언가'를, 우노는 가지고 있었다고 생각합니다.

아마도 우노학파 중에 사이타마 대학의 교수를 오래 지낸 가마쿠라 다카오鎌倉孝夫 씨는 이런 혁명에 대한 우노의 정념을 이해하고 있었을 것입니다. 가마쿠라 씨는 의제擬制자본이라는 방식으로, 구체적으로 말하자면 주식자본을 자본주의의 완성형태로 보고, 『자

• •
21. 宇野弘藏, 『資本論50年(上)・(下)』, 法政大學出版局, 1973.

본론』을 전부 새로이 쓰려고 했습니다. 이 시도가 재미있다는 생각은 듭니다. 하지만 결론적으로 말하자면 가마쿠라 씨의 생각은 국가사회주의가 됩니다. 우노학파의 문제는, 가마쿠라 씨뿐만 아니라 이토 마코토伊藤誠 씨, 야마구치 시게카쓰山口重克 씨도 예외 없이 그들이 가진 이상적인 사회상이 국가사회주의가 되고 만다는 것입니다.

가라타니　　제 추측으로는 우노는 소련사회주의 따위를 인정하지 않았고 그것을 숭배하는 일본의 마르크스주의자, 공산당, 사회당도 인정하지 않았습니다. 그것은 그가 아나키스트였다고 생각하면 쉽게 이해할 수 있습니다.

또한 그렇게 보면, 노동력상품의 지양은 비교적 간단한 문제입니다. 예를 들어 생산자＝소비자협동조합에서는 각자가 노동자이며 동시에 경영자입니다. 거기에는 임금노동자가 없고, 자본가도 없습니다. 노동력상품을 지양한다는 것은 자본제기업을 국영화하는 게 아니라 주식회사를 협동조합(어소시에이션)으로 바꾸는 것입니다.

마르크스는 『자본론』에서 주식회사가 자본주의의 '소극적인 지양'이며 협동조합은 그것의 '적극적인 지양'이라고 말합니다. 예를 들면 미국에서 쾨른이라는 사람이 노동자에게 자사주를 줘서 주주로 만들자는 주장을 했습니다. 그것으로 자본주의를 뛰어넘을 수 있다는 것입니다. 이 ESOP(종업원 주주제도, Employee Stock Ownership Plan)라고 불리는 시스템을 채용하고 있는 기업은 일본에도 있습니다. 하지만 이것으로는 주주의 다수결지배가 계속됩니다. 즉, '소극적인 지양'에 그칩니다. 하지만, 협동조합은 소유하는 주식이 많고 적음에 관계없이 1인 1표의 의결에 기초합니다. 이것은 쉽게 말하자면 전 종업원이 사장을 택하는 시스템입니다. 그런 의미에서 주식회사를 협동조합으로 바꾸는 것은 별로 어렵지 않습니다. 회사법을 바꾸기만 하면 됩니다.

마르크스는 한 번도 국영화 같은 말을 한 적이 없습니다. 하지만 레닌 이후의 마르크스주의자들 사이에서는 사회주의＝국유화가 되어버렸습니다. 지금도 그렇게 생각하는 사람이 많지 않을까요? 옛날에 우노를 추대하던 신좌익 당파는 그랬습니다. 제가 아는 한 히로마쓰 와타루廣松涉 씨도 노동력상품의 폐기를 말했는데, 그 내용을 보면 구체적으로는 잘 몰랐던 것 같아요.

사토　　　히로마쓰 씨는 말년에 그야말로 이원론으로 흘러갔습니다. 더 확실히 말하자면, 저는 그 사람이 좌익 스탈린주의가 아니었나 싶습니다. 스탈린은 눈에 보이지 않는 세계가 있다고 확신했습니다. 그것이 이 지상에 현상으로 반영되어 있다는 이원론을 취했습니다. 일종의 실념론實念論(리얼리즘)이지요. 히로마쓰 씨도 관계의 제1의성第一義性을 강조해서 공공주관성公共主觀性과 사적事的 세계관을 강조했는데, 말년에 쓴 『지금 마르크스를 다시 읽는다』(고단샤 현대신서)에 나오는 공산주의상은 북한 주체사상의 세계에 매우 가깝습니다.

가라타니　　　그렇습니까.

사토　　　그래서 저는, 최종적으로는 그에게 주체사상에 대한 동경 같은 게 있었다는 느낌이 들어요.

가라타니　　　히로마쓰 씨에게는 교토학파에 대한 동경이 있지 않았나요?

사토　　　지나칠 정도로 많았지요.

가라타니　　　주체사상은 니시다 철학에서 왔다는 얘기를 들은 적이 있습니다. 그런 의미에서 관련이 있을지도 모르겠네요. 히로마쓰 씨와 저는 10대 때부터 알고 지냈는데, 전혀 영향을 받지 않았습니다.

사토　　　저는 사실, 가라타니 씨가 히로마쓰 씨와 가장 먼 데 있다고 생각합니다.

가라타니　　　그렇습니다. 마르크스에 관해서도 그렇습니다. 히로마쓰 씨는 『자본론』에 대하여 두꺼운 책을 썼는데, 자본제 경제 전체의 체계에는 흥미가 없습니다. 그에게는, 관계주의적인 형태의 물상화라는 것이 중요했습니다. 따라서 화폐에 의해 공동주관적 구조가 성립한다는 것을 보여주고, 자 이것으로 끝, 이라는 느낌이지요. 화폐가 어째서 자본으로 바뀌는지의 문제에 대해서는 흥미가 없습니다.

우노 '단계론'에 입각하여

가라타니　　　그건 그렇고, 저는 『자본론』을 읽으면서 신용을 다룬 제3권을 특히 관심 있게 봤습니다. 신용이라는 것은 매매(화폐와 상품의 교환)에서 우선 팔렸다고 치고 진행되는 것입니다. 쉽게 말하자면 외상이지요. 영어에서도 어음을 노트(증서)라고 하는데, 자본제 경제란 말하자면 신용에 의해 형성된 세계입니다. 그런 의미에서 종교적인 세계입니다. 마르크스는 초기에 포이어바흐의 종교비판을 응용하여 자본주의 비판을 했습니다. 나중에는 그런 말을 안 했던 것 같지만, 『자본론』을 제3권까지 읽으면 이 책은 궁극적으로 종교비판이라는 것을 깨닫게 될 것입니다.

사토　　　그렇다면 마르크스가 가장 단편적인 형태로만 써놓은 제3권을 어떻게 해석할지의 문제가, 가라타니 씨의 마르크스 해석에서 열쇠가 된다는 거네요.

가라타니　　그렇습니다. 제1권만 읽으면 『자본론』을 모를 것입니다. 제3권을 읽고 나서 제1권을 읽어야 합니다.

사토　　　그것도 그야말로 '트랜스'적이군요.

가라타니　　고전경제학자는, 상인자본은 부등가교환에 기초하지만 산업자본은 등가교환에 기초한다고 생각했습니다. 그에 반해 마르크스는 산업자본도 부등가교환이며 잉여가치의 착취에 기초한다고 생각했습니다. 따라서 그는 어떤 의미에서 자본을 상인자본으로 생각하려 했다고 할 수 있습니다. 하지만 결국, 상인자본은 부등가교환이라는 생각이었습니다.

한편, 우노는 자본주의를 상인자본의 관점에서 생각했습니다. 제가 영향을 받은 것은 그 점입니다. 단, 우노도 상인자본을 부등가교환이라고 생각했던 것 같습니다. 제가 생각한 것은 첫째로, 상인자본이 딱히 부등가교환으로 이익을 얻는 것이 아니라는 것입니다. 그것은 공간적으로 다른 두 체계 사이의 교환으로부터 잉여가치를 얻는 것입니다. 예를 들어 어떤 것을 그것이 싼 곳에서 사서 비싼 곳에서 팝니다. 각각은 등가교환이지만, 잉여가치를 얻을 수 있습니다. 둘째로, 그런 점에서는 산업자본도 본질적으로 같습니다. 단, 상인자본이 공간적으로 어떤 체계 간의 차이에 기초하는데 반해, 산업자본은 끊임없는 기술혁신으로 새로운 체계적 차이를 만들어 냅니다. 요컨대 잉여가치는 공간적 혹은 시간적으로 다른 체계 간의 등가교환에서 생깁니다.

제가 그런 생각을 가지게 된 것은 1970년대 중순에 『마르크스 그 가능성의 중심』[22]을 썼을 즈음입니다. 모든 상품의 가치체계(관

계체계)를, 소쉬르 언어학에서 말하는 공시적 체계라는 생각을 힌
트삼아 재고했습니다. 이것은 마르크스에게도 없고 우노에게도 없
는 견해입니다. 그 뒤, 우노 고조에 대해 새로이 생각하게 된 문제가
있습니다. 그가 말하는 '단계론'에 대해서 말입니다. 그는 순수자본
주의를 해명하는 '원리론'과 자본주의가 역사적으로 취하는 모든
형태를 보는 '단계론', 그리고 러시아혁명 이후의 '현상분석'을 구
별했습니다. 그 경우 단계론이란 중상주의, 자유주의, 제국주의 같
은 것입니다. 그것에 대해서 재고하게 되었습니다.

사토   그건 전형적인 타이폴로지(유형론)적 발상이군요.

가라타니   그렇습니다. 우노는 경제학에서 국가를 사상捨象하는
것으로 보입니다. 마르크스도 그랬으니까요. 하지만 우노는, '원리
론'에서는 국가를 사상하고 순수자본주의를 상정하는데, 실은 '단
계론'에서는 국가를 재도입했습니다. 그가 말하는 '단계'는 국가의
경제정책에 의해 구별되는 것입니다. 중상주의는 당연하지만, 자유
주의 또한 영국처럼 헤게모니를 가진 국가의 경제정책입니다. 그래
서 우노는 단계론에 남몰래 국가를 주체(에이전트)로 도입한 것이
아닐까 하는 생각이 들었습니다.

한편, 국가라는 주체를 가지고 역사적인 단계론을 생각한 사람은
임마누엘 월러스틴입니다. 그는 자유주의단계를 헤게모니국가가
존재하는 단계, 중상주의 혹은 제국주의 단계를 헤게모니국가가
존재하지 않고 복수의 국가가 헤게모니를 다투는 상태라고 생각했
습니다. 마르크스주의자가 일반적으로 국가를 부차적인 것으로 보

●●
22. 가라타니 고진, 『마르크스 그 가능성의 중심』, 김경원 옮김, 이산,
1999.

278

는 데 반해, 그는 자본과 국가라는 두 개의 얼굴을 지닌 주체가 형성하는 것으로서, 근대세계시스템을 생각한 것입니다.

사토　분명 가라타니 씨 말씀처럼 우노 경제학의 특징은 단계론, 즉 경제정책론에 가장 큰 특징이 있습니다. 우노의 단계론과 월러스틴의 세계시스템론의 논리구성은 무척 비슷합니다. 월러스틴이 재미있는 점은, 사회주의체제라는 것을 세계의 자본주의시스템 안의 서브시스템으로 포섭시키는 점이지요.

가라타니　네.

사토　그러니까 월러스틴의 견해로 보면 지금 일어나고 있는 이슬람의 알카에다처럼 세계혁명을 지향하는 운동 또한, 이상理想의 성격은 조금 다르지만 세계 자본주의시스템의 틀 안에 넣을 수 있지 않을까요?

가라타니　그렇습니다. 우노 고조가 말하는 '현상분석'도 실은 소련을 포함하는 세계자본주의를 보는 것입니다.

사토　분명 우노는 1917년의 러시아 사회주의혁명 이후는 단계론이 아닌 현상분석의 과제라는 것을 강조했습니다. 그는 사회주의혁명을 저지하는 것을 현실적으로 생각하면서 주요 자본주의국들이 국가정책을 책정하게 되었다는 점을 강조했습니다.

가라타니　소련권의 존재로 인해, 선진자본주의국가들은 노동자를 우선하여 복지정책을 취해야만 했습니다. 소연방이 붕괴한 1990년 이후 그것이 불필요해졌고, 신자유주의적인 경제정책을 취하게 되었습니다. 그러니까 90년대 이후에는 우노가 말했던 '현상분석'과는 다르게 생각해야만 합니다. 즉, 그것을 새로운 '단계'로 봐야 하는 것이지요.

사토　네. 저도 그렇게 생각합니다.

가라타니　저는 그것에 대한 얘기를 『세계사의 구조』에 썼습니다. '세계자본주의의 단계', 그리고 역사의 반복이라는 주제로 말이죠. 이것은 우노와 월러스틴의 단계론에 입각하여 쓴 것입니다. 월러스틴의 견해에 의하면 중상주의단계와 제국주의단계, 그리고 신자유주의단계는 비슷합니다. 따라서 역사적 반복이 있는 것처럼 보입니다. 그래서 저는 세계자본주의의 단계와 반복에 대해서 썼습니다(제4부 제1장). 그렇게 보면, 근대에는 거의 120년 주기로 비슷한 국면이 있습니다. 그것은 동아시아 또한 마찬가지입니다.

청일전쟁 전야前夜

가라타니　사토 씨는 이 대담 전의 강연에서 센카쿠 제도를 둘러싼 문제를 언급했습니다. 그와 관련해서 말하자면, 현재 동아시아 정세는 청일전쟁 직전의 상황에 가깝다는 것을 새삼 느낍니다.

사토　지금 후텐마 문제를 계기로 심각해지고 있는 '류큐처분琉球處分'[23] 또한 그렇지요.

가라타니　그렇습니다. 현재의 한반도에 있는 남북대립과 마찬가지로, 청일전쟁 직전에 조선 내부에는 대립이 있어서 그것이 전쟁의 직접적인 원인이 되었습니다. 한쪽을 청 왕조가 지원하고, 다른 쪽을 일본이 지원하는 형태로 청일전쟁이 일어났습니다. 그

---

23. 메이지 정부 하에 류큐 왕국이 강제적으로 근대일본국가에 편입되어 간 일련의 과정을 일컫는 말이다. 2010년 당시 이치카와 방위대신이 이 용어의 뜻을 모르는 것으로 밝혀져 많은 논란이 있었다.

결과 대만이 일본에 양도되었습니다. 지금의 동아시아의 지정학적 구조는 이 시기에 시작된 것입니다. 따라서 현재를 생각할 때 120년 전을 상기하면 됩니다. 현재 중국은 청 왕조 같은 제국이며, 북한은 이씨 왕조 같은 상태입니다.

올해 우연히 민주당 의원의 강연을 들은 적이 있습니다. 그 사람이 "여러분, 시바 료타로 원작 드라마 <언덕 위의 구름>을 보셨습니까?"라고 하더군요. 그것을 보면 지금 어떻게 해야 할지 참고가 될 거라고 하면서요. 하지만 지금 <언덕 위의 구름>을 이야기하는 것은 잘못이며, 사카모토 료마를 이야기하는 것도 잘못입니다. 현재는 오히려 청일전쟁 시기와 비슷합니다. 그런데도 국민에게 막부 말기의 유신과 러일전쟁 같은 것만을 보여주는 것은, 그게 아무리 여론조작이라고 해도 어리석은 거 아닙니까?

사토　　　어리석다는 평가에는 동의합니다. 하지만 의도적이지는 않겠지요. 의도적이라면 교정이 가능하지만, 무의식적으로 그렇게 하고 있는 것은 사실상 바로잡을 수가 없습니다. 그런 것에 대항하기 위해 저는 오시로 다쓰히로 씨의 소설 『류큐처분』[24]을 읽어야 한다고 신문에 썼습니다. 그러자 고단샤문고로 나와서 재판도 찍었습니다. 단행본이 나온 지 42년이 지나서 문고본이 된 것은 처음 있는 일이라고 합니다. 이 상업사회에서 옛날에 나왔던 좋은 작품을 다시 띄우기란 힘든 일입니다. 가라타니 씨의 120년 주기설은 잘 이해합니다. 하지만 이것을 그냥 넘겨짚으면 '가라타니 신학 神學'이 출현했다는 식으로 착각하기가 쉽습니다. 포스트모던 계열 사람들은 '아무래도 가라타니도 요즘 나이 탓인지 예전 같지 않구

··

24. 류큐처분 문제를 다룬 1968년 소설로 국내 미번역.

나'라는 식으로 보기 쉽습니다. 설명을 잘 해줘야 해요.

가라타니 저는 20년 전쯤에 메이지＝쇼와 반복설(『역사와 반복』)을 썼습니다. 이것을 진심으로 받아들이고 행동에 나선 사람들이 있었습니다. 옴진리교입니다. (웃음) 그래서 '역사와 반복'이라는 것을 거의 말하지 않으려고 하지만, 저는 앞으로 세계전쟁이 일어날 수 있다고 생각합니다. 과거에는 청일전쟁이 일어난 지 20년 뒤에 제1차 세계대전이 있었습니다. 지금은 전쟁이 불가능하다고 하는 사람들이 많지만…….

사토 전쟁은 일어날 것입니다.

가라타니 제1차 대전도, 어째서 세계적인 전쟁이 되어버렸는지 모르겠습니다. 앞으로 일어날 세계전쟁도 그런 식으로 일어나지 않을까요. 따라서 그러한 전쟁을 막아야 한다고 생각합니다. 막상 전쟁이 일어나면 사람들은 그것에 휘말려듭니다. 전쟁에 반대하는 사회주의자도 그 예외는 아닙니다. 제1차 대전 때 제2인터내셔널은 전쟁지지로 돌아섰습니다. 그래서 그러한 일을 피하기 위해서는, 역사를 알아야만 합니다.

사토 그 말씀에는 정말 공감합니다. 그래서 지금 일본은 품격 있는 제국주의국이 되는 편이 좋다고 생각합니다. 품격 있는 제국주의국은 전쟁을 하지 않는다는 것이 제 생각입니다. '카우츠키의 초^超제국주의를 21세기에 되살릴 생각이냐'고 비판하는 사람이 있을지 모르지만, 괜찮습니다. 말이야 어떻든 상관없어요. 실천적인 결론이 가라타니 씨와 같다면요.

여기에서 중요한 것은 어째서 제가 가라타니 씨께 끌리는지, 어째서 크리스트교를 테마로 하는 오늘 이 자리에 가라타니 씨를 불렀는가 하는 점입니다. 그것은 가라타니 씨가 철저한 무신론자이며 유물론을 관철하려고 하기 때문입니다. 저희 신학자들의 입장에서 보면 그건 진정한 휴머니즘이니까 안티휴머니즘의 입장에 서는 크리스트교 신학 측으로서는 진지하게 받아들여야만 하는 것입니다. 유물론 안에는 종교가 숨어 있습니다. 우노 고조 씨는 그 문제를 애매모호하게 하고 넘어갔습니다. 히로마쓰 와타루 씨, 구로다 간이치[25] 씨는 종교임에도 불구하고 종교라는 말을 하지 않았습니다. 일본공산당도 마찬가지입니다. 그것은 좋지 않다고 생각합니다. 가라타니 씨는 종교적인 요소를 의도적으로 전부 배제하고 탈구축했습니다. 이렇게 철저한 무신론, 그리고 철저한 유물론이란, 종교적인 관점에서 보면 오히려 신과 연결되는 점이 있습니다. 이 역설이 재미있습니다.

가라타니　　그 말씀이 옳겠지만, 제가 제 입으로 말하면 안 되는 거 아닐까요? (웃음)

- 2010년 11월 15일 수록

사토 주)

＊ 이에 대하여 자세한 것은 졸저 『자괴自壞하는 제국』(신초문고)에 썼다.
＊＊ 신당대지新黨大地가 국회 내에서 주재하는 『세계사의 구조』 스터디는 2011년 7월 말 기점으로 아홉 번 이루어졌으며 국회의원, 신문기자 등이 열심히 참가하고 있다. 교환양식D라는 발상은 차츰 현재의 정치 엘리트들에게 영향을 미치고 있다.

・・

25. 黑田寬一(1927~2006). 일본 혁명적 공산주의자 동맹 혁명적 마르크스주의파(통칭 카쿠마루革マル파)의 지도자.

이소노미아, 혹은 민주주의의 갱신

야마구치 지로
가라타니 고진

중간단체의 약체화

가라타니   야마구치 씨와 처음 만난 것은 『세계공화국으로』를 출판하고서 야마구치 씨가 주최하는 독서회에 초대받았을 때입니다. 그 후 2008년에 야마구치 씨가 하고 계시는 삿포로 시계탑 레슨에 가서, '왜 일본에는 데모가 없을까'라는 타이틀의 강연을 했습니다. 그때 이야기한 것은 금세기 이래 일본의 상태와 깊은 관련이 있으니 한 번 더 간추려 말하기로 하겠습니다.

절대왕정시대의 프랑스에서 몽테스키외가 중간단체 혹은 중간 세력의 존재가 전제화를 막는다는 얘기를 했습니다. 구체적으로 말하자면 그것은, 귀족과 가톨릭교회입니다. 둘 다 전근대적인 것인데 그것이 권력의 집중화를 막는다는 것입니다. 1990년 이전 일본에 그런 의미의 중간단체는 다수 있었습니다. 노동조합(국노國勞와 일교조日教組), 국립대학, 부락해방동맹 등등입니다. 하지만 이들은 1990년대에 미디어 등에서 일제히 비판을 받고 힘을 잃었습니다. 국립대학은 그때까지 문부성과는 독립적인 중간단체 같은 것이 었는데 '민영화'와 더불어 역으로 국가에 종속되었습니다. 창가학회創價學會도 어떤 의미에서는 중간단체지만 이것도 여당의 범주로 들어가고 말았습니다. 이러한 중간단체는 비판받아도 어쩔 수 없는 면이 있어서 옹호하기가 어렵습니다. 하지만, 실제로 중간단체가 없어져버리면 큰일이 벌어집니다. 자본에 저항하는 것이 없으니 말하자면 자본의 '전제專制'가 시작됩니다. 그것이 신자유주의입니다. 개개인은 아톰화되어버리므로 무력해집니다.

2001년에 고이즈미 정권이 들어섰을 때는 그런 상황이었습니다. 그는 종래의 중간단체의 흔적을, 수구세력으로 취급하면서 그것들에 홈집을 내고 인기를 얻었습니다. 바로 그 무렵에 인터넷이 보급되기 시작했습니다. 그로써 개인은 더욱 아톰화되었다고 생각합니다. 물론 인터넷 탓은 아닙니다. 예를 들어 한국에서는 인터넷을 활용하여 데모를 하고 사회운동을 하고 있습니다. 일본에서는 오키나와를 제외하고는 데모가 거의 없습니다. 그것은 자기 의견을 표명하는 개인이 적다는 얘기입니다. 누군가가 해주기를 기다리고 있습니다. 자신은 논평만 하고요.

야마구치 씨는 『포퓰리즘을 향한 반격』이라는 책을 내셨는데, 일본에서 포퓰리즘이 본격화된 것은 고이즈미 정권 무렵부터라고 생각합니다. 중간단체가 없어졌기 때문입니다. 물론 저는 이전의 중간단체를 회복시키고 싶지는 않고 그렇게 한다 해도 의미가 없습니다. 다만, 새로운 중간단체로서 어소시에이션을 만들 필요가 있다고 생각합니다. 그런 생각에 2000년 시점에 NAM이라는 운동을 일으켰습니다. 지금도 같은 생각입니다. 2009년 총선거에서 민주당이 이겨서 정권교체가 이루어졌습니다. 하지만 제게는 근본적인 변화가 없었던 것처럼 느껴집니다. 단순히 정권만 교체된 것 아닌가 싶습니다. 야마구치 씨는 최근 민주당의 이론가로서 적극적으로 활동해오셨습니다. 우선은, 정권교체에 이르는 과정에서 어떤 제안을 하셨는지 말씀을 들어보고 싶습니다.

야마구치 저는 1990년 중순 무렵부터 일본에서 정권교체를 이뤄내고 싶다, 그리고 단순히 자민당을 대신할 정권을 만드는 데 그치지 않고, 대처리즘Thatcherism 이후의 신자유주의와는 다른 사회민주주의를 일본에서 실현하고 싶다는 생각으로 발언을 해왔습니다. 민주당이 생기고 나서는 민주당을 축으로 한 정권교체를 실현할 수밖에 없다는 생각으로 여러 가지 정책과 전략을 제안해왔습니다. 2005년의 우정민영화를 둘러싼 해산解散총선거 때, 신자유주의노선을 취하고 '작은 정부'를 표방한 고이즈미 정권이 승리했을 때는, 이제 비로소 깔끔하게 중도좌파노선의 야당을 만들 찬스가 왔다고 생각했습니다. 그리고 우여곡절은 있었지만, 생활제일노선을 내세웠습니다. 일본에서는 아무래도 사회민주주의라는 말이 오해를 부르기 쉽지만, 그 의미는 보통의 좌파민주주의 노선, 즉 어느 정도 큰 정부로 사회를 개혁하고 빈곤과 실업, 불평등을 없애자는 것입니다. 그런 의미의 메시지로 '생활제일'이라는 슬로건을 내세웠고요.

하지만 민주당이 정권을 잡고 나서는 엄청난 혼란이 계속되었습니다. 저는 민주당 정권을 바깥에서 보고만 있었을 뿐이지만, 민주당의 가장 큰 문제는 이념과 사상의 수준에서 제대로 된 토대를 만들지 못했다는 것입니다. '생활제일'이란 자민당의 신자유주의에 대하여 취한 노선이었을 뿐 왜 그것이 필요한지, 그 노선에 따라 구체적으로 어떤 제안을 해 나갈 것인지에 대한 전략이 없었고, 구상과 이념도 없었습니다. 모든 것을 바꾸고자 하면 당연히 기존 권력의 반대에 부딪힙니다. 그러면 이념이 없는 정치가는 곧 겁을 먹고 현상을 유지하자는 입장으로 돌아서서 야당 시절에 주장했던 대결 구도를 그리는 것을 주저하고 맙니다. 최근 1년 정도의 정치는 이렇게 설명할 수 있을 것 같습니다.

사실은 요즘, 이라크전쟁, 리먼 쇼크 등 미국이 상징하고 있는 이제까지의 국가의 군사력과 자본주의의 모순이 굉장히 알기 쉬운 형태로 분출되고 있으니, 이 타이밍에 정권을 교체했다는 것은 단순한 정권교체를 넘어 역사적인 의미가 있었을 터입니다. 하지만 그러한 시대적인 의미를 모른 채 모처럼 손에 넣은 기회를 헛되이

하고 있는 것이, 지금 민주당의 상태입니다.

자유로운 것은 선거 기간뿐

가라타니 민주당은 2009년 8월 총선거에서 이겼는데, 반년 후에 선거를 했으면 지지 않았을까요? 민주당이 이긴 것을 보고 저도 놀랐는데, 이것은 착실히 운동을 해서 이룬 게 아니라, 일시적인 인기에 기대어 정권교체를 할 수 있었던 것이기 때문에 바로 망할 줄은 이미 알고 있었습니다. 그것은 미국의 오바마 정권도 마찬가지입니다. 저는 2002년 무렵 이라크전쟁 시기에 미국에 있었는데, 연일 반대 데모가 있었습니다. '왜 일본에는 데모가 없을까'라는 강연을 했을 때, 그것을 염두에 두고 있었습니다. 하지만 최근 미국의 친구에게 물으니 이라크전쟁 반대 운동이 피크였고 그 이후로는 데모가 없다고 합니다. 즉, 일본과 마찬가지 사태가 벌어진 것입니다. 이러한 상황에서 오바마가 이겼다고 해서 '변화'가 있을 리 없습니다.

저는 의회정치와 정당에 기대는 안 하지만, 사회적인 변혁을 일으키기 위해서는 정권이 필요하다고 생각합니다. 국가권력을 가지고 무언가를 하려는 게 아니라, 국가가 방해하지 못하게 하기 위해서입니다. 예를 들어 지역통화를 만들려고 하면 반드시 재무성이 반대하고 간섭할 것입니다. 그래서 지역통화를 간단히 만들 수 있게끔 하는 법률을 만들 필요가 있습니다. 소비 = 생산협동조합에 관해서도 마찬가지입니다. 지금 법률로는 설립하는 것 그 자체가 어렵습니다. 주식회사라면 혼자서도 설립할 수 있지만요. 복지 분야도, 지역통화와 협동조합이 있다면 국가의 도움이 없어도 될 거라고 생각합니다. 하지만 그것을 입법하기 위해서는 정권을 잡아야만 합니다. 그것은 국가가 무언가를 하게 만들기 위함이 아니라, 오히려 국가가 아무것도 하지 않게끔 만들기 위해서 필요한 것입니다. 하지만 민주당은 그런 방향으로는 전혀 움직이지 않고 있습니다. 국가에 의한 복지정책을 주장하고 있을 뿐입니다. 예를 들어 유아사 마코토[1] 씨는 민주당정부의 내각부 참여로 들어갔습니다. 면식도 없고, 유아사 씨도 정당에 별 기대는 안 하지만 그럼으로써 무언가가 가능하지 않을까 하고 생각한 것이겠지요. 하지만 민주당은 아무것도 하지 않았고, 결국 자기들끼리 할 수밖에 없다는 생각으로 관두고 말았습니다. 그 기분은 잘 압니다.

야마구치 '자유로운 것은 선거기간뿐'이라는 것은 루소의 말인데, 정권교대가 단순히 권력을 책임지는 사람들을 교체하는 것만으로 끝나버렸다는 것에 이번 정권교체의 한계가 있다고 생각합니다. 데모도 그런데, 선거기간 말고도 평소에도 목소리를 내어 다양한 사람들과 접촉하여 하나의 정책을 실현해 나가는 것, 즉 가라타니 씨가 말씀하신 것처럼 사회 쪽에서 모든 것을 바꾸어가는 움직임이야말로 민주정치라는 감각이, 일본에는 거의 없습니다. 이 감각은 미국에도 없는데 프랑스 등에는 조금 남아 있다고 생각합니다. 최근 수년간 민주정치라는 것은 정당이 몇 개의 정책을 패키지로 묶어 놓고, 사람들은 소비자로서 어느 쪽을 선택할 것인가 하는 문제로 바뀌었습니다. 정치학자인 사사키 다케시[2] 씨 같은 사람이

---

1. 湯淺誠(1969~). 사회활동가. 빈곤네트워크 사무국장.
2. 佐々木毅(1942~). 정치학자. 마키아벨리의 정치사상을 포괄적으로 연구

그러한 모델로서의 민주정치를 퍼뜨린 것은 큰 잘못이라고 생각합니다. 그 패키지는 대동소이하며 국민은 선거 때만 텔레비전을 보면서 어느 쪽을 택할지 생각합니다. 사회 측에서 주는 압력이 없으니, 권력자가 단독으로 권력투쟁에 뛰어들면 미국과 경제계에 바로 굴복해버리고, 공약은 죄다 종이 위에서 끝나고 맙니다. 유아사 마코토 씨가 『세계世界』(2010년 6월호)에 게재한 「사회운동과 정권 ── 지금은 누구를 문제 삼아야 하는가?」라는 논문에서 "최종적으로는 사회가 주이며 정치는 객이라고 생각하니까, (개혁이) 단숨에 진전되지는 않는다고 해도 그것은 사회 세력도勢力圖의 반영이다.", "정권교대로 인해 무언가가 바뀌는 것은 아니다."라고, 자기 경험에 입각하여 썼는데, 저도 같은 의견입니다. 정권교체를 하면 사회가 바뀔 것이라는 환상을 다소 심하게 선동한 부분은 있었지만, 그 환상과 단절된 지점에 이번 정권교체의 의의가 있었다고 생각합니다.

이소노미아의 원리

가라타니 저는 민주주의라는 말을 제대로 정의할 필요가 있는 게 아닌가 싶습니다. 왜냐하면, 민주주의라는 말을 가지고 전혀 다른 얘기들을 하기 때문입니다. 오늘날 민주주의라고 불리는 것은

••
하는 작업부터 시작하여 장 보댕, 플라톤 등을 연구했다. 80년대부터는 현대 미국 정치 사조를 분석하고 일본의 정치에 대해서도 집필활동을 하고 있다.

의회제민주주의입니다. 하지만 의회제, 혹은 무기명투표에 의한 선거가 없어도 민주주의는 있습니다. 예를 들어 부족사회에는 민주주의가 있습니다. 아프가니스탄의 부족사회도 민주적입니다. 의회제민주주의는 아니더라도 말이죠.

칼 슈미트는 의회제민주주의가 자유주의와 민주주의라는 다른 원리가 결합되어 있는 것이라고 말했습니다. 의회제는 자유주의, 개인주의에 기초합니다. 그에 반해 민주주의에 있어 불가결한 것은 성원들의 동질성입니다. 이질적인 것을 배제하는 것. 따라서 파시즘과 볼셰비즘은 모두 비자유주의적이지만 민주적이기는 하다고, 슈미트는 말합니다. 그는 나치의 이론가이지만 저는 기본적으로 이 견해가 옳다고 생각합니다.

현재 민주주의라 불리고 있는 것은 자유·민주주의입니다. 상반되는 개념인 자유주의와 민주주의의 결합입니다. 다른 관점에서 말하면 자유와 평등이라는 완전히 배치되는 원리의 결합입니다. '자유'를 강조하면 불평등이 생깁니다. '평등'을 강조하면 자유가 억제됩니다. 자유·민주주의는 자유와 평등의 위태로운 균형 위에 있습니다. 따라서 한쪽이 극에 달하면 다른 쪽에 반동이 일어납니다. 그렇게 정권교체가 이루어집니다. 경제 선진국의 정치형태는, 모두 그렇습니다. 이러한 형태가 세계사에서는 최종적인 것이라고 말한 것이, 프란시스 후쿠야마의 '역사의 종언'론입니다.

하지만 제 생각에 그것은 '자본=네이션=국가'라는 시스템이며 최후의 형태는 아닙니다. 그것을 바꾸는 것은 가능합니다. 하지만 오바마가 말하는 '변화'는 변화가 아닙니다. 이 구조 안에서의 한 과정에 지나지 않습니다. 진자가 한쪽 극에서 다른 극으로 움직이는 식의 일은, 앞으로도 해나가겠지요. 하지만 이 구조 자체를 넘어서는 비전은 없을까요? 저는 그런 생각을 해왔습니다. 그것을 위해서는 민주주의와 자유주의, 혹은 평등과 자유에 대하여 더욱 근본적으로, 그리고 역사적인 차원에서 재고해야만 합니다.

민주주의라고 하면 우리는 아테네의 민주주의를 참조합니다. 그리고 가끔 아테네의 직접민주주의를 칭찬합니다. 하지만 아테네의 민주주의는 스파르타의 코뮤니즘에 비하면 어떤 의미에서는 자유·민주주의적입니다. 그곳에는 자유와 평등의 상극이 있었습니다. 그리고 포퓰리즘의 문제가 있었습니다. 데마고그라 불리는 민중지도자가 배출되었습니다. 즉, 아테네의 민주주의는 현재의 자유·민주주의와 같은 문제를 안고 있습니다. 그래서 아테네를 참고할 수 없습니다. 하지만 참고해야 할 것은, 마찬가지로 고대 그리스에 있습니다. 그것은 이오니아의 도시들에서 생겨난 정치적 원리, 이소노미아입니다.

이소노미아는 일본어로 동등자지배라는 말로 번역되는데, 한나 아렌트는 이것을 노·룰(무지배)이라고 번역했습니다. 영어로 '크라시'는 통치라는 의미이므로 데모크라시는 다수자지배입니다. 따라서 이소노미아는 지배가 없다는 말입니다. 그래서 데모크라시와는 근본적으로 다릅니다. 아렌트는, 이소노미아에서는 자유로운 것이 곧 평등이 된다고 말했습니다. 즉, 이소노미아에는 자유와 평등의 상극이 없습니다. 하지만 아테네에 있었던 것은 이소노미아가 아니라 데모크라시입니다. 그곳은 시민으로서의 권리는 평등하지만 경제적으로는 불평등한 상태였습니다. 데모크라시란 다수자인 빈민이 귀족·부자의 부를 빼앗아 재분배시키는 시스템입니다. 따라서 당연히 자유와 평등의 상극이 있습니다.

이소노미아란 그런 것이 아닙니다. 그곳에서는 애당초 부의 불평등이 생기지 않습니다. 이소노미아가 어디에 있었느냐 하면, 이오니아의 도시(폴리스)에 있었습니다. 이오니아란 지금의 터키 서해안에 해당됩니다. 그리스 본토의 식민으로 인해 그곳에 많은 도시(폴리스)가 생겼습니다. 식민이라는 것, 즉 유동성이라는 것이 이소노미아가 성립한 불가결한 요인이라고 봅니다. 이오니아의 폴리스 형성과정은 17~18세기 미국에 생긴 식민자 타운에서 유추할 수 있습니다. 예를 들어 이주민은 마을에 오면 토지를 받고 시민으로 활동합니다. 토지가 부족해지면 더 서부로 이동합니다. 사람들은 독립자영농민으로 대토지 소유자는 없습니다. 토지를 아무리 많이 소유하더라도 고용할 수 있는 노동자가 없으니 유지할 수 없기 때문입니다. 토지가 없는 사람들은 타인의 토지에서 일하기보다 다른 곳으로 이주합니다. 따라서 빈부의 차가 거의 없습니다. '자유롭기 때문에 평등하다'는 것이, 여기에서는 가능한 것입니다. 미국의 풀뿌리민주주의는 유럽의 그것과는 달리 이러한 타운십town-ship에 기초하고 있었다고 생각합니다. 현재 이런 점을 강조하는 사람들은, 오히려 티 파티Tea Party 같은 우익이지만요. 반면에 리버럴파는 유럽형 사회민주주의·복지국가를 지향하고요.

이오니아의 이소노미아는 이러한 독립자영농민과 더불어 상공업의 발전에 기초합니다. 한편 아테네의 시민은 근본적으로 전사＝농민입니다. 따라서 상공업을 경멸합니다. 아테네의 민주화는 군사적인 이유에 기인한 것이었습니다. 그리스 본토에서는 투구와 방패로 무장한 중장重裝보병에 의한 밀집전법이 발달했습니다. 말을 타고 싸우는 귀족 따위는 필요 없습니다. 따라서 군 그 자체가 평등주의(민주주의)를 필요로 합니다. 또한 아테네에 화폐경제가 들어왔을 때 많은 시민이 토지를 잃고 채무노예가 되었습니다. 그리고 그들은 대토지소유자(귀족) 아래서 일하게 됩니다. 이것은 자기부담으로 무장한 병사로 구성되는 아테네 군대에게, 즉 국가에게는 큰 위기입니다. 따라서 솔론의 개혁 이래 민주화가 진행되었습니다. 하지만 그것은 군사적인 동기에 의한 것이며, 내부에서 민주화가 진행될수록 아테네는 제국주의적인 곳이 됩니다. 예를 들어 페리클레스는 데로스동맹에 가입한 다른 폴리스로부터 뜯어낸 돈으로 의회에 참가하는 대중에게 일당을 지급했습니다. 그것이 아테네의 '직접민주주의'의 실태입니다.

직접민주주의든 대표제든, 데모크라시는 그런 것에 불과한데, 오늘날 그것을 넘어서는 것으로서의 이소노미아에 해당되는 것은 어떤 것일까요? 아렌트는 이소노미아와 비슷한 것을 현대의 평의회(코뮌, 레테, 소비에트)에서 발견한 것 같습니다. 저도 대강 그렇게 생각합니다. 제가 어소시에이션이라고 부르고 있는 것은 그러한 것입니다.

종교의 형태를 띠지 않는 교환양식D의 형태

야마구치 저는 이소노미아를 일본어로 바꿔 말하면 '자치 공간을 만든다'는 것이라고 생각합니다. 가라타니 씨는 데모크라시에 대해서 약간 비관적인 논의를 전개하셨는데, 정치학자로서, 데모크라시는 기본적으로 지켜나가야 하는 것이라는 전제가 있습니다. 단, 데모크라시는 항상 타락한다는 것을 알아야만 합니다. 아테네 시대의 데모크라시에 있었던 안 좋은 부분은 지금의 일본에도 똑같이 있습니다. 중우정치(포퓰리즘), 데마고그(선동정치가)의 등장,

마음에 안 드는 정치가를 추방하는 오스트라시즘(도편추방) 등, 다수파가 가진 힘을 한없이 휘두름으로써 지도자를 잇달아 바꾸는 것은 데모크라시에 으레 따르기 마련인 문제입니다. 지금 일본에서, 데마고그는 커뮤니티 안에 쐐기를 박은 채 미묘한 차이를 추구함으로써 그 커뮤니티를 해체하는 방식으로 등장합니다. 예를 들어 공무원 때리기와 세대 간 대립을 강조하는 것이 그렇습니다. 대의제가 시민과 리더 사이를 가로막고 있으니 대표를 추방해야 한다는 식으로 민의를 선동함으로써 리더와 시민이 직접적으로 연결된다는 환상을 흩뿌리고, 심지어 오스트라시즘의 수법을 도입하여 마음에 안 드는 정치가를 추방하는 방식으로 민주주의가 실제로 작동하고 있습니다. 그런 상태에서 어떻게 데모크라시를 구해낼까요? 이소노미아라는 말은 일반적으로 거의 쓰이지 않기 때문에, 저는 타락한 데모크라시와 시민에 의한 자기통치 원리라는 의미의 본래의 데모크라시를 나누어 사용하고 싶습니다. 정치학에서도 리버럴 데모크라시만이 전부는 아닙니다. 선거 때 아무 생각 없이 택하는 식의, 오스트라시즘의 이면으로서의 리버럴 데모크라시와는 다른 데모크라시의 가능성도 추구할 수 있을 터입니다. 예를 들어 어소시에이티브 데모크라시라는 말이 있습니다. 혹은 최근 일본어로 숙의熟議나 토의討議라는 말을 하는데, 딜리버레이티브 데모크라시라는 말이 유행하고 있습니다. 이것은 리더를 택하여 그 사람에게 맡김으로써 민주정치가 끝나는 것이 아니라, 평소에 작은 공간에서 논의를 하며, 꾸준히 그렇게 해나감으로써 자치를 구상한다는 사고방식으로, 이소노미아를 도입한 민주정치의 모델이라고 생각합니다. 서로 이야기할 수 있는 공간을 확보하여 모두가 참가함으로써 민주정치가 뿌리를 내릴 수 있습니다. 대의제 민주정치에서 선거 때만 성립하는 민주정치에는 뿌리가 없기 때문에 그렇게 방향성 없이 폭주하는 것입니다. 실제로 인간이 얼굴을 보면서 의논하면, 그 논의가 엉망진창이 되기란 거의 불가능합니다. 또한 의논함으로써 시민으로서의 능력도 고양되겠지요.

가라타니 씨가 좀 전에 말씀하셨듯, 법은 필요하고 법을 담보하는 힘도 필요하므로 크라시(지배)는 불가결합니다. 권력과 지배의 기반 부분에서 데모크라시는 없어지지 않을 것입니다. 단, 그와 동시에 데모스에 의한 자기통치라는 이소노미아의 요소를 항상 도입해 나가지 않는다면 민주주의는 어처구니없는 방향으로 흘러가버립니다. 그것이 요즘 일어나는 일들을 보면서 느끼는 바입니다.

가라타니   제가 이소노미아라는 말을 썼지만, 이것을 평의회나 어소시에이션이라고 불러도 됩니다. 그것은 『세계사의 구조』에서 교환양식D라고 부른 것입니다. 이 책에서 저는 교환양식D가 보편종교라는 형태로 나타난다고 말했습니다. 하지만 보편종교는 종교비판으로서 나타난다고는 해도, 역시 종교입니다. 종교의 외견 없이 교환양식D가 나오는 일은 없을까요? 있습니다. 그것이 이오니아의 이소노미아 아닐까요? 또한, 그와 함께 이오니아의 자연철학도 나왔습니다. 그것은 이소노미아와는 별개로 생각할 수 없는 것입니다. 이런 생각을 갖고 지금, 「철학의 기원」이라는 논문을 쓰고 있습니다.

야마구치   가라타니 씨는, 지금의 세계가 교환양식C가 너무 강하여 교환양식B로 돌아가려고 하는, 시소 같은 상태라고 인식하고 계십니다. 물론 눈앞에 빈곤이 있으며 인간이 물건 같은 취급을 받고 있는 부조리한 상황이라면, 국가가 어느 정도 개입하여 재분배할 필요는 있다고 생각합니다. 단, 그것이 교환양식B에 그치는 한 또다시 반동이 있겠지요. 또 한 가지 문제는 재분배를 하기 위한 돈을 어디에서 가져와서 누구에게 건네주는가 하는 논의를 시작하는 순간 논의가 멈춰버린다는 것입니다. 즉, 극단적인 빈곤과 불평등이 있으면 안 되지만 자신은 손해를 보고 싶어 하지 않습니다. 혹은, 자신이 수익자가 되도록 교육과 사회보장을 해주었으면 하지요. 결국, 자기 자신이 어떻게 재분배에 관여하는지가 교환양식D로 이행할 수 있을지 어떨지의 여부를 결정하는 거겠지요. 그때 물론 국민의 한 사람으로서 세금을 냄으로써 사회보장에 관여해 나가자는 추상적인 논의도 가능합니다. 하지만 이소노미아처럼 작은 공간에서 눈앞의 문제에 대처한다고 치면, 유아사 마코토 씨가 2008년 연말에 해온 새해맞이 파견촌[3] 같은 형식으로 자기가 실제로 그곳에 가서 봉사활동을 하려는, 일종의 자연스런 의욕은 있을 거라고 생각합니다.

가라타니 정말 그렇습니다.

야마구치 그리고 앞서 가라타니 씨가 말씀하셨듯 90년대에 어소시에이션이 해체되었는데, 이렇게까지 철저하게 비판받고 괴멸적인 상태에 빠졌으니 기존의 멤버십을 공유하는 사람들만이 기득권을 지키기 위한 싸움을 한다 해도 질 게 뻔합니다. 이런 상황에서 한 발 나아가, 멤버십을 좀 더 확대해 나가거나, 혹은 획득한 이익에 대해서 더욱 사회적인 스필오버를 인정하여 그 은혜를 넓혀나가자는 논의도 가능하다고 생각합니다.

• •

3. 年越し派遣村. 복수의 NPO 및 노동조합에 의해 조직된 실행위원회가 2008년 12월 31일부터 2009년 1월 5일까지 도쿄 지요다구의 히비야 공원에 열었던 일종의 피난소이다. 실업자들을 대상으로 생활, 직업상담, 생활보호 신청 등의 선도 활동이 이루어졌다.

성장전략이 아닌 쇠퇴전략을

가라타니 이제까지 중간단체 같은 것, 공동체적인 것에는 부정적인 면이 많았습니다. 따라서 타인과 함께 행동하기를 싫어하는 사람이 많았던 것도 이해는 갑니다. 하지만 지금처럼 이렇게까지 아톰화 되어버린 상황에서 그러한 반발은 의미가 없습니다. 전공투 시대에 '연대를 추구하며 고립을 두려워하지 말자'는 슬로건이 있었는데, 저는 전부터 이렇게 말했습니다. "고립을 추구하며 연대를 두려워하지 말자."라고.

그리고 현실적으로는, '자본 = 네이션 = 국가'라는 시스템이 교묘하게 이루어져 있는 것은 분명하지만, 그것이 붕괴하고 있다는 것도 사실입니다. 이러한 시스템은 일정 시기에 성립한 것이며 앞으로 유지될 수 있을지 어떨지는 모릅니다. 첫째로 '자본'(자본주의 경제)이 한계에 달했기 때문입니다. 그래서 누구든 대상을 근본적으로 재고하지 않으면 안 되는 상태에 놓여 있습니다. 간단히 말하자면, 자본은 M(화폐)-C(상품)-M'라는 증식과정으로 존재합니다. 상인자본에 관해서는 간단합니다. 어떤 상품을 싼 곳에서 사와서 그것을 다른 곳에서 비싸게 팝니다. 그럼으로써 잉여가치를 얻는 것입니다. 그리고 산업자본은 특수한 상품에 기초합니다. 그것은 노동력상품, 즉 임금노동자에 기초합니다. 임금노동자란 동시에 자기들이 자본 아래서 만든 물건을 되사는 소비자이기도 합니다. 자본은 이것을 중개함으로써 잉여가치를 얻어 증식해가는 것입니다. 그 경우 중요한 게 두 가지 있습니다. 첫째로, 기술혁신입니다. 그것으로 노동생산성(잉여가치율)을 높이는 것. 둘째로, 새로운 노동자 = 소비자가 참가하는 것. 구체적으로 말하자면 공동체에 있었던 농민이 노동자가 되는 것입니다.

이 두 가지가 잘 이루어지지 않으면 자본의 축적은 불가능해집니다. 즉, 경제성장이 끝납니다. 그러면 자본주의는 끝나버립니다. 자본주의가 끝난다는 말을 가장 먼저 한 사람을 알고 계십니까? 아담 스미스입니다. 그는 이 이상의 기술혁신이 없을 테니 경제는 정상定常상태에 머물 것이라 예측했습니다. 그리고 리카도가 같은 생각을 했습니다. 더불어 19세기 후반에 마르크스가 자본주의의 종언을 예상했습니다. 그것은 '일반적 이윤율의 경향적 저하'라는 생각입니다. 기술혁신이 진전되면 노동생산성(잉여가치율)은 높아지지만, 동시에 생산수단에 대한 투자가 많아지기 때문에 이윤율이 저하되지 않을 수 없습니다. 실제로 이러한 위기가 19세기 말에 있었습니다. 그 결과 선진국의 자본은 해외로 향했습니다. 그것이 '제국주의'입니다.

그와 비슷한 현상이 1970년대에 일어났습니다. 선진국에서 일반적 이윤율의 저하가 일어나고 그 후 글로벌리제이션(자본의 수출)이 시작되었습니다. 이것은 신자유주의라 불리고 있는데, 오히려 신제국주의라고 하는 편이 좋습니다. 그것은 해외의 노동자＝소비자를 끌어들임으로써 자본의 축적을 확보하는 것입니다. 그러자 중국과 인도 등 이제까지 제3세계라 불리던 농업국에서 경제의 고도성장이 시작되었습니다. 그것은 일본에서 60년대에 일어난 것과 같은 현상입니다.

일본의 경제성장은 멈췄습니다. 이윤율이 저하된 상태입니다. 고령화·저출산 등의 문제가 심각해지고 있습니다. 따라서 일본인은 몰락감을 느끼고 있습니다. 한편 중국·인도에서는 고도성장이 계속되고 있습니다. 따라서 일본인은 그것에 위협을 느끼고 있습니다. 하지만 중국·인도에서도 머지않아 경제성장은 끝납니다. 그렇게 되면 세계자본주의에서 프런티어가 없어집니다. 아프리카가 마지막 프런티어일지도 모르지만, 아프리카에서도 이미 경제성장이 시작되고 있습니다.

따라서 일본경제가 쇠퇴하는 것은 당연한 일이며 일본인은 오히려 앞으로 모든 곳에서 일어날 문제를 세계에서 가장 처음으로 체험하고 있는 거라고 생각하면 되는 것입니다. 세계자본주의 그 자체가 몰락하는 거니까요. 하지만 내셔널리즘을 부채질하여, 일본이 몰락하고 있는데 중국이 잘 나가는 것은 괘씸한 일이라고들 얘기합니다. 한심스런 얘기입니다. 그렇게 생각하는 것은 정신적인 몰락을 의미합니다.

야마구치 정권이 교체되었을 때 제가 가장 아쉬웠던 점은 경제의 구도가 바뀌고 있다는 상황인식이 없었던 것입니다. 하토야마 씨 때는 다소 새로워지고 있다는 느낌이 조금이나마 있었는데 간 씨가 수상이 되고 나서는 현실에 굴복해버렸습니다. 민주당에는 경제성장 전략이 없다는 비판이 일자 섣불리 경제산업성 공무원의 작문을 내보이기도 했는데, 말씀하신 대로 지금의 일본에 필요한 것은 성장전략이 아닌 쇠퇴전략입니다. 그런데도 그런 발상으로 정책을 바꾼다는 논의가 없습니다. 성장전략의 측면에서만 논의를 하려 든다면, 그 순간 정권교체의 의의는 없어지고 맙니다.

저는 마이클 무어의 <캐피탈리즘>이라는 영화를 보고서 자본주의의 종언이 가까워져 왔음을 절실히 느꼈습니다. 미국은 자기 나라의 가난한 사람들을 속여 빚을 내어 집을 사게 하고, 결국 그것을 기반으로 다양한 금융상품을 만들어 서브프라임론 문제를 일으켰고, 최종적으로는 저당을 전부 거둬들여 노숙자를 양산했습니다.

저렇게까지 하는구나 싶어 놀랐어요. 당연히 이런 일이 오래도록 이어질 리가 없습니다. 2008년에 금융위기가 일어나서 100조 엔 규모의 불량채권처리자금을 투입했는데, 잘못을 저질렀던 CEO들, 엘리트들이 변함없이 힘을 가지고 정책에 참견하고 있으며, 정치도 그것을 제어하지 못하고 있는 상황입니다. 리만 쇼크 같은 사태가 일어나도 문제는 해결되지 않습니다. 오히려 다시 또 다른 문제가 생기리라는 것을 쉽게 알 수 있습니다. 그런 일이 일어나면 정부가 보전하는 금액 100조 엔으로는 해결되지 않을 것이니, 그때는 나라가 파탄에 이르고 말 것입니다.

히비야 방화사건

가라타니   조금 전에 했던 이야기로 돌아가자면, 데모크라시에 관해서는 주의 깊게 생각해야만 합니다. 예를 들어 일본에서 민주주의라고 하면 사람들은 다이쇼데모크라시에 대한 이야기를 합니다. 하지만 일본에서 처음으로 대중이 정치참가를 한 것은 러일전쟁 강화조약회의 이후였습니다. 러일전쟁에 이겼다고는 하지만 일정 조건으로 휴전이 되었을 뿐 전쟁 후 아무런 배상도 받아낼 수 없었습니다. 일본정부는 그것을 받아들였지만, 민중은 더 많이 받아내야 한다는 불만을 터뜨려서 히비야 방화사건이 일어났습니다. 그런 일이 다이쇼데모크라시의 발단이었다는 점에 주의해야 합니다. 현대에 들어서도 센카쿠제도 문제가 일어났을 때 대중들의 반응은 히비야의 폭동과 비슷했습니다. 단, 지금은 그것이 겉으로 드러나는 일이 없습니다. 데모도 할 수 없기 때문입니다. 그리고 그것을 대변하는 방식으로, 공격적인 발언을 하는 도쿄의 이시하라 지사와 오사카의 하시모토 지사 같은 타입의 데마고그가 나오는 것 아닐까요?

야마구치 민중의 에너지는 형태가 없는 것이라, J. S. 밀과 토크빌이 걱정했던 '다수자의 전제專制'가 생기는 것은 충분히 이해합니다. 하지만 정보를 제공하고, 제대로 된 고민을 해서 자기이익을 추구해가는 것에 기초하는 정책논의의 가능성을 버리면, 정치학을 하는 의미가 없어져버립니다. 좀 전에도 말했듯 숙의와 토의의 민주주의라는 것도 그 가능성을 어떻게 현실적으로 만드는가의 문제입니다. 매스미디어를 매개로 정보를 얻고, 인터넷 공간에서 간접적으로 참여하여 의논을 한다 해도 별 의미는 없습니다. 서로의 얼굴이 보이고, 발언의 책임이 누구에게 있는지를 잘 알 수 있는 공간에서 의논을 거듭해 나가는 것이 필요합니다. 그것이 이소노미아라고 생각합니다.

가라타니 능률이 안 좋아 보여도 당연히 그게 더 좋습니다. 단, 이제까지의 논의는 모두 국내만의 이야기니까 세계시스템의 관점에서 생각할 필요가 있습니다. 앞으로, 자본주의는 원리적으로는 끝나겠지만 쉬이 쇠퇴할 리가 없고, 다른 자본주의국가가 쇠퇴하더라도 자기 나라는 더 살아남으려고 악착같이 저항하면서, 경쟁이 더더욱 극심해지겠지요. 이것은, 전쟁의 위기가 다가오고 있다는 얘기입니다. 제1차 대전도 그랬지만, 전쟁은 생각지도 못한 데서 일어납니다. 따라서 전쟁을 저지하는 체제를 만드는 것이 중요하다고 생각합니다. 헌법9조라고 하면 일본 국내만의 문제로 생각할지도 모르지만, 그것에는 칸트의 이념이 들어있으며, 세계사적으로 보면 큰 의미가 있습니다. 제가 『세계사의 구조』를 통해 하고자

한 것이, 바로 그것을 명확히 하는 일입니다. 책 속에서는 일본에 대해 별다른 언급을 하지 않았지만, 앞으로 더욱 심해질 국가 간의 대립 속에서 헌법9조를 적극적으로 꺼내들 필요가 있다고 생각합니다.

야마구치 그 말씀에는 저도 동의합니다. 제2차 세계대전이라는 고난의 경험이 있어서, 일본에서 헌법9조는 자연스레 받아들여져 왔습니다. 하지만 전쟁이 끝나고 65년이 흐르자 전쟁의 고난을 아는 사람들이 모르는 사람의 수보다 더 적어졌고, 바깥의 이질적인 것에 대해 공격적인 자세를 취함으로써 국내의 울분을 씻어내려는 심리가 강해지면서, 정치적으로 헌법9조를 지켜내기가 이전보다 더 어려워졌습니다. 외교문제에서 민주당정권이 서투른 것은 국가 간의 관계를 국내정치를 대상으로 한 구경거리, 도구로 이용하려고 하는 것에 원인이 있다고 생각합니다. 즉, 영토문제로 대중의 관심을 바깥으로 돌리고, 대외적으로 터프한 자세를 보이는 것이지요. 하지만 그런 탓에 수습할 수 없는 국가 간의 대립을 초래하고 말았습니다. 러일전쟁 후에 폭발한 민의는 항상 저변에 흐르고 있어서, 외교를 행하는 자에게 지혜와 신중함이 없으면, 정치가가 그 위험한 민의를 선동하여 전쟁의 위험성은 더욱 더 커져버립니다. 그런 점에 지금의 민주정치가 가지는 위험성이 있습니다. 정치가들이 경쟁하듯 강경한 태도를 취하는 것은 망국의 징후입니다.

탈자본주의를 막는 힘

가라타니 그리고 이념이 필요하다고 생각합니다. 저는 좀 전에 이오니아의 이소노미아에 대해서 이야기했습니다. 하지만 이오니아의 모든 도시는 이웃나라인 리디아와 페르시아에 의해 멸망했습니다. 즉, 이소노미아는 한 나라만으로는 성립되지 않습니다. 또한 아테네처럼 군사적인 강국이 되면, 이소노미아는 사라지고 맙니다. 같은 얘기를 현대의 평의회와 어소시에이션에 대해서도 할 수 있습니다. 즉, 그것은 한 나라만으로는 성립될 수 없습니다.

교환양식D는 단순히 한 나라에서만이 아니라 세계시스템으로 실현되어야만 합니다. 그러면 그것은 어떻게 가능할까요? 이번 책에서 생각한 것은 그것입니다. 예를 들어 교환양식A에 의거한 세계시스템이 있습니다. 그것은 부족연합체 같은 것입니다. 그 다음 교환양식B에 의해 형성된 세계시스템이 있습니다. 세계 = 제국입니다. 그 다음이 교환양식C에 기초한 세계시스템입니다. 이것이 세계 = 경제입니다. 월러스틴의 말을 빌리자면 이것이 근대세계시스템입니다. 제 생각에는 이 근대세계시스템을 넘어서는 것이 교환양식D에 기초한 세계시스템입니다. 이것을 저는 칸트의 말을 빌려 '세계공화국'이라고 부릅니다.

현재의 유엔은 칸트의 '제국가연합'이라는 구상에 기초한 것입니다. 그에 대해, 실제 패권을 가진 나라가 없으면 유엔은 기능하지 않는다는 비판이 있습니다. 또한 역으로, 유엔이 강해지면 세계정부 같은 것이 된다는 비판도 있습니다. 하지만 새로운 세계시스템은 이제까지와는 다른 교환원리, 즉 D에 기초합니다. 교환양식D는 교환양식A, 즉 미니세계시스템의 고차원적 회복입니다. 달리 말하자면 다음 세계시스템은 증여와 그 힘에 의해 성립될 것입니다. 구체적으로 말하자면 우선, 군사적인 주권의 증여 말입니다. 그것은 방기와 복종과는 다릅니다.

예를 들어 일본의 헌법9조는 미국의 강제로 제정된 것이라고들 합니다. 그것은 틀린 얘기가 아닙니다. 하지만, 우리가 그것을 '증여'로 바꿔버리면 됩니다. 일본이 헌법9조를 실행한다고 선언한다면, 다른 나라가 그런 일본을 공격할 수 있을까요? 그런 불명예스러운 일을 한다면 국제적인 비난을 받겠지요. 씨족사회에서는 명예가 중시되는데, 어떤 의미에서는 최근에 그런 견해가 강해지고 있습니다. 이러한 감수성을 교환양식D로 가는 징후로 볼 수 있을 것 같습니다.

헌법9조의 실현에 대하여 리얼폴리틱스 얘기를 꺼내들면서 반대하는 학자는 무엇이 리얼한지를 모르는 것입니다. 명예가 이익이나 군사력보다도 리얼하며 힘을 가진다는 것을 말이지요. 경제적인 몰락에 빠질까 하는 두려움에 발버둥치는 짓은 이제 그만두는 게 좋습니다. 구체적으로는 헌법9조를 실현하는 것이, 일본이 앞으로 명예로운 몰락을 이룸으로써 세계사의 첫 테이프를 끊을 유일한 기회라고 생각합니다.

야마구치　단, 교환양식B · C라는 기존의 시스템이 가진 타성情性, 저항하는 힘은 굉장히 강하겠지요. 민주당이 정권을 잡고 나서 헌법9조의 이념을 구체화한 무기수출 3원칙을 사실상 파기했고, 기반적 방어력 구상을 재검토함으로써 더욱 기동성 있는 방위력의 운용을 목표로 하고 있는데, 왜 구태여 민주당정권에서 그런 일을 하는지, 정말 화가 납니다. 경제가 막다른 곳에 이른 상황에서 군수라는 프런티어에 발을 들여 돈을 벌고자 하는 자본 측의 압력이 있어서, 자민당 이상으로 무방비한 민주당이 그런 압력에 간단히 조종당하고 있는 거겠지요. 그래서 다시 한 번, 우리가 어떻게 살면 좋을지, 이 시점에서 생각해봐야만 합니다.

가라타니　미국의 군사산업은 매우 크고 군산軍産복합체가 발달한 상태라서 전쟁을 할 필요가 있습니다. 1930년대에 케인즈주의의 채용으로 자본주의의 위기를 극복했다고들 하지만, 그것은 거짓말입니다. 뉴딜정책은 실업문제를 해결하지 못했습니다. 실업률이 급격히 낮아진 것은 1941년 태평양전쟁이 시작된 이후의 일입니다. 즉, 군수軍需로 경제가 회복된 것입니다. 앞으로도 그런 일이 반복될 가능성이 있습니다. 미일군사동맹이라는 것도 미국의 강매 비슷한 것이며, 사실 일본이 무장을 할 필요는 없습니다.

게다가, 경제성장이 없다고 해서 사회가 혼란스러워지고 빈곤이 생기는 것은 아닙니다. 탈자본주의적인 경제를 서서히 만들어 나가면 되는 것입니다. 하지만 몰락하는 것은 싫고, 일본이 몰락한다면 그 원인이 되는 나쁜 것이 있을 거라고 하면서, 그것이 중국과 북한이라는 식의, 미디어와 데마고그의 선동으로 전쟁으로 흘러가는 움직임이 생길지도 모릅니다. 그럴 우려가 다분히 있지요.

　　　　　　　　　　　　　　　　　　　　　－2010년 12월 12일 수록

후기

    2010년 6월 말에 『세계사의 구조』를 간행한 이래, 나는 많은 인터뷰·대담·좌담회 등을 하게 되었다. 또한 서울에서 열린 국제회의, 라이프치히 대학, 긴키 대학, 홋카이도 대학에서 강연을 했다. 그것들은 3·11 원전 사고 이전의 일이다. 사고 후에는, 캘리포니아 대학(어바인교)과 아사히 컬처센터(쇼난)에서 강연을 했다. 그것들을 정리하고 가필하여, 「재난 후에 『세계사의 구조를 읽는다』」라는 제목의 논문을 썼다.

    이렇게 말하면 재난 이후에 그 이전과 생각이 달라진 것처럼 보이지만, 실제로는 그렇지 않다. 생각은 딱히 변하지 않았다. 원전 사고라는 사건으로 받은 충격은 그것이 정말로 일어났다는 사실에 있다. 예를 들어, 사고 이후 나는 반원전 데모에 참가하게 되었다. 수년 전부터 나는 '왜 데모를 하지 않는가'라는 강연을 여러 곳에서

하고 있었다. 따라서 데모를 하는 것은 뜻밖의 일이 아니다. 그럼에도 불구하고 나는 일본에서 데모가 일어나고 그 안에 나 자신이 있다는 사실에 놀라고 있다. 다시 말해 상정하고 있지 않았던 일이 일어난 게 아니라, 상정하고 있었던 일이 실제로 일어났다는 것이 놀랍다.

나는 책을 출판한 후에 그것에 관하여 이렇게 많은 담화를 한 경험이 없다. 자신의 저작에 대해 말하는 것은 언제나 두려운 일이었고, 또한 그런 부탁을 받는 일도 적었다. 하지만 『세계사의 구조』의 경우는 다르다. 많은 의뢰가 있었고 나는 그것을 자진하여 받아들였다. 그 이유 중 하나는, 나 스스로에게 말하고 싶다는 마음이 있었기 때문이다. 그 책에서는 책 전체 구성상의 밸런스를 맞추기 위해 생각하고 있었던 많은 것들을 생략할 수밖에 없었다. 그래서 나는 거기에서 충분히 논할 수 없었던 것을, 좌담과 강연에서 말하고자 했다. 그러한 의미에서 본서는 『세계사의 구조』를 보완하는 것이다.

이 책이 완성되기까지 많은 사람들의 도움을 받았다. 그중에서도 대담·좌담회 등에 와주신 분들께 감사드린다. 또한 본서의 편집뿐만 아니라 '나가이케 강의' 등 내 활동 전반에 대해 지원해주신 마루야마 데쓰로 씨께 진심어린 감사의 말씀을 전하고 싶다.

2011년 9월 11일 도쿄에서

대담, 좌담회 출석자 일람

가루베 다다시 苅部直 Karube, Tadashi

1965년생. 정치학자. 저서로는 『역사라는 피부』(이와나미서점), 『거울 속의 동틀 녘 — 가루베 다다시 시평·서평선』(겐게서방), 『마루야마 마사오 — 리버럴리스트의 초상』(이와나미신서), 『빛의 영국 와쓰지 데쓰로』(이와나미현대문고) 등.

다카자와 슈지 高澤秀次 Takazawa, Shuji

1952년생. 문예평론가. 저서로는 『문학자들의 대역사건과 한국병합』(헤이본샤신서), 『요시모토 다카아키 1945~2007』(인스크립트), 『나카가미 겐지 사전 — 논고와 취재일록』(고분샤21), 『평전 나카가미 겐지』(슈에이샤) 등.

사토 마사루 佐藤優 Sato, Masaru

1960년생. 저술가. 저서로는 『나의 마르크스』(분순문고), 『오키나와·구메지마에서 일본국가를 읽는다』(소학관), 『국가의 덫 — 외무성의 라스푸틴이라 불리며』, 『자만하는 제국』(이상, 신초문고), 『옥중기』(이와나미현대문고) 등.

스가 히데미 絓秀実 Suga, Hidemi

1949년생. 문예평론가. 저서로는 『요시모토 다카아키의 시대』, 『혁명적인, 너무나 혁명적인 ── 「1968년의 혁명」사론』(이상, 사쿠힌샤), 『「제국」의 문학 ── 전쟁과 「대역大逆」 사이』(이분샤), 『일본근대문학의 <탄생> ── 언문일치운동과 내셔널리즘』(오타출판) 등.

시마다 마사히코 島田雅彦 Shimada, Masahiko

1961년생. 소설가. 저서로는 『카오스의 딸 ── 샤먼 탐정 나루코』(슈에이샤), 『퇴폐자매』(분슌문고), 『혜성의 주인』, 『아름다운 영혼』, 『에트로프의 사랑』(이상, 무한 캐논 삼부작). 『피안선생』(이상, 신초문고) 등.

시마다 히로미 島田裕巳 Shimada, Hiromi

1953년생. 종교학자. 저서로는 『인간은 혼자서 죽는다 ── '무연無緣사회'를 살기 위하여』(NHK출판신서), 『장례식은, 필요 없다』(겐토샤신서), 『금융공황과 유대·크리스트교』(분슌신서), 『창가학회』(신초선서) 등.

야마구치 지로 山口二郎 Yamaguchi, Jiro

1958년생. 정치학자. 저서로는 『포퓰리즘에 대한 반격 ── 현대 민주주의 부활의 조건』(가도가와one테마21), 『정권교체론』(이와나미신서), 『젊은이를 위한 정치 매뉴얼』(고단샤현대신서), 『내각제도』(도쿄대학출판회) 등.

오사와 마사치 大澤真幸 Ohsawa, Masachi

1958년생. 사회학자. 저서로는 『<세계사>의 철학 고대 편』, 『<세계사>

의 철학 중세 편』,『내셔널리즘의 유래』(이상, 고단샤),『사회는 끊임없이 꿈꾸고 있다』(아사히출판사),『신체의 비교사회학』 1, 2(게이소서방) 등.

오카자키 겐지로 岡崎乾二郎 Okazaki, Kenjiro
1955년생. 조형작가, 비평가. 저서로는『르네상스 경험의 조건』(치쿠마서방),『모더니즘의 하드코어 — 현대미술비평의 지평』(공편저,『비평공간』 증간) 등. 활동 / 작품 <하이즈카灰塚 어스워크 프로젝트>(지역프로젝트), 고라甲羅 호텔(건축), <I love robots>(댄스 작품) 등.

오쿠이즈미 히카루 奥泉光 Okuizumi, Hikaru
1956년생. 소설가. 저서로는『슈만의 손가락』(고단샤),『신기 — 군함「가시하라」 살인사건』(신초샤),『돌의 내력』(분슌문고),『노발리스의 인용』(슈에이샤문고),『그랜드・미스테리』(가도가와 문고) 등

초출일람

미래에 대하여 이야기하자
『주간 독서인』 2010년 8월 20일호에 게재된 것에 가필.

자본주의의 끝, 어소시에이셔니즘의 시작
『문학계』 2010년 10월호 게재 「이루어져야 할 세계동시혁명」에 가필,
개제改題.

생산지점 투쟁에서 소비자운동으로
『슈シュ』 4호 (2011년 1월) 게재 인터뷰 「세계사의 구조와 혁명」에 가필,
개제.

교환양식론의 사정射程
『군조群像』 2010년 11월호에 게재 「세계동시혁명 — 그 가능성의 중
심」에 가필, 개제.

유동의 자유가 평등을 초래한다
『at플러스』 6호(2010년 11월)에 게재 「가능한 세계동시혁명」(제7회

나가이케 강의를 수록한 것)에 가필, 개제.

협동조합과 우노 경제학
『중앙공론』 2011년 1월호 게재 「국경을 넘어서는 혁명과 종교—
9.11 이후의 세계와『세계사의 구조』」(제161회 신주쿠 세미나 「사토
마사루와 크리스트교」 Vol.2 제2부 대담을 초록한 것)에 대폭 가필, 개제.

이소노미아, 혹은 민주주의의 갱신
『문학계』 2011년 4월호 게재 「이소노미아와 민주주의의 현재」(시즈
오카 현 무대예술센터・우도 살롱의 공개강좌를 수록한 것)에 가필,
개제.

옮긴이 후기

『세계사의 구조』는 가라타니 고진이 그간 해온 작업을 집대성한 대작이다. 그래서 내게는, 이 책에 수록된 대담의 참가자인 오사와 마사치가 말한 바와 마찬가지로, 앞으로 가라타니 고진이 어떤 방향으로 나아갈 것인지에 대한 의문이 있었다. 자신의 작업을 총망라하는 저서를 남긴 뒤에, 별다른 업적을 남기지 못한 채 사라져간 숱한 사상가들이 떠올랐기 때문이다. 하지만 그러한 의문은 괜한 기우였다는 것이, 『자연과 인간』과 더불어 이 책을 통해 분명해졌다.

『세계사의 구조』의 개요는 이 책의 첫 부분에 수록되어 있으므로 굳이 되풀이하지는 않겠지만, 가라타니가 『세계사의 구조』에서 가장 강조하고자 했으며, 더불어 그만의 독창적인 사유가 담긴 부분은 바로 교환양식D(X)라는 발상일 것이다. D는 항상 존재해왔지만 지배적인 교환양식이 된 적은 없다. 그것은 B와 C에 의해 억압되어 있던 A가 고차원적으로 회복되는 것이며, A 자체도 처음부터 있었던 것이 아니라 수렵채집민의 공동기탁이 정주사회에 회귀한 것이다. 즉 A와 D는 인간의 의지를 넘어서는, 인간의 본성이라고도 할 수 있는 것이 집요하게 회귀하여 교환양식의 형태로 나타난 것이라 할 수 있다.

최종적으로 가라타니는 교환양식D가 지배적인 사회는 어떤 사회인가 라는 물음에 칸트가 말하는 '세계공화국'의 개념을 원용한다. 교환양식D는 단순한 공상이 아닌 필연적인 것이며, 자본＝네이션＝국가의 바깥으로 나아가는 '세계동시혁명'을 통하여 D를 기초로 한 '세계공화국'과 같은 사회를 이룩할 수 있다는 것. 이것을 이론 및 실천을 통해 더욱 구체적으로 보여주는 것이 향후 가라타니의 중심적인 작업이 되리라는 것을, 『자연과 인간』 및 이 책을 읽은 독자들은 쉬이 짐작할 수 있을 것이다. 그런 의미에서 『세계사의 구조』는 가라타니 사유의 끝이 아닌 시작점이며, 그와 동시에 우리에게 많은 과제를 안겨주는 책이기도 하다.

『자연과 인간』과 마찬가지로 이 대담집은 『세계사의 구조』를 보충하는 성격의 책이다. 『자연과 인간』에는 『세계사의 구조』에서의 주장을 3·11 동일본 대지진 이후의 시점에서 되짚으며 이를 보충하는 논문과 강연문이 실려 있다. 그에 비해 『「세계사의 구조」를 읽는다』에는, 대담집의 성격에 걸맞게 『세계사의 구조』를 둘러싼 여러 전문가들과 가라타니 자신의 시선이 담겨 있다. 이 책에 나오는 다양한 시선들을 통해 독자는 『세계사의 구조』를 현실적인 차원에서, 더욱 폭넓게 이해할 수 있을 것이다. 또한 소세키 비평을 시작으로 『트랜스크리틱』(2001), 그리고 『세계공화국으로』(2006)

에서 『세계사의 구조』(2010)에 이르는 과정 중에 일어난 가라타니의 인식 변화를 되돌아보고, 앞으로의 그의 사상을 전망하는 데에도 도움이 되리라 생각한다.

특히 『세계사의 구조』 이후 가라타니 고진의 작업을 고려할 때 주목할 만한 대담(좌담)은 <유동遊動의 자유가 평등을 초래한다>와 <이소노미아, 혹은 민주주의의 갱신>이다. 여기에서 가라타니는 아테네의 데모크라시보다도 이오니아의 도시국가들에서 생겨난 정치적 원리인 '이소노미아'를 참고해야 한다고 주장한다. 보편종교의 형태를 띠지 않는 교환양식D의 가능성으로서 이소노미아를 하나의 이념 모델로 간주하는 사유가, 이미 여기에서 시작되고 있다. 그리고 이 이념 모델을 구체화한 것이 바로 그의 최근 저서이자 2014년 2월 현재 한국에서 『말과 활』에 번역 연재되고 있는 『철학의 기원』이다. 『철학의 기원』을 읽기 전에 이 대담을 읽어보는 것도, 끊임없이 자기 사상을 갱신해 나가는 가라타니 고진의 저작을 즐길 수 있는 하나의 방법일 것이다.

마지막으로 한마디 덧붙이자면, 나는 가라타니 고진의 사상을 공부하던 중에 우연히 도서출판 b와 연을 맺게 된 사람이다. b에는 여러 실력파 선생님들이 계신데도 불구하고, 이제 겨우 학문의 길에 첫발을 내디딘 것이나 다름없는 내게 존경하는 가라타니 고진의 책을 번역할 기회를 주신 것에 대해 영광으로 생각한다. 이 신기하고도 소중한 인연이 고마울 따름이다.

2014년 2월 도쿄에서
옮긴이 최혜수

한국어판 ⓒ 도서출판 b, 2014

「세계사의 구조」를 읽는다

초판 1쇄 발행 | 2014년 3월 25일

지은이 가라타니 고진 | 옮긴이 최혜수 | 펴낸이 조기조
기획 이성민, 이신철, 이충훈, 정지은, 조영일 | 편집 김장미, 백은주
인쇄 주)상지사P&B
펴낸곳 도서출판 b | 등록 2003년 2월 24일 제12-348호
주소 151-899 서울특별시 관악구 난곡로 288 남진빌딩 401호 | 전화 02-6293-7070(대)
팩시밀리 02-6293-8080 | 홈페이지 b-book.co.kr | 이메일 bbooks@naver.com

ISBN 978-89-91706-78-1 03300
정가 | 22,000원